www.ingramcontent.com/pod-product-compliance
Lightning Source LLC
LaVergne TN
LVHW010155070526
838199LV00062B/4371
9789369082827

تفسیر سورۃ الفاتحہ

ڈاکٹر محمد اسلم صدیقی

مرتبہ : اعجاز عبید

© Taemeer Publications LLC

Tafseer Surat Al-Fatiha *(Quran Commentary)*
by: Dr. Mohammed Aslam Siddiqui
Edition: March '2025
Publisher :
Taemeer Publications LLC (Michigan, USA / Hyderabad, India)

ISBN 978-93-6908-282-7
9 789369 082827

مصنف یا ناشر کی پیشگی اجازت کے بغیر اس کتاب کا کوئی بھی حصہ کسی بھی شکل میں بشمول ویب سائٹ پر اَپ لوڈنگ کے لیے استعمال نہ کیا جائے۔ نیز اس کتاب پر کسی بھی قسم کے تنازع کو نمٹانے کا اختیار صرف حیدرآباد (تلنگانہ) کی عدلیہ کو ہو گا۔

© تعمیر پبلی کیشنز

کتاب	:	**تفسیر سورۃ الفاتحہ**
مصنف	:	**ڈاکٹر محمد اسلم صدیقی**
تدوین / ترتیب	:	اعجاز عبید
صنف	:	مذہب
ناشر	:	تعمیر پبلی کیشنز (حیدرآباد، انڈیا)
سالِ اشاعت	:	۲۰۲۵ء
صفحات	:	۲۸۶
سرورق ڈیزائن	:	تعمیر ویب ڈیزائن

فہرست

اسلامی تہذیب اور بِسۡمِ اللّٰہِ 7

بِسۡمِ اللّٰہِ کی اس قدر تاکید کیوں؟ 14

برکت کا اصل مفہوم 20

بِسۡمِ اللّٰہِ کا مفہوم 22

قرآن میں بِسۡمِ اللّٰہِ کی اصل جگہ اور اہل علم کی رائے 24

بِسۡمِ اللّٰہِ سے متعلق چند احکام و مسائل 26

اسلوب سُوۡرَۃُ الۡفَاتِحَۃِ 29

سورۃ کی خصوصیات اور اس کے اسمائے مبارکہ 33

اَلۡحَمۡدُ لِلّٰہِ رَبِّ الۡعٰلَمِیۡنَ 41

تمام تعریفیں اللہ کے لیے ہیں جو تمام جہانوں کا رب ہے 41

1

اللہ جلَّ جلالُہ	47
لفظ اللہ کے لفظی خواص	49
اسمِ "اللہ" کی معنوی بحث	51
معرفتِ رب کا اصل ذریعہ	58
ربُّ العالمین	63
قرآن میں رب کا تصور	69
یہود و نصاریٰ کا تصورِ رب	72
الرحمٰن الرحیم	82
رحمت کا مفہوم	82
کائنات کا حسن اللہ کی صفت رحمت کا ظہور ہے	87
اللہ کی رحمت خود روزِ جزاء پر دلیل ہے	99
مٰلِکِ یَومِ الدِّین	105
جزا اور سزا کے دن کا مالک	105
آخرت کا تعارف	112
موت	113

برزخ	118
عالمِ برزخ میں سوال و جواب کی کیفیت	122
عالمِ برزخ میں ارواح کا مقام	129
احوالِ قیامت اور اس کے وقوع کے دلائل	130
نفخہ اولیٰ کے بعد کی کیفیت	134
نفخہ ثانیہ کے بعد کی کیفیت اور اس کے دلائل	140
نفخ ثانیہ کے بعد کی تفصیلات	160
نامہ اعمال کی نوعیت	164
سزا و جزا کا ہندوانہ نظریہ	169
سزا و جزا کا اسلامی نظریہ	172
اِیَّاکَ نَعۡبُدُ وَ اِیَّاکَ نَسۡتَعِیۡنُ	178
ہم تیری ہی عبادت کرتے ہیں اور تجھ ہی سے مدد چاہتے ہیں	178
حضور ﷺ کی بعثت سے قبل عبادت کے چار تصورات	185
اسلام میں عبادت کا تصور	189
عبادت کا مفہوم	192

اسلام میں غلامی کا مفہوم	195
مسلمانوں میں عبادت کا غلط تصور	209
نماز، روزہ، حج اور زکوٰۃ کو عبادت کہنے سے اسلام کی مراد	212
انسان کے اشرف المخلوقات ہونے کی دو بنیادی وجوہات	214
اللہ کے ولیوں سے دعا کروانا اور برکت حاصل کرنا	221
اعتراف سے دعا تک کا سفر	223
اِهْدِنَا الصِّرَاطَ الْمُسْتَقِيْمَ	226
تکوین وجود کے چار مراتب	226
1۔ سامن مچھلی	229
2۔ ایل مچھلی	230
ہدایت کے چار مراحل	230
ہدایت الہام	231
ہدایت حواس	233
جوہر عقل	234
عقل کو مکمل ہدایت تسلیم کرنے کے نقصانات	239

جذبات تو پھر بھی ایک زور دار شے ہے	242
وحی نبوت کی ہدایت	249
ہدایت کا مفہوم	257
اَلصِّرَاطَ الْمُسْتَقِیْمَ کا مفہوم	260
صِرَاطَ الَّذِیْنَ اَنْعَمْتَ عَلَیْہِمْ غَیْرِ الْمَغْضُوْبِ عَلَیْہِمْ وَ لَا الضَّآلِّیْنَ	265
اَنْعَمْتَ عَلَیْہِمْ سے مراد	266
۱۔ نبی	268
۲۔ صدیق	270
۳۔ شہید	273
۴۔ صالحین	274
مَغْضُوْبِ عَلَیْہِمْ	276
ضَّآلِّیْنَ سے مراد	278
مَغْضُوْبِ اور ضَّآلِّیْنَ کی مثال دینے سے مقصود کیا ہے؟	279
خلاصہ سورۃ	280

اسلامی تہذیب اور بِسْمِ اللّٰہِ

بِسْمِ اللّٰہِ الرَّحْمٰنِ الرَّحِیْمِ

بِ : سے
اسْمِ : نام
اللّٰہِ : اللہ
ال : جو
رَحْمٰنِ : بہت مہربان
الرَّحِیْم : جو رحم کرنے والا

بِسْمِ اللّٰہِ الرَّحْمٰنِ الرَّحِیْمِ

ہر ذی روح اپنی ضروریات کے حصول کے لیے اپنے معمولات کو انجام دینے کا پابند ہے۔ کیونکہ کسی عمل کے بغیر اسے اپنی ضروریات میسر نہیں آ سکتیں جب کہ ضروریات کے میسر آنے پر ہی اس کی زندگی کا دارومدار ہے۔ جسے بھی اللہ نے جسم و جان سے نوازا ہے، وہ اپنی جسمانی بقا کے لیے معمولات کا ایک طریقہ بنانے، اسے سر انجام دینے اور اس کے لیے محنت کرنے کا محتاج ہے۔ اس میں کسی مخلوق کی خصوصیت نہیں بلکہ حشرات الارض سے لے کر انسان تک یہی ایک قدر مشترک ہے جو ساری مخلوقات میں نظر آتی ہے۔ لیکن جہاں سے انسانی زندگی کا سفر شروع ہوتا ہے وہیں ہم ایک اور چیز بھی جنم لیتی ہوئی دیکھتے ہیں۔ وہ یہ کہ ہر ذی روح مخلوق اپنی ضروریاتِ زندگی کے حصول کے لیے محنت کرتی اور دکھ اٹھاتی ہے۔ اور اس کے پیش نظر سوائے جسمانی زندگی کی ضرورتیں پورا کرنے کے اور کچھ نہیں ہوتا۔ لیکن انسان میں انھیں معمولات کو انجام دیتے ہوئے ایک تقسیم شروع ہو جاتی ہے جسے ہم تہذیب کے نام سے جانتے ہیں۔

جو مہذب انسان ہیں وہ ضروریات زندگی کے حصول کے ساتھ ساتھ ہر کام کرنے سے پہلے کچھ اور تصورات بھی رکھتے ہیں جو انھیں ان کی تہذیب سکھاتی ہے۔ اور جو غیر مہذب لوگ ہیں وہ انسان ہوتے ہوئے بھی حیوانیت کے ان تصورات سے آگے نہیں بڑھتے جن کا ذکر ہم نے ہر ذی روح کے حوالے سے کیا ہے۔ البتہ انسانوں میں مزید ایک یہ فرق بھی رہتا ہے کہ جن کی تہذیب اعلیٰ درجے کی ہے، ان کے تصورات بھی اعلیٰ اور برتر قسم کے ہوں گے اور جن کی تہذیب پست اور حقیقی انسانی مقاصد تک نہیں پہنچی، ان کے تصورات تہذیب کے نمائندہ ہوتے ہوئے بھی اعلیٰ اقدار کے نمائندہ نہیں ہوتے۔

اسلام نے اپنے ماننے والوں کو جو تہذیب دی ہے مسلمانوں کی پوری زندگی اسی تہذیب میں ڈھل کر نکلتی ہے ان کا ہر کام اسی تہذیب کا غماز ہوتا ہے چنانچہ اسی تہذیب کا ایک حصہ یہ بھی ہے کہ جب مسلمان کسی کام کو آغاز کرنا چاہیں تو کیا وہ صرف یہ سوچ کر آغاز کریں کہ ہمیں اس کام کے نتیجے میں جسمانی ضرورتوں کے حصول میں مدد ملے گی یا ہماری خواہشات اور ہماری بہیمانہ ضروریات کو پورا کرنے میں آسانی ہو جائے گی یا اس کے علاوہ بھی ان کے کچھ تصورات ہونے چاہئیں چنانچہ ان کی تہذیب نے ان کو یہ سکھایا ہے کہ تمہارے مذہب، تمہارے دین اور اس سے پیدا ہونے

والی تمہاری تہذیب کی بنیاد اللہ سے متعلق تمہارے صحیح تصور پر ہے اس لیے تمہارے ہر کام میں اسی تصور کو نمایاں مقام ملنا چاہیے۔ چنانچہ نسل انسانی کے آغاز سے ہی معلوم ہوتا ہے کہ یہ تصور دیا گیا ہوگا۔ پوری نسل انسانی کی تاریخ جو حضرت آدمؑ سے شروع ہوتی ہے چونکہ پوری طرح محفوظ نہیں رہی۔ اس لیے نوحؑ سے پہلے اس بات کا تو یقین ہے کہ انھیں بھی اسی طرح کی ہدایت ملی ہوگی لیکن اس کی کوئی حتمی گواہی انسانی تاریخ میں موجود نہیں۔ البتہ نوحؑ کے زمانے سے ہم جانتے ہیں کہ اس وقت کے مسلمانوں کو بھی یہ تہذیب سکھائی گئی تھی کہ تمہیں ہر کام کرنے سے پہلے اپنے ذہن میں اللہ کے تصور کو تازہ کرنا ہے اور اس کے کے بعد اللہ کا نام لے کر کام کا آغاز کرنا ہے۔ چنانچہ حضرت نوحؑ کے حالات کو بیان کرتے ہوئے قرآن کریم نے بتایا ہے کہ کفار کے مسلسل کفر کے باعث جب اللہ تعالیٰ کا عذاب طوفان کی شکل میں آیا تو حضرت نوحؑ جو اللہ کے حکم سے کشتی تیار کر چکے تھے انھوں نے کشتی پانی میں اتاری اور اپنے تمام ماننے والوں کو حکم دیا کہ اس کشتی پر سوار ہو جاؤ۔ یہی کشتی تمہارے ایمان کی وجہ سے تمہارے لیے نجات کا باعث بنائی گئی ہے۔ چنانچہ انھیں کشتی میں سوار کرتے ہوئے آپ نے جو الفاظ کہے قرآن کریم نے اس کو نقل کیا ہے۔ ارشاد فرمایا:

قَالَ ارْکَبُوْ فِیْهَا بِسْمِ اللّٰهِ مَجْرٖهَا وَمُرْسٰهَا، اِنَّ رَبِّیْ لَغَفُوْرٌ رَّحِیْمٌ

(ہود۔ 11 : 41)

(اور اس نے کہا کہ اس میں سوار ہو جاؤ، اللہ ہی کے نام سے ہے اس کا چلنا اور اس کا ٹھہرنا، بیشک میرا رب بخشنے والا اور رحم کرنے والا ہے۔)

اسی طرح سورۃ النمل سے معلوم ہوتا ہے کہ حضرت سلیمانؑ کو جب خبر ہوئی کہ یمن میں ایک ایسی حکومت ہے جس کی ملکہ اور اس کی رعایا ابھی تک کفر پر قائم ہیں تو آپ نے یمن کی ملکہ بلقیس کو جو خط لکھا اس کا آغاز انھیں الفاظ سے کیا گیا۔ قرآن کریم نے اس کا ذکر کرتے ہوئے ارشاد فرمایا:

اِنَّهٗ مِنْ سُلَيْمٰنَ وَاِنَّهٗ بِسْمِ اللّٰهِ الرَّحْمٰنِ الرَّحِيْمِ

(نمل۔ 27 : 30)

(یہ سلیمان کی جانب سے ہے اور اس کا آغاز بِسْمِ اللّٰهِ الرَّحْمٰنِ الرَّحِيْمِ سے ہوا ہے۔)

ان دونوں مثالوں سے یہ بات واضح ہو جاتی ہے کہ پروردگار نے آغاز ہی سے انسانوں کو یہ تہذیب سکھائی کہ تمھیں ہر کام کی ابتداء کرتے ہوئے اللہ کا نام لینا چاہیے۔

بعض اہل علم کا خیال ہے کہ اللہ کا نام لینے کا حکم تو تمام سابقہ امتوں کو دیا گیا تھا لیکن بِسْمِ اللّٰهِ الرَّحْمٰنِ الرَّحِيْمِ صرف قرآن کریم کی خصوصیت ہے۔ لیکن یہ رائے صحیح معلوم نہیں ہوتی کیونکہ حضرت سلیمانؑ کے خط سے صاف معلوم ہوتا ہے کہ آپ نے

صرف اس سے واقف تھے بلکہ ہر کام کی ابتداء اسی سے کرتے تھے جیسا کہ آپ نے اپنے خط کی ابتداء اسی سے کی۔

آنحضرت ﷺ کی بعثت سے پہلے مشرکین عرب اپنے کاموں کی ابتداء بتوں کے نام سے کیا کرتے تھے کیونکہ ان کی تہذیب کی بنیاد ان کی بت پرستی کے تصورات تھے لیکن آنحضرت ﷺ پر جو پہلی وحی اتری اس میں سب سے پہلا حکم یہی دیا گیا

اِقْرَاْ بِاسْمِ رَبِّکَ الَّذِیْ خَلَقَ (96: 1)

پڑھ اپنے رب کے نام سے جس نے آپ کو پیدا کیا۔

اس میں یہ ہدایت دی گئی کہ آئندہ آپ کو ہر کام اللہ کے نام سے کرنا چاہیے۔ چنانچہ رسول اللہ ﷺ کا اس کے بعد معمول ہو گیا کہ آپ ہر کام سے پہلے باسمک اللہ پڑھتے اور لکھتے تھے اور جب بِسْمِ اللهِ الرَّحْمٰنِ الرَّحِیْمِ نازل ہو گئی تو پھر آپ اور مسلمان ہر کام کے آغاز کے لیے نہ صرف کہ اسی کو پڑھنے لگے بلکہ آنحضرت ﷺ نے ہر چھوٹے سے چھوٹے کام کے لیے اسی کے پڑھنے کا حکم دیا اور اس کی بار بار تاکید فرمائی۔

ایک حدیث میں ہے کہ آپ ﷺ نے ارشاد فرمایا کہ گھر کا دروازہ بند کرو تو بِسْمِ اللهِ کہو، چراغ گل کرو تو بِسْمِ اللهِ کہو، برتن ڈھکو تو بِسْمِ اللهِ کہو۔ کھانا کھانے، پانی پینے، وضو

کرنے، سواری پر سوار ہونے اور اترنے کے وقت بِسۡمِ اللّٰہِ پڑھنے کی ہدایات قرآن و حدیث میں بار بار آئی ہیں۔

بِسۡمِ اللّٰہِ کی اس قدر تاکید کیوں؟

سوال یہ ہے کہ بِسۡمِ اللّٰهِ الرَّحۡمٰنِ الرَّحِيۡمِ پڑھنے کی اس قدر تاکید کیوں کی گئی ہے؟ حقیقت یہ ہے کہ جب ہم اس پر غور کرتے ہیں تو ایسا معلوم ہوتا ہے کہ اس چھوٹی سی ہدایت نے انسانی زندگی میں ایک بہت بڑی تبدیلی کا آغاز کر دیا ہے۔ کوئی بھی شخص جب کسی کام کا آغاز کرتا ہے اگر اس کے ذہن میں یہ تصورات نہیں ہیں جو اس ہدایت سے پیدا کرنا مقصود ہیں تو یقیناً وہ ہر کام کرتے ہوئے یہ سمجھتا ہے کہ میں جو کچھ کر رہا ہوں یہ سراسر میری ہمتوں، صلاحیتوں اور توانائیوں کا مرہون منت ہے۔ میرے پاس جو ذہنی صلاحیتیں ہیں اور جسمانی توانائیاں ہیں اور میرے پاس جو وسائل میسر ہیں میں ان سے کام لے کر ایسا کوئی سا بھی کام کرنا چاہوں تو میرے لیے کوئی مشکل نہیں۔ ایسے آدمی کا تمام تر بھروسہ اپنے وسائل اور اپنی قوتوں پر ہوتا ہے۔ پھر اسی سے اس کے ذہن میں یہ تصور بھی پختہ ہو جاتا ہے کہ میں چونکہ اپنی صلاحیتوں اور اپنے وسائل سے تمام کام انجام دیتا ہوں تو مجھے اپنے کاموں کے سلسلے میں کسی کے سامنے جواب نہیں دینا۔ میں کام اچھا کروں گا تو اس کی جزا مجھے ملے گی اور اگر کام برا کروں گا تو یہیں اس کے نتائج خود دیکھ لوں گا۔ اور ممکن ہے کہ میں ان کاموں کو نتیجہ خیز ہونے سے پہلے بدل دوں یا اس کے اثرات زائل کر دوں۔

اسی طرح وہ یہ بھی سمجھتا ہے کہ میرا رشتہ کسی ایسی ذات سے نہیں جو ہر وقت میری نگرانی کرتی ہو، میری تنہائیاں جس کے سامنے واضح ہوں، جو میری نیتوں تک سے واقف ہو، جس نے میرے لیے زندگی کے کچھ اصول یا کوئی تہذیب عطا کی ہو اور کبھی ایسا دن آئے گا جب وہ ذات میرے ان کاموں سے متعلق مجھ سے سوال کرے گی۔ وہ ایسی ہر سوچ اور ہر تصور سے بالا ہو کر اپنی ذات کے گنبد میں بند رہ کر اپنے مفادات کے حوالے سے ہر کام کو سر انجام دیتا ہے۔

اگر وہ امیر ہے تو اس کی امارت اس کی خواہشات کی تکمیل میں صرف ہوتی ہے۔ اگر وہ حاکم ہے تو اس کی حکومت دوسروں کے لیے ظلم بن جاتی ہے۔ اگر وہ پڑھا لکھا آدمی ہے تو اس کا علم برائی کا خادم بن جاتا ہے اور اگر وہ غریب آدمی ہے تو اس کی غربت صاحب امارت لوگوں کی دشمن بن جاتی ہے۔ اس کے اندر کا جوار بھاٹا بعض دفعہ نئے نئے جرائم کو جنم دیتا ہے اور اس کی محرومیاں اس کے اندر انتقام کی آگ بھڑکاتی ہیں۔ نتیجہ یہ ہوتا ہے کہ ایسی سوچ کے لوگ کسی بھی حیثیت کے مالک ہوں وہ اپنے ان بگڑے ہوئے تصورات کے باعث انسانیت کے لیے مہلک ثابت ہوتے ہیں۔

ایسے تمام خطرات سے بچانے کے لیے نہایت حکیمانہ طریقے سے یہ مختصر سا حکم دے کر ایک ایسی تہذیب کی پہلی اینٹ رکھ دی گئی ہے. جس کے نتیجے میں ایک ایسی عمارت وجود میں آتی ہے. جس کے سائے میں انسانیت میٹھی نیند سوتی اور اقدار انسانیت پھلتے پھولتے ہیں۔ جب ایک شخص بِسْمِ اللّٰهِ الرَّحْمٰنِ الرَّحِيْمِ پڑھ کر ہر کام کا آغاز کرتا ہے تو فوراًاس کے ذہن میں یہ تصورات تازہ ہوتے ہیں کہ تم جن قوتوں اور صلاحیتوں سے کام لے کر یہ کام کرنے لگے ہو وہ تمہاری ذاتی نہیں، اس ذات نے تمہیں عطا کی ہیں جس نے تمہیں پیدا کیا۔ وہ تمہیں ہر کام کرتے ہوئے دیکھتا ہے۔ تم ہر وقت اس کی نگرانی میں ہو۔ تمہارے ہر کام اور ہر عمل کا ایک نوشتہ تیار ہو رہا ہے۔ ایک دن ایسا آئے گا جب تمہیں اپنے ہر عمل کا جواب دینا پڑے گا۔ تم سے پوچھا جائے گا کہ ہم نے تمہیں بے مقصد تو پیدا نہیں کیا تھا؟ تمہیں ہر کام اپنے مقصد زندگی کے مطابق کرنا چاہیے تھا، آج اسی مقصد کے حوالے سے تمہارے ہر کام کا حساب لیا جائے گا۔

یہ تصورات جیسے جیسے اس کے دل و دماغ میں پختہ ہوتے جاتے ہیں ویسے ویسے اس کی نیت، اس کے اعمال اور اس کے اعمال کے نتائج صالح ہوتے جاتے ہیں۔ وہ اپنی ذات میں ایک خیر کا سرچشمہ بن جاتا ہے. جس سے ہر وقت لوگوں کے لیے بھلائی

ابلتی ہے اور نیکی کی قوتوں کو فروغ ملتا ہے۔ یہ ان تہذیبی تصورات کا اجمالی خاکہ ہے جو اس مختصر سی ہدایت سے وجود میں آتے اور آہستہ آہستہ پروان چڑھتے چلے جاتے ہیں۔

ان تصورات کے ساتھ ساتھ کچھ حقائق بھی ہیں بِسْمِ اللهِ الرَّحْمٰنِ الرَّحِيْمِ پڑھنے سے جن کا اظہار ہوتا ہے۔ آپ کو یاد ہے کہ پہلی وحی میں اللہ تعالیٰ نے آنحضرت ﷺ کو حکم دیا تھا

اِقْرَأْ بِاسْمِ رَبِّكَ الَّذِىْ خَلَقَ ج (96 :1)

ہم جب قرآن پاک کی تلاوت بِسْمِ اللهِ الرَّحْمٰنِ الرَّحِيْمِ سے شروع کرتے ہیں تو ہم اللہ کے اس حکم پر عمل کرتے ہیں۔

اسی طرح یہ آیہ مبارکہ ہمیں اللہ کے ایک عظیم احسان کی یاد دلاتی ہے۔ اللہ کا وہ عظیم احسان یہ ہے کہ اس نے انسان کو نطق اور گویائی کی نعمت عطا فرمائی۔ اگر ہمیں یہ نعمت میسر نہ آتی تو قرآن جیسی دولت بھی ہمیں نہ ملتی کیونکہ قرآن کریم کا تعلق زیادہ تر اسی صلاحیت سے ہے۔ اور یہ اتنی بڑی نعمت ہے کہ اللہ تعالیٰ نے خود سورۃ الرحمٰن کے آغاز میں اس کا ذکر فرمایا۔ ارشاد ہوتا ہے :

اَلرَّحْمٰنُ لا عَلَّمَ الْقُرْاٰنَ خَلَقَ الْاِنْسَانَ لا عَلَّمَهُ الْبَيَانَ (55 :1 ـ 4)

''خدائے رحمان نے قرآن سکھایا اور اس نے انسان کو پیدا کیا اور اس کو گویائی کی تعلیم دی''۔

مزید برآں یہ کہ اس مبارک کلمہ کی تلاوت سے موسیٰؑ کی ایک خاص پیش گوئی کی تصدیق بھی ہوتی ہے جس کی سند گزشتہ آسمانی صحیفوں میں موجود ہے۔ وہ یہ ہے کہ آپ خلق خدا کو جو تعلیم دیں گے وہ اللہ کا نام لے کر دیں گے۔ حضرت موسیٰ کی پانچویں کتاب باب اٹھارہ (18۔ 19) میں یہ الفاظ وارد ہیں۔ ''میں ان کے لیے انھیں کے بھائیوں میں سے تیری مانند ایک نبی برپا کروں گا اور اپنا کلام اس کے منہ میں ڈالوں گا اور جو کچھ میں اسے حکم دوں گا وہی وہ ان سے کہے گا اور جو کوئی میری ان باتوں کو جن کو وہ میرا نام لے کر کہے گا نہ سنے گا تو میں اس کا حساب ان سے لوں گا۔''

صرف شریعت کے مطابق کام سے پہلے بِسۡمِ اللّٰهِ پڑھنی چاہیے۔ ایک اور پہلو سے بھی ہر کام کو اس مبارک کلمہ کے ساتھ کرنے کی اس طرح آنحضرت ﷺ نے تاکید فرمائی ہے جس سے اس کی افادیت میں بہت اضافہ ہو جاتا ہے۔ آپ ﷺ نے فرمایا

کل امر ذی بال لم یبدا بباسم اللہ فھو اقطع او ابتر

''ہر جائز کام جسے بسم اللہ سے شروع نہ کیا جائے وہ بے برکت اور بے نتیجہ ہوتا ہے۔''

اس حدیث سے پہلی بات تو یہ معلوم ہوتی ہے کہ ہر جائز کام کرنے سے پہلے بِسْمِ اللّٰہِ الرَّحْمٰنِ الرَّحِیْمِ پڑھنا چاہیے۔ اس کا مطلب یہ ہے کہ اگر کوئی کام ناجائز ہو یعنی جسے اسلامی شریعت نے کرنے کی اجازت نہ دی ہو اس کا ارتکاب کسی مسلمان کے لیے ویسے ہی شرم کی بات ہے لیکن اس سے بڑھ کر بد نصیبی کی انتہاء یہ ہے کہ آدمی کسی ناجائز کام کو اللہ کے نام سے شروع کرے۔ یعنی اللہ کا حکم اللہ ہی کے نام سے توڑا جائے۔ یہ نہ صرف کہ گناہ ہے بلکہ ایک طرح سے اللہ کے حکم کے خلاف بغاوت ہے۔ گناہ تو اللہ کی رحمت سے معاف ہو جاتا ہے، بغاوت کا معاملہ تو بہت شدید ہے۔ لیکن ہماری جسارتوں کی کیا انتہاء ہے کہ ہمارے امراء اللہ کی شریعت کا مذاق اڑاتے ہوئے سینما ہاؤس تک بنائیں گے اور پھر اپنے ضمیر کو یا لوگوں کو دھوکہ دینے کے لیے اس کا آغاز تلاوت قرآن کریم سے کیا جائے گا۔ اسی طرح کی اور بہت سی مثالیں آپ کو دیکھنے کو ملیں گی۔

اس لیے اس حدیث میں یہ قید لگائی گئی ہے کہ ہر جائز کام کو کرو اور اللہ کے نام سے کرو۔

برکت کا اصل مفہوم

دوسری بات یہ ارشاد فرمائی گئی ہے کہ کوئی بھی جائز کام اللہ کے نام سے کیا جائے تو اللہ اس میں برکت دیتا ہے اور اگر اللہ کا نام نہ لیا جائے تو بے برکتی ہوتی ہے۔ ضروری ہے کہ برکت کا مفہوم سمجھ لیا جائے ورنہ اس سے غلط فہمی کا اندیشہ ہے۔

برکت کا لفظی معنی تو بڑھنا اور ترقی کرنا ہوتا ہے، لیکن ہر بڑھنے کو برکت نہیں کہتے۔ ایک آدمی کا جسم موٹا ہو جائے یا پھول جائے لیکن ہمت نہ ہو تو ڈاکٹر بتاتے ہیں کہ اس کا جسم متورم ہو گیا ہے یا اس کے جسم میں پانی پڑ گیا ہے۔ دونوں باتیں خطرناک بیماریوں کی خبر دیتی ہیں۔ کوئی بھی شخص اسے صحت قرار دینے کی حماقت نہیں کرے گا۔ حالانکہ بظاہر اس کے جسم میں برکت معلوم ہوتی ہے اس لیے میں نے عرض کیا کہ ہر اضافہ اور ہر ترقی برکت نہیں ہوتی بلکہ وہ اضافہ اور ترقی برکت ہے جو صحت کے اصولوں کے مطابق ہے۔ اسی طرح یہاں جس بات کو برکت کہا گیا ہے وہ بھی وہ برکت ہے جو شریعت کے اصولوں اور مقاصد کے مطابق ہو۔

اس کو میں ایک مثال سے واضح کرنے کی کوشش کرتا ہوں۔ آدمی جب غذا لیتا ہے تو اس کے کچھ تو طبی اصول ہیں اور کچھ اس کے مقاصد ہیں۔ طبی اصول میں سب سے

بڑی بات یہ ہے کہ غذا مضر صحت نہ ہو بلکہ حفظان صحت کے اصولوں کے مطابق ہو اور مقاصد میں سے پہلی بات یہ ہے کہ غذا جزو بدن بنے۔ اور دوسری بات یہ کہ اس سے خون تیار ہو۔ اور تیسری یہ بات کہ خون جسم میں قوت کا باعث بنے۔ یہ تین چیزیں وجود میں آ جاتی ہیں تو یہ سمجھا جاتا ہے کہ صحیح غذا نے اپنے مقاصد پورے کر دیئے ہیں۔ لیکن اسلامی نقطہ نگاہ سے ایک مقصد ابھی باقی ہے، وہ اگر پورا نہیں ہوتا تو اسے بے برکتی کہا جاتا ہے اور اگر پورا ہو جاتا ہے تو اسے برکت سے تعبیر کیا جاتا ہے۔ وہ مقصد یہ ہے کہ غذا نے جسم کو جو قوت، طاقت اور ہمت عطا کی ہے اگر وہ اللہ کے دین کی سر بلندی اور اللہ کے بندوں کی خدمت میں صرف ہوتی ہے تو سمجھ لینا چاہیے کہ اللہ نے اس میں برکت دی ہے لیکن اگر وہ لادینیت کی خدمت اور شیطانی مقصد کے فروغ میں استعمال ہوتی ہے تو اس کا مطلب یہ ہے کہ غذا اپنے سارے مقاصد پورا کرنے کے باوجود بے برکتی کا باعث بنی ہے۔

مختصر یہ کہ جسم کی قوت کا حقیقی مقصد یہ ہے کہ اس کے ذریعے سے اللہ کا کلمہ بلند ہو، شرافتیں توانا ہوں، نیکیوں کو فروغ ملے، مظلوموں کی حمایت اور دستگیری کے کام آئے، غریبوں کے دکھوں کا بوجھ اٹھائے اور انسانیت کی تقویت کا باعث بنے لیکن اگر یہی قوت ظلم کا باعث بنتی، نیکی کا راستہ روکتی، شرافتوں کو رسوا کرتی اور

اذیتوں کا باعث بنتی ہے تو یہ قوت نہ صرف یہ کہ حقیقی مقصد سے محروم ہو گئی ہے بلکہ یہ وہ بے برکتی ہے. جس سے اس حدیث میں متنبہ کیا گیا ہے۔

بِسْمِ اللّٰہِ کا مفہوم

بِسْمِ اللّٰهِ الرَّحْمٰنِ الرَّحِيْمِ کی عظمت، اہمیت اور افادیت سمجھنے کے بعد یہ بھی جاننا چاہیے کہ اس کے الفاظ کا مفہوم کیا ہے۔ جس سے ہمیں اندازہ ہو جائے گا کہ جب ہم کسی کام کے آغاز میں یہ مبارک کلمہ بولتے ہیں تو اس وقت ہمارے ذہن میں اس کا مفہوم کیا ہونا چاہیے۔

بِسْمِ اللّٰہ تین لفظوں سے مرکب ہے: ایک حرف با، دوسرے اسم، تیسرے اللہ۔

حرف با عربی زبان میں بہت سے معنی کے لیے استعمال ہوتا ہے جن میں سے وہ معنی جو اس مقام کے مناسب ہیں، وہ تین ہیں۔ ان میں سے ہر ایک معنی بسم اللہ پڑھتے ہوئے لیا جا سکتا ہے۔

1۔ مصاحبت: یعنی کسی چیز کا کسی چیز سے متصل ہونا۔

2۔ استعانت: یعنی کسی چیز سے مدد چاہنا۔

3۔ تبرک: یعنی کسی چیز سے برکت حاصل کرنا۔

ان تینوں معنوں کو پیش نظر رکھتے ہوئے بسم اللہ پڑھتے ہوئے جب ہم کسی کام کا آغاز کرتے ہیں تو گویا ہم یہ کہتے ہیں کہ میں یہ کام کرنے لگا ہوں اللہ کے نام کے ساتھ، اللہ کے نام کی مدد سے، اللہ کے نام کی برکت سے۔

لیکن اس میں آپ نے محسوس کیا ہوگا کہ صرف اتنا کہہ دینے سے بات مکمل تو نہیں ہوتی جب تک اس کام کا ذکر نہ کیا جائے جو اللہ کے نام کے ساتھ یا اس کی مدد یا اس کی برکت سے کرنا مقصود ہے۔ اس لیے نحوی قاعدے کے مطابق یہاں کوئی فعل مقام کے مناسب محذوف ہوتا ہے۔ مثلاً کوئی آدمی کھانا کھانے لگتا ہے اور وہ بسم اللہ پڑھتا ہے تو اس کا مطلب یہ ہوگا کہ وہ یہ کہنا چاہتا ہے کہ میں اللہ کے نام سے کھانا کھانے لگا ہوں اور اگر وہ پڑھنا چاہتا ہے تو وہ یہ کہنا چاہے گا کہ میں اللہ کے نام سے پڑھنا چاہتا ہوں لیکن یہ یاد رہے کہ جو فعل بھی یہاں محذوف سمجھا جائے اسے بسم اللہ کے بعد محذوف سمجھنا چاہیے تاکہ حقیقتاً اس کام کا آغاز اللہ ہی کے نام سے ہو۔

اسم اللہ کو پہلے لانے میں صحابہ نے اس حد تک احتیاط کی ہے اور یقیناً انھوں نے یہ بات آنحضرت ﷺ سے سیکھی ہوگی کہ جب قرآن کریم لکھا گیا تو حرف با کا اسم اللہ سے پہلے آنا تو عربی زبان کے لحاظ سے لازمی ہے لیکن اس میں بھی مصحف عثمانی میں صحابہ کے اجماع سے یہ رعایت رکھی گئی کہ حرف با رسم الخط کے قاعدہ سے ہمزہ کے

ساتھ ملا کر لکھنا چاہیے تھا اور لفظ اسم الگ، جس کی صورت ہوتی باسم اللہ لیکن مصحف عثمانی کے رسم الخط میں حرف ہمزہ کو حذف کر کے حرف با کو سین کے ساتھ ملا کر صورۃً اسم کا جز بنا دیا تاکہ شروع اسم اللہ سے ہو جائے۔ یہی وجہ ہے کہ دوسرے مواقع میں یہ حرف ہمزہ حذف نہیں کیا جاتا، جیسے اقرا باسم ربک میں ''ب'' کو ''الف'' کے ساتھ لکھا جاتا ہے، یہ صرف بِسۡمِ اللّٰہِ کی خصوصیت ہے کہ حرف ''با'' کو ''سین'' کے ساتھ ملا دیا گیا ہے۔

بِسۡمِ اللّٰہِ الرَّحۡمٰنِ الرَّحِیۡمِ میں اللہ اسم ذات ہے اور الرحمٰن الرحیم اللہ تعالیٰ کے دو صفاتی نام ہیں۔ اس کی وضاحت ہم سورۃ الفاتحہ کی تفسیر میں کریں گے کیونکہ سورۃ الفاتحہ میں بھی ان تینوں کا ذکر فرمایا گیا ہے۔

قرآن میں بِسۡمِ اللّٰہِ کی اصل جگہ اور اہل علم کی رائے

اہل علم میں یہ بھی ایک اہم سوال رہا ہے کہ قرآن کریم میں بسم اللہ کی اصل جگہ کہاں ہے؟ یہ سوال اس وجہ سے پیدا ہوا ہے کہ سورۃ توبہ کے علاوہ بِسۡمِ اللّٰہِ الرَّحۡمٰنِ الرَّحِیۡمِ ہر سورۃ کے آغاز میں لکھی گئی ہے لیکن ہر جگہ اس کو کسی سورت کا جز بنانے کی بجائے

مستقل آیت کی حیثیت سے لکھا گیا ہے۔ سوائے سورۃ النمل کے کسی سورۃ میں بھی سورت کے جز کے طور پر اس کا ذکر نہیں فرمایا گیا۔

مدینہ، بصرہ اور شام کے قراء اور فقہاء کی رائے یہ ہے کہ یہ قرآن کی سورتوں میں سے کسی سورۃ کی بھی حتیٰ کہ سورۃ الفاتحہ کی بھی آیت نہیں بلکہ ہر سورۃ کے شروع میں اس کو محض تبرک اور دو سورتوں کے درمیان علامتِ فصل کے طور پر لکھا گیا ہے اس سے ایک سورت دوسری سورۃ سے ممتاز بھی ہوتی ہے اور قاری جب اس سے تلاوت کا آغاز کرتا ہے تو اس سے برکت بھی حاصل کرتا ہے۔

یہی مذہب امام ابو حنیفہ کا ہے۔ اس کے برعکس مکہ اور کوفہ کے فقہاء کا مذہب یہ ہے کہ یہ سورۃ الفاتحہ کی بھی ایک آیت ہے اور دوسری سورتوں کی بھی ایک آیت ہے اور یہ مذہب امام شافعی اور ان کے اصحاب کا ہے۔

حقیقت تو اللہ جانتا ہے لیکن بظاہر قراء مدینہ کا مذہب قوی معلوم ہوتا ہے۔ اس کی وجہ یہ ہے کہ مصحف کی موجودہ ترتیب تمام تر وحی الٰہی کی راہنمائی اور رسول اللہ ﷺ کی ہدایات کے تحت عمل میں آئی اور بسم اللہ کی کتابت بھی اسی ترتیب کا ایک حصہ ہے۔ اس ترتیب میں جہاں تک بسم اللہ کے لکھے جانے کی نوعیت کا تعلق ہے سورۃ الفاتحہ اور غیر سورۃ الفاتحہ میں کسی قسم کا فرق نہیں کیا گیا بلکہ ہر سورۃ کے آغاز میں اس

کو ایک ہی طرح درج کیا گیا ہے۔ جس سے اس کی حیثیت سورۃ سے الگ ایک مستقل آیت کی نظر آتی ہے۔

بِسۡمِ اللّٰہِ سے متعلق چند احکام و مسائل

آخر میں ہم معارف القرآن سے بِسۡمِ اللّٰہِ سے متعلق چند احکام و مسائل نقل کرتے ہیں۔

تعوذ کے معنی ہیں اَعُوْذُ بِاللهِ مِنَ الشَّيْطٰنِ الرَّجِيْمِ پڑھنا۔

قرآن کریم میں ارشاد ہے

فَاِذَا قَرَاْتَ الْقُرْاٰنَ فَاسْتَعِذْ بِاللهِ مِنَ الشَّيْطٰنِ الرَّجِيْمِ (النحل۔ 16: 98)

یعنی ''جب تم قرآن کی تلاوت کرو تو اللہ سے پناہ مانگو شیطان مردود کے شر سے''

قرأتِ قرآن سے پہلے تعوذ پڑھنا باجماعِ امت سنت ہے، خواہ تلاوت نماز کے اندر ہو یا خارج نماز (شرح منیہ)۔

تعوذ پڑھنا تلاوت قرآن کے ساتھ مخصوص ہے، علاوہ تلاوت کے دوسرے کاموں کے شروع میں صرف بِسۡمِ اللّٰہِ پڑھی جائے، تعوذ مسنون نہیں، (عالمگیری، باب رابع، من الکراہیۃ)

جب قرآن شریف کی تلاوت کی جائے اس وقت اَعُوْذُ بِاللّٰہِ اور بِسْمِ اللّٰہِ دونوں پڑھی جائیں، درمیانِ تلاوت میں جب ایک سورۃ ختم ہو کر دوسری شروع ہو تو سورۃ براءت کے علاوہ ہر سورۃ کے شروع میں مکرر بِسْمِ اللّٰہِ پڑھی جائے، اَعُوْذُ بِاللّٰہِ نہیں، اور سورۃ براءت اگر درمیانِ تلاوت میں آ جائے تو اس پر بِسْمِ اللّٰہِ نہ پڑھے اور اگر قرآن کی تلاوت سورۃ براءت ہی سے شروع کر رہا ہے تو اس کے شروع میں اَعُوْذُ بِاللّٰہِ اور بِسْمِ اللّٰہِ پڑھنا چاہیے۔ (عالمگیریہ عن المحیط)

بِسْمِ اللّٰہِ الرَّحْمٰنِ الرَّحِیْمِ قرآن مجید میں سورۃ النمل میں آیت کا جزء ہے اور ہر دو سورت کے درمیان مستقل آیت ہے۔ اس لیے اس کا احترام قرآن مجید ہی کی طرح واجب ہے۔ اس کا بے وضو ہاتھ لگانا جائز نہیں (علی مختار الکرخی و صاحب الکافی والھدایہ، شرح منیہ) اور جنابت یا حیض و نفاس کی حالت میں اس کو بطور تلاوت پڑھنا بھی پاک ہونے سے پہلے جائز نہیں، ہاں کسی کام کے شروع میں جیسے کھانے پینے سے پہلے بطور دعاء پڑھنا ہر حال میں جائز ہے۔ (شرح منیہ کبیر)

پہلی رکعت کے شروع میں اعوذ باللہ من الشیطن الرجیم کے بعد بِسْمِ اللّٰہِ پڑھنا باتفاق ائمہ واجب ہے۔ اختلاف صرف اس میں ہے کہ آواز سے پڑھا جائے یا آہستہ، امام اعظم ابو حنیفہؒ اور بہت سے دوسرے ائمہ آہستہ پڑھنے کو ترجیح دیتے ہیں۔ پہلی

رکعت کے بعد دوسری رکعتوں کے شروع میں بھی بِسْمِ اللّٰہِ پڑھنا چاہیے اس کے مسنون ہونے پر سب کا اتفاق ہے۔ اور بعض روایات میں ہر رکعت کے شروع میں بِسْمِ اللّٰہِ پڑھنے کو واجب کہا گیا ہے۔ (شرح منیہ)

نماز میں سورۃ الفاتحہ کے بعد سورۃ شروع کرنے سے پہلے بِسْمِ اللّٰہِ نہیں پڑھنا چاہیے خواہ جہری نماز ہو یا سری، نبی کریم ﷺ اور خلفائے راشدینؓ سے ثابت نہیں ہے۔
(شرح منیہ)

اسلوب سُوۡرَۃُ الفَاتِحَۃِ

سورۃ فاتحہ قرآن پاک کی سب سے پہلی سورۃ ہے۔ لیکن یہ اپنے اختصار، فصاحت و بلاغت، اثر آفرینی اور مضامین کی جامعیت کے اعتبار سے ایک خاص مقام و مرتبہ کی حامل ہے۔ آنحضورﷺ نے اسے مختلف ناموں سے یاد فرمایا، جن سے اس کی اہمیت کا اندازہ ہوتا ہے۔ نیز مختلف اوقات میں اس کے فضائل بیان فرماتے ہوئے فرمایا کہ اس جیسی کوئی دوسری سورۃ نازل نہیں ہوئی۔ بعض احادیث میں اسے سب سے بڑی سورۃ اور بعض میں سب سے بہتر سورۃ قرار دیا۔

جب ہم اس کے پیرایہ بیان اور اس کی معنویت پر غور کرتے ہیں اور اس کے ناموں کو دیکھتے ہیں تو قرآن کریم سے اس کے تعلق کی مختلف نوعیتیں واشگاف ہوتی ہیں۔ اس کا پیرایہ بیان اور طریق اظہار معلمانہ، نہیں بلکہ دعائیہ ہے۔ جس سے اس کی تاثیر اثر آفرینی اور دل و دماغ میں اس کے نفوذ کی قوت میں بے پناہ اضافہ ہو جاتا ہے۔ انسانی دل و دماغ کی کیفیت یکسر بدل جاتی ہے۔

آدمی اس کا تصور بھی نہیں کرتا کہ مجھے کوئی بات سکھائی جارہی ہے، بلکہ وہ یوں محسوس کرتا ہے کہ میں ایک ایسی ذات کی بارگاہ میں حاضر ہوں، جس کی رحمتیں اور برکتیں اور جس کا فیضانِ ربوبیت اور جس کی نصرت واعانت کی چارہ جوئیاں مجھ پر مسلسل سایہ ڈال رہی ہیں، جس کے سامنے میرے دل و دماغ کا ایک ایک پردہ پوری طرح نمایاں ہے۔ میرے سینے کی تنگیاں، جس کی نظر کرم سے وسعتوں میں تبدیل ہورہی ہیں۔ میں ایک ایسی آغوش میں ہوں، جس کی ٹھنڈک ماں کی آغوش سے بھی زیادہ ہے۔ ان تصورات کے ساتھ انسان جب اس ذات عظیم کے سامنے ہاتھ باندھے کھڑا ہو کر، اس دعا کے الفاظ کو اپنی زبان سے ادا کرنا شروع کرتا ہے تو بے اختیار اس ذات عظیم کی حمد و ثنا اس کی زبان پر جاری ہو جاتی ہے۔ وہ ان صفات سے اس کو پکارتا ہے، جس سے بڑھ کر اس ذات بے مثال کو دل و دماغ میں قریب کرنے والے الفاظ کا تصور نہیں کیا جا سکتا۔ ان مختصر الفاظ میں اللہ کی حمد و ثنا کو سمیٹنے کی کوشش میں اللہ کا عاجز بندہ، اس طرح اپنی عبدیت میں ڈوبتا چلا جاتا ہے کہ بے ساختہ اس کی زبان پر عبدیت کا اعتراف اور احتیاج و درماندگی کا اقرار جاری ہو جاتا ہے۔ پھر وہ محسوس کرتا ہے کہ زندگی کے ان گنت مسائل، خواہشوں کا بے پناہ ہجوم، انسانی تعلقات کی وسیع دنیا، احساسات کا ٹھاٹھیں مارتا ہوا وسیع سمندر، اس میں انفعالات کے ابھرتے ہوئے

حباب نفسانی اور شیطانی قوتوں سے تصادم، اللہ کی طرف بڑھنے والے ہر بندے کے راستے کی وہ رکاوٹیں ہیں، جنھیں سر کرنا آسان نہیں اور یہ وہ تاریکیاں ہیں، جن میں راستہ دیکھنا ازبس مشکل ہے۔ یہ سوچتے ہی زبان پر دعائیہ کلمات جاری ہو جاتے ہیں اور اس راستے کا مسافر، اپنی محبوب ذات سے، جس کی محبت میں ڈوب کر وہ یہ نغمہ الاپ رہا ہے صراط مستقیم کی دعا مانگتا ہے۔ لیکن ساتھ ہی یہ التجا اس کے لبوں تک آ جاتی ہے کہ یہ صراط مستقیم اس قدر واضح ہونا چاہیے کہ اس کی پہچان میں مجھے ٹھوکر نہ لگے۔ اس کی ایک ہی صورت ہے کہ یہ صراط مستقیم کتابی علم یا دانش برہانی میں لپٹا ہوا نہ ہو، جس کی پرتیں کھلتے کھلتے آدمی تھک ہار کر گر جاتا ہے۔ بلکہ یہ ایسی شاہراہ ہونی چاہیے، جس پر اس راستے کے مسافر کامیابی سے گزرنے میں کامیاب ہو چکے ہوں۔ اور اس پر ایسی علامتیں بھی ہونی چاہئیں، جس سے معلوم ہو کہ یہاں ٹھوکر کھانے والوں نے کِن کِن حوالوں سے ٹھوکر کھائی ہے تاکہ آج اس راستے پر چلنے والا ان ٹھوکروں سے بچ کر منزل مقصود پر پہنچنے میں دشواری محسوس نہ کرے۔

اس دعا میں مزید تاثیر اور لذّتِ شوق اس چیز نے بھی پیدا کر دی ہے کہ اس کا انداز اور اس کا اظہار اس قدر سادہ سہل اور دل نشیں ہے کہ معمولی سے معمولی انسان بھی اسے پڑھتا ہوا دشواری محسوس نہیں کرتا۔ گنتی کے سات بول ہیں، جو نہایت مختصر، دل

آفرین اور دل آویز ہیں۔ نہ ان میں کوئی پیچیدگی ہے اور نہ کوئی الجھاؤ۔ نہایت جچے تلے، ایسا لگتا ہے کہ بے ساختہ از خود زبان پر جاری ہو گئے ہیں۔ جس طرح فطرت نہایت سادہ اور نہایت پاکیزہ ہے اور کسی گوشہ میں بھی الجھی ہوئی نہیں اور ہر فطری بات ہر طبیعت کو بھلی لگتی اور اس کی قبولیت دل کی آواز بن جاتی ہے۔ یہی حال اس سورۃ کا بھی ہے۔ اس کے ایک ایک بول کو دہراتے ہوئے آدمی یوں محسوس کرتا ہے کہ یہ تو میرے دل سے اٹھنے والی باتیں ہیں۔ جس طرح رات کی تاریکی کا ستایا ہوا ایک شخص صبح خنداں کو دیکھتے ہی کھل اٹھتا ہے، طوفانِ برق و باراں سے سہما ہوا آدمی قوس قزح کو دیکھتے ہی اس کے حسن میں ڈوب جاتا ہے، سفر کی تھکاوٹوں سے چور چور شخص اپنی منزل کی ایک جھلک دیکھ کر تازہ دم ہو جاتا ہے، چلچلاتی دھوپ میں جھلسنے والا مسافر ٹھنڈے سائے میں جس طرح آرام محسوس کرتا ہے، اس سے بڑھ کر وہ شخص، جو علم و دانش کے پیدا کردہ الجھاؤ اور شیطانی قوتوں کے اٹھائے ہوئے فتنوں، شخصی گروہی اور مختلف وابستگیوں کے لگائے ہوئے زخموں اور جعلی شخصیتوں کے پُر فریب طریقوں سے زار و نزار ہے۔ جب کبھی اس دعا تک پہنچنے میں کامیاب ہو جاتا ہے تو اسے اس کی حقیقت، اس کی سادگی، اس کی تاثیر، اس کی حقیقت بیانی اور اس کی عقدہ کشائی، اس سے بڑھ کر سکون اور اطمینان مہیا کرتی ہے۔

پھر جب وہ بار بار اسے ہر نماز میں دہراتا ہے اور بار بار ان مضامین کی تکرار کرتا ہے تو دھیرے دھیرے اس کے اندر سے ایک ایسا انسان جنم لینے لگتا ہے، جو پہلے انسان سے یکسر مختلف اور انسانیت کا حقیقی نمونہ ہوتا ہے۔

سورۃ کی خصوصیات اور اس کے اسمائے مبارکہ

پیرایۂ بیان کے حوالے سے چند حقائق کے ذکر کے بعد جب ہم اس کے ناموں کو دیکھتے ہیں تو اس سورۃ کی بعض خصوصیات خود بخود ہمارے سامنے واضح ہو جاتی ہیں۔

فاتحۃ الکتاب : اس کا ایک نام فاتحۃ الکتاب ہے۔ جس سے معلوم ہوتا ہے کہ یہ عظیم سورۃ قرآن کریم کے لیے دیباچہ کی حیثیت رکھتی ہے۔ جس طرح دیباچہ میں اصل کتاب کے مضامین کا خلاصہ بیان کیا جاتا اور ان کا ایک اجمالی تعارف کرایا جاتا ہے۔ تقریباً یہی حیثیت اس سورۃ کی بھی ہے۔ قرآن کریم میں جو کچھ تفصیل سے بیان کیا گیا ہے، اس سورۃ میں نہایت اجمال کے ساتھ اس کو ذکر کیا گیا ہے۔

قرآن کریم کا اصل موضوع انسان اور اس کی اصلاح ہے۔ انسان کے بگاڑ کا صرف ایک ہی سبب ہے، اور وہ اس کی اپنے خالق و مالک اور اپنے رب سے برگشتگی ہے۔ اس لیے انسان کے اصلاح کی یہی ایک صورت ہے کہ اسے دوبارہ اللہ کے آستانے

پر جھکا دیا جائے اور اس ٹوٹے ہوئے رشتے کو از سر نو جوڑ دیا جائے۔ چنانچہ اس سورۃ میں سب سے پہلے اسی آستانے کی خبر دی گئی ہے۔ لیکن ایسے دل نشیں انداز میں کہ آدمی بے اختیار اس آستانے کی طرف بڑھنے لگتا ہے۔ ہم جانتے ہیں کہ خدا پرستی کی راہ میں انسانوں کو جس قدر بھی ٹھوکریں لگی ہیں، وہ صفات کے تصور میں گمراہی کے باعث لگی ہیں۔ اس لیے اس سورۃ میں اللہ کی صفات کا وہ ٹھیک ٹھیک تصور دیا گیا ہے، جس سے ایک بندہ ذات خداوندی کی معرفت کے راستے پر چل سکتا ہے۔ وہ چیز جِس نے انسانوں کے اعمال کو خراب کیا، بلکہ نیتوں تک کو بگاڑ ڈالا، وہ اعمال کے بارے میں انسان کا غلط تصور ہے۔ انسان یہ سمجھتا ہے کہ میں جو کچھ کر رہا ہوں اس دنیا میں تو یقیناً میرے اعمال کی ایک جزا اور سزا ہے، بشرطیکہ میرے اعمال کسی کے علم اور کسی کی گرفت میں آجائیں۔ لیکن جنھیں میں چھپانے میں کامیاب ہو جاؤں یا جن تک کسی کی نگاہ نہ پہنچ سکے، ایسے تمام اعمال کی کوئی جزا و سزا نھیں۔ چنانچہ اس سورۃ میں اس قانونِ مجازات کو نہ صرف بیان کیا گیا ہے، بلکہ اس کا یقین بھی پیدا کیا گیا ہے۔ انسان کی ایک اور کمزوری اس کا اپنی ذات کے عرفان سے محروم ہونا اور اپنی شخصیت کی وسعتوں اور ناتوانیوں سے بیخبر ہونا ہے۔

چنانچہ اس سورۃ میں اسے اس کی ذات کی حقیقی معرفت اور اس کی احتیاجات کے لیے حقیقی سرچشمے کو واضح کر دیا گیا ہے۔ باوجود اس کے کہ انسان کو حواس، قوت ادراک اور جوہر عقل سے نوازا گیا ہے، اس لحاظ سے یہ تمام مخلوقات پر ایک فوقیت اور فضیلت بھی رکھتا ہے۔ با ایں ہمہ زندگی کے معاملات کو سلجھانے اپنے اہداف کے تعین اور مقصد زندگی کی پہچان میں اس نے ہمیشہ ٹھوکر کھائی ہے۔ اس سورۃ میں اسے صاف صاف بتا دیا گیا ہے کہ تیرے لیے فلاح و سعادت کی راہ کیا ہے اور پھر اس کی تاریخ کے آئینے میں نمایاں مثالوں کے ذریعے شناخت بھی واضح کر دی گئی ہے۔ تاکہ اسے اپنے راستے کو اختیار کرنے میں کوئی الجھن اور دشواری پیش نہ آئے۔

یہی مندرجہ بالا مضامین ہیں، جنھیں خدا پرستی اور اسلامی زندگی میں بنیاد کی حیثیت حاصل ہے۔ پورا اسلامی نظام زندگی اسی سے پھوٹنے والا درخت ہے، جس کے سائے میں امّت اسلامیہ زندگی گزارتی ہے۔ قرآن کریم نے انہی مضامین کو تفصیل سے بیان کیا ہے، جس کا خلاصہ اس سورۃ میں ہمیں ایسے دل آویز انداز میں عطا فرمایا گیا ہے کہ جس سے زیادہ دل آویزی کا تصور بھی نہیں کیا جا سکتا۔

خود قرآن کریم نے اس کا ذکر ایسے لفظوں میں کیا ہے جس سے اس حقیقت کی نہ صرف تائید ہوتی ہے بلکہ تقویت ملتی ہے۔ ارشاد فرمایا:

وَلَقَدْ اٰتَيْنٰكَ سَبْعًا مِّنَ الْمَثَانِيْ وَالْقُرْاٰنَ الْعَظِيْمَ ط (الحجر 15: 87)

(اے پیغمبر! یہ واقعہ ہے کہ ہم نے تمہیں سات دہرائی جانی والی چیزیں عطا فرمائیں اور قرآن عظیم)

احادیث و آثار سے یہ بات ثابت ہو چکی ہے کہ اس آیت میں سات دہرائی جانے والی چیزوں سے مقصود یہی سورۃ ہے۔ کیونکہ یہ سات آیتوں کا مجموعہ ہے اور ہمیشہ نماز میں دہرائی جاتی ہے۔ یہی وجہ ہے کہ اس سورۃ کو **السبع المثانی** بھی کہتے ہیں۔

مناسب ہو گا کہ یہاں ایک غلط فہمی کا ازالہ بھی کر دیا جائے۔ غلط فہمی یہ ہے کہ جب سورۃ فاتحہ کی آیات کو شمار کیا جاتا ہے تو وہ سات نہیں چھ بنتی ہیں۔ کیونکہ آیت کی نشانی گول دائرہ سمجھی جاتی ہے اور اس سورۃ میں آیتوں کے آخر میں جو دائرے دیئے گئے ہیں وہ چونکہ چھ ہیں اس لحاظ سے آیات کی تعداد چھ ہی ہونی چاہیے۔ اس صورت میں سورۃ فاتحہ کو السبع المثانی نہیں کہا جا سکتا کیونکہ اس کا معنی ہے سات دہرائی جانے والی آیتیں۔ کیونکہ جب سورۃ فاتحہ کی آیات کی تعداد چھ ٹھہری تو پھر کسی طرح بھی اس نام کا اطلاق اس پر نہیں ہو سکتا۔

در حقیقت غلط فہمی کی بنیاد یہ ہے کہ صِرَاطَ الَّذِيْنَ اَنْعَمْتَ عَلَيْهِمْ لا ۵ یہ چھٹی آیت ہے۔ لیکن اس کے آخر میں گول دائرہ نہیں ہے، بلکہ ۵ کا نشان دیا گیا ہے۔ یہ ظاہر ہے آیت کے خاتمے کی نشانی نہیں ہے اس لیے اس کو آیت شمار نہیں کیا جاتا۔

اس سلسلے میں گزارش یہ ہے کہ قرآنی رسم الخط میں ۵ کا نشان اس بات کی علامت ہے کہ یہاں آیت تو ختم ہو گئی ہے لیکن اس کے آیت ہونے میں علماء کا اختلاف ہے۔ بسم اللہ کی بحث میں ہم علماء کے اختلاف کے متعلق عرض کر چکے ہیں کہ مدینہ، بصرہ اور شام کے قرّاء اور مکہ اور کوفہ کے قرّاء میں اس سلسلے میں اختلاف پایا جاتا ہے۔ یہ ۵ کا نشان آیت کی علامت تو ہے لیکن ساتھ ہی اس اختلاف کی طرف اشارہ بھی ہے۔

اُمُّ القرآن : احادیث و آثار میں سورۃ فاتحہ کے دوسرے نام بھی آئے ہیں جن سے اس کی خصوصیات کا بھی پتہ چلتا ہے۔ ان میں سے ایک نام اُمُّ القرآن ہے۔ عربی زبان میں اُمُّ کا اطلاق ایسی چیزوں پر ہوتا ہے جو ایک طرح کی جامعیت رکھتی ہوں یا بہت سی چیزوں میں مقدّم اور نمایاں ہوں یا پھر کوئی ایسی اوپر کی چیز ہوں جس کے نیچے اس کے بہت سے توابع ہوں۔ چنانچہ سر کے درمیانی حصّے کو اُمُّ الراس کہا جاتا ہے۔ کیونکہ وہ دماغ کا مرکز ہے۔ فوج کے جھنڈے کو امّ کہتے ہیں کیونکہ تمام فوج اس کے نیچے جمع ہوتی ہے۔ مکہ کو اُمُّ القریٰ کہتے تھے۔ کیونکہ خانہ کعبہ اور حج کی وجہ سے عرب کی تمام آبادیوں کے جمع ہونے کی جگہ تھی۔ پس اس سورۃ کو اُمُّ القرآن کہنے کا مطلب یہ ہوا کہ یہ ایک ایسی سورۃ ہے جس میں مطالب قرآنی کی جامعیت اور مرکزیت ہے۔ یا جو قرآن کی تمام سورتوں میں اپنی نمایاں اور مقدم جگہ رکھتی ہے۔

اساس القرآن :اس سورۃ کا ایک نام اساس القرآن ہے یعنی قرآن کی بنیاد۔ ایک نام **الکافیہ** ہے جس کے معنی ہیں ایسی چیز جو کفایت کرنے والی ہے۔ ایک نام ہے **الکنز** جس کا معنیٰ ہے خزانہ۔ یعنی یہ سورۃ قرآن کریم کے مضامین کا خزانہ ہے۔ اور یہ ایسی سورۃ ہے جو قرآن کے پیش کردہ مضامین کی اجمالی ضرورت کو پورا کرتی ہے۔ اسی طرح اس کا نام **الشفاء** بھی ہے۔ یعنی یہ ایک ایسی سورۃ ہے جس کو پڑھ کر پھونکنے سے بیماریوں میں شفا ملتی ہے اور جس کی پیش کردہ ہدایات کو دستورالعمل بنانے سے زندگی کے روگ اور سینوں کے بغض اور کینے ختم ہوتے ہیں۔ اور انسانی معاملات کی الجھنیں حل ہوجاتی ہیں۔

ان اسمائے مبارکہ سے جہاں اس عظیم سورۃ کی اہمیت افادیت اور عظمت کا اندازہ ہوتا ہے وہیں یہ بات بھی معلوم ہوتی ہے کہ اللہ تعالیٰ نے اس کے الفاظ میں وہ تاثیر رکھی ہے کہ جیسے فوراً قبولیت کا ثمر مل جاتا ہے۔ بشرطیکہ آدمی حسن نیت سے اسے پڑھے اور اس کی دی ہوئی روشنی میں زندگی کا سفر کرنے کا تہیہ کرلے۔ اور اس کے پیش کردہ دستورالعمل کو زندگی کا دستور بنالے۔ آنحضرت ﷺ کی ایک حدیث مبارک سے اس تاثیر کی ہمیں خبر ملتی ہے۔ آپ بھی اس حدیث کو ملاحظہ فرمائیے۔

عن ابی ہریرہ عن رسول اللہ ﷺ یقول اللہ تعالیٰ قَسَّمْتُ الصلوٰۃ بینی و بین عبدی نصفین فنصفھا لی و نصفھا لعبدی و لعبدی ما سأل اذا قال العبد الحمد للہ رب العلمین قال اللہ حمدنی عبدی واذا قال الرحمٰن الرحیم قال اللہ اثنی علی عبدی واذا قال مٰلک یوم الدین قال مجدنی عبدی واذا قال ایاک نعبد وایاک نستعین قال ھذا بینی و بین عبدی ولعبدی ما سأل فاذا قال اھدنا الصراط المستقیم صراط الذین انعمت علیھم غیرالمغضوب علیھم ولا الضالین قال ھذا لعبدی ولعبدی ما سأل۔

(حضرت ابو ہریرہؓ رسول اللہ صلی اللہ علیہ وآلہٖ وسلم سے روایت کرتے ہیں کہ اللہ تعالیٰ فرماتا ہے کہ میں نے نماز کو اپنے اور اپنے بندہ کے درمیان دو حصّوں میں تقسیم کر دیا ہے۔ اس کا نصف حصہ میرے لیے ہے اور نصف میرے بندہ کے لیے ہے اور میرے بندہ کو وہ بخشا گیا جو اس نے مانگا۔ جب بندہ اَلْحَمْدُ لِلّٰہِ رَبِّ الْعٰلَمِیْنَ۔ لا کہتا ہے، اللہ تعالیٰ فرماتا ہے میرے بندے نے میرا شکریہ ادا کیا اور جب وہ الرَّحْمٰنِ الرَّحِیْمِ۔ لا کہتا ہے، اللہ تعالیٰ فرماتا ہے کہ میرے بندے نے میری تعریف بیان کی ہے اور جب وہ مٰلِکِ یَوْمِ الدِّیْنِ۔ ط کہتا ہے اللہ تعالیٰ فرماتا ہے کہ میرے بندے نے میری بڑائی بیان کی اور جب بندہ اِیَّاکَ نَعْبُدُ وَاِیَّاکَ نَسْتَعِیْنُ۔ ط کہتا ہے اللہ تعالیٰ فرماتا ہے یہ حصّہ میرے اور میرے بندے کے درمیان مشترک ہے اور میں نے اپنے بندے کو وہ بخشا جو اس نے مانگا۔ پھر جب بندہ اِہْدِنَا الصِّرَاطَ الْمُسْتَقِیْمَ 5ط صِرَاطَ الَّذِیْنَ اَنْعَمْتَ

عَلَيْهِمْ غَيْرِالْمَغْضُوْبِ عَلَيْهِمْ وَلاَ الضَّآلِّيْنَ۔ ع کہتا ہے تو اللہ تعالیٰ فرماتا ہے کہ یہ میرے بندے کے لیے ہے اور میں نے اپنے بندے کو وہ بخشا جو اس نے مانگا۔

اَلْحَمْدُ لِلّٰهِ رَبِّ الْعٰلَمِيْنَۙ

تمام تعریفیں اللہ کے لیے ہیں جو تمام جہانوں کا رب ہے

اَلْحَمْدُ : تمام تعریفیں

لِلّٰهِ : اللہ کے لیے

رَبِّ : رب

الْعَالَمِينَ : تمام جہان

اَلْحَمْدُ لِلّٰهِ رَبِّ الْعٰلَمِیْنَ : ''اَلحَمْدُ'' حمد پر الف لام استغراق کا ہے یا جنس کا، اس کا مطلب یہ ہے کہ تمام تعریفیں اور ہر طرح کی تعریفیں، یعنی تعریف کے جتنے انداز ہو سکتے ہیں اور تعریف جتنے پہلوؤں سے ممکن ہے اور تعریف کی جتنی اقسام تصور کی جا سکتی ہیں اور تعریف کے لیے جتنے خوبصورت الفاظ اہل لغت نے وضع کیے ہیں اور تعریف کی جتنی کیفیتیں آج تک اہل دل نے محسوس کی ہیں، اہل لغت اہل درد اور اہل دل کا یہ سارا سرمایہ صرف اللہ کی بارگاہ کے لیے ہے۔ اس وسعت کے ساتھ کوئی اس میں شریک نہیں ہے۔

'حمد' کا معنی جس طرح تعریف کیا جاتا ہے۔ اسی طرح شکر بھی کیا جاتا ہے۔ لیکن شکر حمد کے مقابلے میں معنویت کے اعتبار سے محدود ہے۔ شکر کا لفظ کسی کی صرف انھی خوبیوں اور انھی کمالات کے اعتراف کے موقع پر بولا جاتا ہے، جن کا فیض آدمی کو خود پہنچ رہا ہو۔ لیکن حمد ہر قسم کی خوبیوں اور ہر قسم کے کمالات کے اعتراف کے لیے عام ہے، خواہ ان کا کوئی فیض خود حمد کرنے والے کی ذات کو پہنچ رہا ہو یا نہ پہنچ رہا ہو۔ مزید برآں حمد اپنی معنوی وسعتوں کے اعتبار سے ایسے کمال سے متصف ہے جس کا شکر کے لفظ میں تصور کرنا بھی مشکل ہے۔ اس لیے شکر اگرچہ حمد کا ایک جزو ہے، لیکن

پروردگار کے ذاتی اور صفاتی کمالات کی وسعتوں کو دیکھتے ہوئے حمد کا استعمال ہی ایسے وسیع معنوں میں کیا جا سکتا ہے۔ صرف شکر کا استعمال حمد کو محدود کر دینے کے ہم معنی ہوگا۔

ایک آدمی اگر فہم و شعور سے بالکل محروم نہ ہو تو یہ ممکن نہیں کہ وہ اپنی ذات، اپنے ماحول، اپنے گرد و پیش، اپنے اوپر طاری ہونے والی کیفیتوں اپنے استعمال میں آنے والی نعمتوں پر غور کرنے کی کبھی زحمت نہ کرے۔ ایک مزدور اور محنت کش، جب چلچلاتی دھوپ میں سخت محنت کے بعد درخت کے ٹھنڈے سائے کے نیچے بیٹھ کر ٹھنڈا پانی پیتا ہے تو بے اختیار اس کی زبان پر حمد کے الفاظ جاری ہو جاتے ہیں۔ ایک بیمار، جب بیماری سے نجات پاتا ہے اور اپنے قدموں چل کر گھر کے صحن میں چڑیوں کے چہچھوں کی آواز سنتا ہے تو بے اختیار اس کی زبان پر اللہ کی تعریف کا نغمہ پھوٹنے لگتا ہے۔ ایک آدمی مسلسل سنجیدہ کام کے باعث جب اپنے ماحول سے اچاٹ ہونے لگتا ہے تو وہ کچھ وقت پہاڑوں کے ٹھنڈے موسم سے محظوظ ہونے کے لیے پہاڑوں کا رخ کرتا ہے۔ جیسے ہی اسے پہاڑوں میں ابلتے ہوئے چشمے، گرتی ہوئی آبشاریں، برف کے پگھلتے ہوئے تودے، چاندی کے ابلتے ہوئے فوارے، سیماب اگلتے ہوئے جھرنے، چیڑوں کے گڑے ہوئے جھنڈے اور پربت پر چھائی ہوئی

چھاؤنی اور بادلوں کے تنے ہوئے ڈیرے اور کہرے کی لگی ہوئی قناتیں دکھائی دیتی ہیں تو بے ساختہ اس کی زبان پر اللہ کی حمد کے زمزمے جاری ہو جاتے ہیں۔ میدانی علاقوں میں بہتی ہوئی پانی کی جدولیں، زمین پر سبزے کا مخملی فرش، کھیتوں میں پھولی ہوئی سرسوں اور پھولوں سے لدے ہوئے تختے جب نگاہ کو دعوت نظارہ دیتے ہیں تو بے ساختہ زبان پر اللہ کی صنعت و قدرت کی تعریف جاری ہو جاتی ہے۔ حاصل کلام یہ ہے کہ انسان جب بھی اپنے گردو پیش میں پھیلی ہوئی قدرت کی رعنائیاں دیکھتا ہے تو اگر اس کے سر میں معمولی سا دماغ بھی ہے تو وہ ان خوبصورتیوں کے خالق کی تعریف کیے بغیر نہیں رہ سکتا۔ یہی تعریف کا جذبہ ہے، جو اسے اللہ کی بارگاہ تک جانے پر مجبور کرتا ہے۔ کیونکہ یہ اس کے اندر سے اٹھنے والی فطرت کی پکار ہے، جو الفاظ کا قالب اختیار کر لیتی ہے۔ اس لیے اہل علم نے حمد کو انسان کا جذبہ بے اختیار قرار دیا ہے۔ یہ الگ بات ہے کہ بعض لوگوں نے اس فطری جذبے کو ارتقاء کا نتیجہ قرار دے کر گھنانے کی کوشش کی ہے۔ وہ یہ کہتے ہیں کہ انسان کے اندر سب سے قدیم اور ابتدائی جذبہ خوف کا جذبہ ہے۔ اور یہ جذبہ ان ہولناک اور خوفناک حوادث کے مشاہدہ سے پیدا ہوا، جو اس دنیا میں طوفانوں، زلزلوں اور وباؤں کی صورت میں آئے دن پیش آتے رہتے تھے۔ اس خوف کے جذبہ نے انسان کو ان اَن دیکھی طاقتوں کی

پرستش پر مجبور کیا، جن کو اس نے ان حوادث کا پیدا کرنے والا خیال کیا اور اس طرح انسان نے خوف کے جذبے سے اپنی زندگی کا آغاز کیا۔ حالانکہ اگر تدبّر سے کام لیا جائے تو یہ بات سمجھنا بھی مشکل نہیں کہ ہر خوف سے پہلے کسی نعمت کا شعور لازمی چیز ہے۔ جس کے چھن جانے کے احساس کو خوف کہا جاتا ہے۔ اور جب نعمت کا شعور پایا گیا تو ایک منعم کا شعور بھی لازمی ٹھہرا اور پھر اس کی شکر گزاری کا جذبہ پیدا ہونا بھی ناگزیر ہوا۔ اور مزید یہ کہ منعم کے اس تصور کو مزید اجاگر اور گہرا کرنے کے لیے انسان کا وہ شب و روز کا مشاہدہ ہے، جس سے وہ صرف نظر نہیں کر سکتا۔ وہ دیکھتا ہے کہ اس دنیا کے عام واقعات، زلزلے، طوفان اور سیلاب ہی نہیں، بلکہ اس میں بہاریں بھی آتی، چاندنی بھی پھیلتی، بارشیں بھی ہوتی، تارے بھی چھٹکتے، پھول بھی کھلتے اور فصلیں بھی پکتی ہیں۔ ان میں سے ایک ایک چیز اور ایک ایک مشاہدہ نہ صرف انسان کو اللہ کے آستانے پر جھکانے کے لیے کافی ہے، بلکہ اس کے جذبہ حمد کو مہمیز کرنے کا کام بھی دیتا ہے۔ اہل دل تو عجیب بات کہتے ہیں کہ اللہ کی بے حد و بیشمار نعمتوں کو دیکھ کر اور خود اپنی ذات کو اس کی نعمتوں سے گرانبار پا کر تو شکر اور حمد کا جذبہ ابھرتا ہی ہے۔ لیکن خود یہ بات کہ آدمی اللہ کی تعریف کرنے لگے اور اس میں اسے ایک سکون اور اطمینان محسوس ہو، یہ نعمت تو ہر ایک کو میسر نہیں ہوتی۔ جس کسی کو یہ

دولت نصیب ہو جائے، اسے اس دولت کے مل جانے پر بیش از بیش اللہ کا شکر ادا کرنا چاہیے۔ کتنے ایسے لوگ ہیں، جنھیں بیشمار نعمتیں یسر ہیں۔ لیکن وہ منعم حقیقی کو پہچاننے کے لیے تیار نہیں۔ اس کے بر عکس وہ خوش نصیب بھی ہیں، جو نان شبینہ پر گزارا کرتے اور جھونپڑے میں رہتے ہیں، لیکن اس پر بھی ہمیشہ اللہ کا شکر ادا کرتے ہیں۔ انھیں اگرچہ دنیا کی دولت نہیں ملی لیکن اس دولت کا مل جانا ان کے لیے دنیا و عقبیٰ کی کامیابی کی ضمانت ہے۔ توجس کو اتنی بڑی دولت مل جائے، اس پر اتنا ہی بڑا شکرادا کرنا لازمی ہو جاتا ہے۔ کیا خوب کہا کسی شاعر نے۔

میری طلب بھی انہی کے کرم کا صدقہ ہے
قدم یہ اٹھتے نہیں ہیں اٹھائے جاتے ہیں

ایسے جذبہ بے پناہ سے جو تعریف کی جائے گی، وہی حقیقت میں ثنائے جمیل کہلانے کی مستحق ہے۔ اور یہی وہ ثنائے جمیل ہے، جو حمد کا حقیقی معنی ہے۔ اور یہ بات کہنے کی ضرورت نہیں کہ جس ذات کی ثنائے جمیل کی جائے وہ خود جمیل نہیں ہو گی تو اور کیا ہو گی۔ جمیل ذات سے محبت کی جاتی ہے، ڈرا نہیں جاتا۔ جن مذاہب نے اللہ کا تعارف اس طرح کرایا کہ وہ ایک ایسی وحشت ناک اور ہیبت ناک ذات ہے، جس کے غضب سے ہمیشہ ڈرنا چاہیے۔ انھوں نے نہ اپنے ساتھ انصاف کیا اور نہ اللہ کے

ساتھ۔ نہ اپنے آپ پر ہونے والے احسانات کو پہچانا، نہ اللہ کو محسن حقیقی سمجھا۔ انھوں نے اللہ کو ایک بادشاہ پر قیاس کیا۔ جو کبھی دعا سے ناراض ہو جاتا ہے اور کبھی دشنام پر خلعت بخشتا ہے۔ وہ یہ بات نہ سمجھ سکے کہ جہاں بھی اللہ سے ڈرنے کا حکم دیا گیا ہے۔ اس کا یہ مطلب نہیں کہ اللہ کوئی ڈراؤنی ذات ہے۔ بلکہ اس کا مطلب یہ ہے کہ اپنے اعمال کی نگہداشت کرو۔ ایسا کوئی عمل نہ کرنا، جو اللہ کے احکام کے خلاف انسانیت کا دشمن اور اس کی ناراضگی کو دعوت دینے والا ہو۔ تمھیں اپنے اعمال کی پاداش سے ڈرنا چاہیے۔ اللہ کی ناراضگی یا خوشنودی اس کا نتیجہ ہے، اس کی علّت نہیں۔ وہ ذات تو ایسی پیاری ذات ہے جس سے پیار کرنے والے سرفراز ہوتے ہیں۔ اور دنیا و عقبیٰ کی نعمتوں سے مالامال ہوتے ہیں۔

اللہ جَلَّ جَلالُہٗ

''اللہ'' پروردگار کے لیے اسم ذات ہے۔ کسی اور ہستی پر اس کا اطلاق ہو ہی نہیں سکتا۔ فارسی کے خدا یا انگریزی کے God کی طرح اسم نکرہ نہیں کہ معبود واحد کے علاوہ دوسروں کے لیے بھی بولا جا سکے۔ اس کی نہ جمع آتی ہے نہ یہ کسی لفظ سے مشتق ہے اور نہ اس کا ترجمہ کسی دوسری زبان میں ممکن ہے۔

جیسا کہ شعراء جاہلیت کے کلام سے ظاہر ہے کہ نزول قرآن سے پہلے بھی عربی میں اللہ کا لفظ خدا کے لیے اسم ذات کے طور پر ہی مستعمل تھا۔ بلکہ نوع انسانی کے دینی تصورات کی جو تاریخ ہم تک پہنچی ہے، اس سے صاف معلوم ہوتا ہے کہ انسانوں کے تصور توحید میں جب بگاڑ پیدا ہوا اور شرک کی مختلف صورتیں پیدا ہوئیں تو ان میں اہم تر مظاہرِ فطرت کی پرستش تھی۔ اسی پرستش نے بتدریج اصنام پرستی کی صورت اختیار کی۔ اس کا لازمی نتیجہ یہ تھا کہ مختلف زبانوں میں مختلف الفاظ دیوتاؤں کے لیے پیدا ہو گئے اور جوں جوں پرستش کی نوعیت میں وسعت ہوتی گئی، الفاظ کا تنوع بھی بڑھتا گیا۔ لیکن یہ عجیب بات ہے کہ اصنام پرستی کی اس وسعت کے باوجود ایک ایسی ہستی کے تصوّر سے انسان کا ذہن کبھی خالی نہیں رہا، جو سب سے اعلیٰ اور سب کو پیدا کرنے والی ہستی ہے۔ اس لیے ہم دیکھتے ہیں کہ تمام قوموں میں کوئی نہ کوئی لفظ ایسا ضرور مستعمل رہا، جس کے ذریعے سے اس اَن دیکھی اور اعلیٰ تر

ین ہستی کو پکارا جاتا تھا۔ بلکہ یہ دلچسپ حقیقت ہے کہ سامی زبانوں میں حروف و اصوات کی ایک خاص ترکیب موجود رہی ہے، جو اس معبودِ اعلیٰ کی طرف اشارہ کرتی ہے اور تمام زبانوں میں اس کا مادہ مشترک رہا ہے۔ چنانچہ کلدانی اور سریانی کا الاہیا، عبرانی کا الوہ اور عربی کا اِلٰہ اسی سے ہے اور بعض علما کے نزدیک یہی الہ ہے جو حرف

تعریف کے اضافہ کے بعد اللہ ہوگیا ہے۔ اور تعریف نے اسے صرف خالق کائنات کے لیے مخصوص کردیا ہے۔ مگر بیشتر علما الف لام کو تعریف کے لیے نہیں مانتے، بلکہ اسے اس نام کا جزو قرار دیئے ہیں۔ اس لیے وہ لفظِ اللہ کو کسی سے مشتق نہیں مانتے اور نہ اس سے کسی کو مشتق مانتے ہیں۔ چنانچہ یہی لفظ اللہ ہے جسے قرآن کریم نے بطور اسم ذات کے اختیار کیا اور تمام صفتوں کو اس کی طرف نسبت دی۔ ارشاد ہوا: ''وَلِلّٰهِ الْاَسْمَآءُ الْحُسْنٰى فَادْعُوْهُ بِهَا'' اللہ کے لیے حسن و خوبی کے نام ہیں۔ (یعنی صفتیں ہیں) پس چاہیے کہ اسے ان صفتوں کے ساتھ پکارو۔

لفظ اللہ کے لفظی خواص

حضرت موسیٰؑ کو کوہ طور پر جن کلماتِ الٰہی کے ذریعے ذات حق سبحانہٗ کا عرفان بخشا گیا وہ یہ ہیں۔ (اِنَّنِیْ اَنَا اللّٰہُ لَآ اِلٰہَ اِلَّآ اَنَا) اس میں بھی پروردگار نے لفظ اللہ کو بطور اسم ذات کے اختیار فرمایا۔ اس لفظ کی معنوی بحث تو آگے آئے گی۔ یہاں ہم اس کے خواص لفظی کے سلسلہ میں چند باتیں عرض کرتے ہیں

۱۔ یہ لفظ عجیب شان رکھتا ہے کہ جس کلمہ توحید کے ذریعے اللہ نے اپنا تعارف کرایا یعنی (لَآ اِلٰہَ اِلَّا اللّٰہُ) اور اسے مسلمانوں کا شعار بنایا۔ اس میں غور کریں تو آپ دیکھیں

گے کہ اس کلمہ توحید میں کوئی بھی زائد حرف موجود نہیں۔ وہی حروف ہیں، جو اسم ذات کے اندر موجود ہیں۔ انہی کی ترکیب سے کلمہ توحید کو متشکل کیا گیا۔

۲۔ اللہ کا اگر حرف ''ہمزہ'' نہ لکھا جائے تو للہ پڑھا جائے گا۔ جس کے معنی ہیں ہر شے اللہ ہی کی ملک ہے۔ ''وَلِلّٰهِ خَزَآئِنُ السَّمٰوٰتِ وَالْاَرْضِ'' اور آسمان و زمین کے خزانے اللہ ہی کے لیے ہیں (المنافقون :62۔7)

۳۔ للہ سے ایک لام کم کر دیا جائے تو ''لہ'' اور مزید ایک لام کم کرنے سے صرف ''ہ'' رہ جائے گا۔ جس کا تلفّظ ''ہو'' ہے۔ یہ حرف واحد بھی اسی ذات واحد اور اسی ذات احد پر دلالت کرتا ہے۔ جیسے ''قُلْ هُوَ اللّٰهُ اَحَد''

۴۔ یہ اسی لفظ اللہ ہی کا خاصہ ہے کہ اس پر تائے قسم وارد ہوتی ہے۔ ورنہ حرف ''تا'' بمعنی قسم اور کسی اسم پر وارد نہیں ہوتا۔

۵۔ اس اسم پاک کا ایک خاصہ یہ ہے کہ الحمد کا استعمال اسی اسم ذات کے لیے خاص ہے اور کسی اسم کے ساتھ الحمد کو استعمال نہیں کیا جاتا۔ اَلْحَمْدُ لِلّٰهِ کہیں گے۔ الحمد للرحمٰن یا الحمد للرحیم وغیرہ نہیں بولا جاتا۔ وجہ یہ ہے کہ جس طرح یہ اسم پاک مسمیٰ کی ذات و صفات سب پر حاوی ہے، اسی طرح لفظ ''حمد'' بھی تمام صفات کمال و جمال کا جامع ہے۔ لہٰذا کامل تر اسم کے لیے کامل تر نعت کی ضرورت تھی۔

۶۔ یہ بھی اسم اللہ ہی کا خاصہ ہے کہ اس کے آخر میں حرف ''م'' شامل کیا جاتا ہے اور وہ حرف ندا کا کام دیتا ہے اور اس کے ساتھ حرف ندا شامل نہیں ہوتا۔ یعنی یا اللّٰھم نہیں کہتے بلکہ اللّٰھم کا معنی ہے اے اللہ۔ قرآن کریم نے کئی جگہ اسے استعمال کیا ہے۔ مثلاً

قُلِ اللّٰهُمَّ مٰلِکَ الْمُلْکِ تُؤْتِی الْمُلْکَ مَنْ تَشَآءُ وَ تَنْزِعُ الْمُلْکَ مِمَّنْ تَشَآءُ ز وَتُعِزُّمَنْ تَشَآءُ وَتُذِلُّ مَنْ تَشَآءُ بِیَدِکَ الْخَیْرط اِنَّکَ عَلٰی کُلِّ شَیْءٍ قَدِیْرٌ (آل عمران 3: 25۔ 26)

اسم ''اللہ'' کی معنوی بحث

یہ تو تھے اس اسم پاک کے خواص لفظی اب دیکھئے اس کی معنوی بحث۔ پیچھے گزر گیا کہ بعض علماء کے نزدیک لفظ ''اللہ'' وہ عربی کا اِلٰہ ہے، جو حرف تعریف کے اضافہ کے بعد اللہ ہو گیا۔ اب سوال یہ ہے کہ اگر اللہ اِلٰہ سے ہے تو اِلٰہ کے معنی کیا ہیں؟ علماء لغت و اشتقاق نے مختلف اقوال بیان کیے ہیں جنھیں ہم تفسیر کبیر کے حوالہ سے یہاں نقل کرتے ہیں۔

۱۔ الهتُ اِلیٰ فلاں۔ سے مشتق ہے۔ جس کے معنی ہیں سَکَنْتُ اِلیٰ فلاں۔ یعنی اللہ وہ ہے، جس کے نام سے دلوں کو تسکین ملتی ہے اور قلب مضطر کو سکون۔ جیسے قرآن کریم کہتا ہے

"اَلاَ بِذِكْرِ اللهِ تَطْمَئِنُّ الْقُلُوْبُ" (الرعد: 13۔ 28)

۲۔ اَلِہَ اِذَا تَحَیَّرَ۔ سے مشتق ہے۔ جس کے معنی وارفتگی، تحیّر اور درماندگی کے ہیں۔

۳۔ اله لاہ۔ سے مشتق ہے۔ جس کے معنی بلند شان کے ہیں۔ یعنی اللہ وہ ہے جو لوازمات مادہ سے زمان و مکان کے احاطہ سے اور عقلمندوں کے فہم و ادراک سے ارفع اور بلند ہے۔

۴۔ لاہ یلوہ لیاھا۔ سے مشتق ہے۔ جس کے معنی پوشیدہ اور مستور ہونا ہے۔ یعنی اللہ وہ ہے، جس کی ذات عقول سے محجوب ہے۔

۵۔ اَلِہَ الفصِیل سے بنا ہے۔ یعنی اونٹنی کا بچہ جب بچھڑنے کے بعد ماں کو ملتا ہے تو وہ ماں سے چمٹ جاتا ہے۔ اسی طرح اللہ وہ ہے کہ آفات و مصائب میں انسان اسی کی جانب لپکتا ہے اور وہیں اسے تسکین ملتی ہے۔

۶۔ اَلِہَ الہ (سمع) سے بنا ہے۔ محاورہ ہے۔ ''الہ علی فلاں'' اس سے ڈرتا رہا۔ اَلَہ اِلَیْہِ اس کی پناہ ڈھونڈی۔ یعنی اللہ وہ ہے جو خوف وہراس کے وقت بندوں کی پناہ ہے۔ تمام عالم اور تمام مخلوقات اس کی حفاظت میں ہر ایک خطرہ سے محفوظ ہیں۔

۷۔ اَلَہَ یَألَہُ۔ عَبَدَ

۸۔الہ اصلہ ولاہٌ فأبدِل من الواد همزہ وتسمیتہ بذلک لکون کل مخلوق والهًا نحوہ

ان تمام لفظوں کے معانی پر اگر تدبّر سے کام لیا جائے تو چند باتیں صاف معلوم ہوتی ہیں۔ کہ وہ ذات عظیم جسے الہ سے تعبیر کیا جاتا ہے وہ مندرجہ بالا خصوصیات کی حامل ہے۔ یعنی وہ ہر بے کس و بے بس کی حاجت روا ہے۔ جس کا کوئی ٹھکانہ نہ ہو اس کی پناہ دہندہ ہے۔ وہ تمام ضرورت مندوں اور حاجت مندوں کے لیے قاضی الحاجات ہے۔ وہ تمام قوتوں سے بالاتر قوت اور تمام عظمتوں اور بڑائیوں سے سب سے بڑھ کر عظیم اور کبریائی کی مالک ہے۔ ہر پریشان حال اور اجڑے دل کو سکون بخشنے والی ہے۔ ہر مخلوق تکوینی اور جبلّی طور پر اس کی مشتاق ہے۔ پوری کائنات کا ایک ایک ذرہ اس کی قدرت کے سامنے بے بس اور لاچار ہے۔ ان تمام صفات کا خلاصہ اور حاصل اگر کوئی چیز ہو سکتی ہے تو وہ صرف یہ ہے کہ الہ وہ ذات ہے جو کائنات میں اقتدار اعلیٰ کی مالک اور ہمہ مقتدر ہے۔ اس کے اقتدار میں کسی کو شریک نہیں کیا جا

سکتا۔ نظام کائنات پر اس کی فرمانروائی ایک ایسی اٹل حقیقت ہے جس سے کسی طرح انکار نہیں۔

اقتدار کا یہ وہ تصور ہے جس کی بنیاد پر قرآن اپنا سارا زور غیر اللہ کی الٰہیت کے انکار اور صرف اللہ کی الٰہیت کے اثبات پر صرف کرتا ہے۔ اس کا استدلال یہ ہے کہ زمین اور آسمان میں ایک ہی ہستی تمام اختیارات و اقتدارات کی مالک ہے۔ خلق اسی کی ہے، نعمت اسی کی ہے، امر اسی کا ہے، قوت اور زور بالکل اسی کے ہاتھ میں ہے۔ ہر چیز چاروناچار اسی کی اطاعت کر رہی ہے، اس کے سوا نہ کسی کے پاس کوئی اقتدار ہے، نہ کسی کا حکم چلتا ہے، نہ کوئی خلق اور تدبیر اور انتظام کے رازوں سے واقف ہے اور نہ کوئی اختیارات حکومت میں ذرّہ برابر شریک و سہیم ہے۔ لہٰذا اس کے سوا حقیقت میں کوئی الٰہ نہیں ہے، اور جب حقیقت میں کوئی دوسرا الٰہ نہیں ہے تو تمہارا ہر وہ فعل جو تم دوسروں کو الٰہ سمجھتے ہوئے کرتے ہو، اصلاً غلط ہے، خواہ وہ دعا مانگنے یا پناہ ڈھونڈنے کا فعل ہو، یا سفارشی بنانے کا فعل ہو، یا حکم ماننے اور اطاعت کرنے کا فعل ہو۔ یہ تمام تعلقات جو تم نے دوسروں سے قائم کر رکھے ہیں صرف اللہ کے لیے مخصوص ہونے چاہئیں، کیونکہ وہی اکیلا صاحب اقتدار ہے۔

اس باب میں قرآن جس طریقہ سے استدلال کرتا ہے وہ اسی کی زبان سے سُنیئے:

وَهُوَالَّذِیْ فِی السَّمَآءِ اِلٰهٌ وَّفِی الْاَرْضِ اِلٰهٌط وَهُوَ الْحَکِیْمُ الْعَلِیْمُ۔

(وہی ہے جو آسمان میں بھی اِلٰہ ہے اور زمین میں بھی الٰہ ہے، اور وہی حکیم اور علیم ہے)۔ یعنی ''آسمان و زمین میں حکومت کرنے کے لیے جس علم اور حکمت کی ضرورت ہے وہ اسی کے پاس ہے۔'' (الزخرف۔ 83)

اَفَمَنْ يَّخْلُقُ كَمَنْ لَّا يَخْلُقُط اَفَلَا تَذَكَّرُوْنَ ... وَالَّذِيْنَ يَدْعُونَ مِنْ دُوْنِ اللّٰهِ لَا يَخْلُقُوْنَ شَيْئًا وَّهُمْ يُخْلَقُوْنَ ط... اِلٰهُكُمْ اِلٰهٌ وَّاحِدٌ۔ (النحل۔ 17۔ 22)

''تو کیا وہ جو پیدا کرتا ہے اور جو پیدا نہیں کرتا دونوں یکساں ہو سکتے ہیں؟ کیا تمہاری سمجھ میں اتنی بات نہیں آتی؟... خدا کو چھوڑ کر یہ جن دوسروں کو پکارتے ہیں وہ تو کسی چیز کو بھی پیدا نہیں کرتے، بلکہ خود پیدا کیے جاتے ہیں۔ تمہارا اِلٰہ تو ایک ہی اِلٰہ ہے۔''

و هُوَ اللّٰهُ لَآ اِلٰهَ اِلَّا هُوَ ط لَهُ الْحَمْدُ فِى الْاُوْلٰى وَالْاٰخِرَةِ ز وَلَهُ الْحُكْمُ وَاِلَيْهِ تُرْجَعُوْنَ۔ قُلْ اَرَءَيْتُمْ اِنْ جَعَلَ اللّٰهُ عَلَيْكُمُ الَّيْلَ سَرْمَدًا اِلٰى يَوْمِ الْقِيٰمَةِ مَنْ اِلٰهٌ غَيْرُ اللّٰهِ يَاْتِيْكُمْ بِضِيَآءٍ ط اَفَلَا تَسْمَعُوْنَ۔ قُلْ اَرَءَيْتُمْ اِنْ جَعَلَ اللّٰهُ عَلَيْكُمُ النَّهَارَ سَرْمَدًا اِلٰى يَوْمِ الْقِيٰمَةِ مَنْ اِلٰهٌ غَيْرُ اللّٰهِ يَاْتِيْكُمْ بِلَيْلٍ تَسْكُنُوْنَ فِيْهِ ط اَفَلَا تُبْصِرُوْنَ۔ (قصص۔ 70۔ 72)

(اور وہی اللہ ہے جس کے سوا کوئی دوسرا اِلٰہ نہیں ہے۔ اسی کے لیے تعریف ہے دنیا میں بھی اور آخرت میں بھی۔ اور وہی اکیلا صاحب حکم واقتدار ہے اور اسی کی طرف تم پلٹائے جانے والے ہو۔ کہو تم نے کبھی غور کیا کہ اگر اللہ تم پر ہمیشہ کے لیے روز قیامت تک رات طاری کر دے تو اس کے سوا کون سا دوسرا اِلٰہ ہے جو تمہیں روشنی

لادے گا؟ کیا تم سنتے نہیں ہو؟ کہو تم نے کبھی اس پر غور کیا کہ اگر تمہارے اوپر ہمیشہ کے لیے دن طاری کر دے تو اس کے سوا اور کونسا الٰہ ہے جو تمہیں رات لادے گا کہ اس میں تم سکون حاصل کرو؟ کیا تمہیں نظر نہیں آتا؟)

دوسری بات جو معلوم ہوتی ہے وہ یہ ہے کہ اللہ ہی کی ذات ہے، جہاں پریشانی اور مصیبت میں قرار اور پناہ ملتی ہے۔ وہی آغوش ہے جہاں انسان سکون پاتا ہے۔ دل اس کی طرف لپکتے ہیں۔ محبتیں اسی کے لیے بے تاب ہوتی ہیں اور تیسری یہ بات معلوم ہوتی ہے کہ اگر اس ذات کی حقیقت کو جاننے کے لیے فہم و ادراک سے کام لیا جائے اور انسان کے پاس جتنے علوم دستیاب ہیں، ان سب کو اس راستے میں استعمال کر کے دیکھ لیا جائے، اور ظن و تخمین کے تمام ہتھیار بھی استعمال کر لیے جائیں تو حقیقت یہ ہے کہ بجز اس کے کہ انسان تحیّر اور درماندگی کا شکار ہو جائے اور اس کے ہاتھ کچھ نہیں آتا۔ وہ جس قدر بھی اس ذات مطلق کی ہستی میں غور و خوض کرے گا، اس کی عقل کی حیرانی اور درماندگی بڑھتی ہی جائے گی۔ اس لیے کہ ایک مخلوق اپنی فہم و ادراک کی وسعتوں کے باوجود، مخلوق ہی ہے۔ وہ اپنے دستیاب وسائل میں ایک خالق کی وسعتوں کو نہیں سمیٹ سکتا۔ انسانی ذہن مخلوقات میں قدرت

کا شاہکار ہے لیکن وہ بہر حال مخلوق اور محدود ہے۔ محدود میں غیر محدود کبھی نہیں سما سکتا۔ اکبر مرحوم نے خوب کہا:

جو ذہن میں گھر گیا لا انتہا کیونکر ہوا
جو سمجھ میں آگیا پھر وہ خدا کیونکر ہوا

البتہ انسان کو اگر اپنی ذات میں فہم و ادراک کی نارسائی اور اپنی عجز و درماندگی کا اعتراف نصیب ہو جائے تو یہ وہ دولت ہے جو عبدیت کی معراج ہے۔ اس وجہ سے جو لوگ عرفان و بصیرت کی راہ کے سالک ہیں ان کے ادراک کا منتہا ہمیشہ یہی رہا "رَبِّ زِدْنِیْ فِیْکَ تَحَیُّرًا" کہ اے اللہ ہمیں اپنے بارے میں ایسا کر کہ تیرے بارے میں ہمارا تحیّر ہمیشہ بڑھتا رہے۔ اس لیے اگر اس لفظ کا کوئی مفہوم ہو سکتا ہے تو وہ اس کے سوا کچھ نہیں کہ اللہ جل جلالہ، وہ ذات ہے، جس کو جاننے اور سمجھنے کے لیے تمام فہم و ادراک کی قوتیں عاجز و درماندہ ہیں۔ البتہ انسان کے پریشان دل کو اس وقت تک قرار نصیب نہیں ہوگا اور اس کے الجھے ہوئے مسائل کی گرہ اس وقت تک نہ کھلے گی جب تک اللہ کے ذکر سے زبانیں زمزمہ سنج نہیں ہوں گی اور اس کی دی ہوئی تعلیمات سے انسان کی فکر روشن نہیں ہوگی۔

معرفتِ رب کا اصل ذریعہ

بلاشبہ اللہ کی ذات انسان کے حواس اور عقل کی گرفت میں نہیں آسکتی۔ اس کا کماحقہٗ جاننا اور سمجھنا انسانی طاقت سے ماورا ہے۔ لیکن اس کا کیا کیا جائے کہ ایک انسان اس کی محبت میں ڈوب کر جب اس کی بارگاہ تک پہنچ جاتا ہے تو اس کا جذبۂ خاموش بار بار اسے انگیخت کرتا ہے کہ جس اللہ کو تم خالق، مالک معبود اور اپنا حاکم حقیقی سمجھتے ہو اسے جاننے کی بھی تو کوئی راہ نکالو۔ اللہ کا کرم ہے کہ اس نے ہمیں اس سے محروم نہیں رکھا۔ قرآن و سنت نے ہم پر یہ بات واضح کی کہ تم جس عقل کے ذریعے اللہ کی ذات کو جاننا چاہتے ہو وہ عقل اللہ کی بیش بہا نعمت ہے۔ اسی کی وجہ سے انسان کو بہت سی مخلوقات پر فضیلت حاصل ہے۔ لیکن یہ بھی ایک حقیقت ہے کہ عقل کا کام محسوسات اور معقولات تک محدود ہے اور پھر محسوسات اور معقولات میں بھی بہت سی باتیں ایسی ہیں جس کی توجیہ کرنے میں آج تک عقل کامیاب نہیں ہو سکی۔ اللہ کی ذات کو جاننا یہ درحقیقت اس کی حدود سے ماوراچیز ہے۔ اس کا میدان چونکہ معقولات تک محدود ہے، جب ہم اسے ایسے میدان میں کھینچ لاتے ہیں جو اصلاً اس کا میدان نہیں تو اس میں عقل کا کام نہ دینا عقل کی کوتاہی یا اس کا نقص نہیں بلکہ یہ قصور عقل

کو اس میدان میں استعمال کرنے والے کا ہے۔ یہ بالکل ایسا ہی ہے جیسے کوئی آدمی کسی صراف کے پاس جا کر یہ کہے کہ تمہارے ترازو کا تول اگر صحیح ہے تو مجھے اس میں یہ پہاڑ تول کر دکھاؤ یا یہ دیوار تول کر دکھاؤ اور جب وہ ایسا نہ کر سکے اور یقیناً ایسا نہیں کر سکے گا تو پھر یہ شور مچانا شروع کر دے کہ تم کیسے یہ دعویٰ کرتے ہو کہ تمہارا یہ ترازو بالکل صحیح ہے۔ وہ صراف جواب میں یقیناً یہ کہے گا کہ بھائی ترازو بالکل صحیح ہے لیکن تم اس میں وہ چیز تلوانا چاہتے ہو جو اس کی حدود سے ماورا ہے۔ تو اس میں غلطی تمہاری ہے میرے ترازو کی نہیں۔

یہی غلطی ہم اس وقت کرتے ہیں جب ہم عقل کے دائرے میں پروردگار عالم اور اس کی صفات کی معرفت کو لانے کی کوشش کرتے ہیں۔ اب ظاہر ہے کہ ہماری عقل کا دائرہ ذات خداوندی اور اس کی صفات سے یکسر مختلف اور اس کی وسعت او بساط اللہ تعالیٰ کی لا محدود ذات کے سامنے انتہائی محدود اور کوتاہ، نتیجہ معلوم کہ عقل ہزار کوشش کے باوجود بھی اللہ تعالیٰ کی حقیقی معرفت سے عاجز رہتی ہے۔ بلکہ اگر غور کیا جائے تو یہی عقل کا غلط استعمال ہے، جس نے ہمیشہ توحید الٰہ میں شرک کے لیے آسانیاں پیدا کی ہیں۔ کیونکہ انسان نے جب پروردگار کو عقل کے ترازو میں تولنے کی کوشش کی اور چونکہ اس عقل کا دائرہ محسوسات میں سمٹا ہوا ہے تو اس نے ہمیشہ یہ

سمجھا کہ پروردگار کا بھی کوئی پیکر محسوس ہوگا یا ہونا چاہیے، جسے دیکھ سکیں، محسوس کر سکیں، سمجھ سکیں۔ یہیں سے شرک کی تمام آلودگیوں کے لیے راستہ کھلا۔ نتیجتاً نوع انسانی کبھی اصنام پرستی کا شکار ہوئی، کبھی اوہام پرستی کا۔ کبھی اس نے مظاہر فطرت کی پوجا کی اور کبھی طاقت و قدرت کی۔

قرآن کریم نے ان گمراہیوں کی اصلاح فرماتے ہوئے قوموں کے سامنے یہ نکتہ فاش کیا کہ پروردگار کی معرفت تو ایک مشکل بات سہی مگر جن لوگوں کو تم علم و معرفت کے حوالے سے، اخلاقی بلندی کے حوالے سے، انکشاف اور اکتشاف کے حوالے سے عظمت کا مینار سمجھتے ہو غور کرو ان کو دیکھنے کا طریقہ کیا ہے؟ کیا کسی بڑے آدمی کو دیکھنے سے اس کی حقیقی عظمت نظر آجاتی ہے؟ کیا کسی موجد کو دیکھنے سے اس کی قوت ایجاد دکھائی دے دیتی ہے؟ کیا کسی معمار کو دیکھنے سے اس کا وہ جوہر جو پتھر کو آئینے کی شکل دیتا ہے نظر آجاتا ہے؟ کیا اگر تمہارے سامنے بقراط یا سقراط یا افلاطون کو لاکر کھڑا کر دیا جائے یا ارسطو مجسم صورت میں تمہارے سامنے آجائے یا لقمان کو تم اپنی آنکھوں سے دیکھ لو تو کیا وہ جواہر جن کی وجہ سے دنیا میں ان کا نام ہے تمہاری آنکھوں کے راستے سے تمہارے دل کا حصہ بن جائیں گے؟ ظاہر ہے یہ سارے انسانوں جیسے انسان ہی تھے۔ ان کو اگر دیکھو گے تو صرف ایک انسان کے سراپا کو

دیکھوگے۔ ان کی حقیقی شخصیت اور حقیقی معرفت کو کبھی نہ پاسکوگے۔ ان کو جاننے کا صحیح راستہ ان کو دیکھنا نہیں بلکہ ان کی صفات کو جاننا ہے۔ معمار اپنی تعمیر میں، شاعر اپنے شعر میں، ناظم اپنے نظم میں، ادیب اپنے ادب میں، خطیب اپنے خطاب میں، فلسفی اپنے فلسفے میں اور مفکر اپنی فکر میں نظر آتا ہے۔ یہ معرفت کا وہ صحیح طریقہ ہے جو حقیقی معرفت کا سراغ دیتا ہے۔

بالکل اسی طریقے سے تم اپنے خالق و مالک کو جان سکتے ہو، وہ خالق ہے تو اس کو صفت خلق میں دیکھو، وہ مالک ہے تو اس کی ملک میں اسے جانو، وہ رازق ہے تو اس کو رزق رسانی میں تلاش کرو، وہ رحیم ہے تو رحم و کرم کے آئینے میں اسے ڈھونڈو، اس طرح ہوا کا ایک ایک جھونکا، پانی کی ایک ایک بوند، روشنی کی ایک ایک کرن، درخت کا ایک ایک پتہ، پھول کی ایک ایک پنکھڑی حتیٰ کہ خود انسان کی اپنی ذات اس کی خبر دیتی ہوئی معلوم ہوگی۔ وہ بے ساختہ پکار اٹھے گا کہ :

ہر کہ بینم درجہاں غیرے

تو نیست یا توئی یا خوئے تو یا بوئے تو

اس سورۃ مبارکہ میں بھی اللہ تعالیٰ نے اسی طریقے سے اپنے کمزور بندوں کے لیے اپنی معرفت کا راستہ کھولا ہے۔ پہلے اپنے اسم ذات کو ذکر فرمایا اس کے بعد اس کی

معرفت کے لیے تین صفات بیان فرمائیں۔ جن میں پہلی صفت ''ربوبیت'' ہے۔ لیکن اسے ایک اسم کے طور پر بیان فرمایا جا رہا ہے۔ اس لیے فرمایا اَلْحَمْدُ لِلّٰهِ رَبِّ الْعٰلَمِیْنَ۔

ربُّ العالمین

پروردگار کے اسمائے مبارکہ میں سے ایک اسم مبارک ''رب'' بھی ہے۔

رب اللہ کی طرح سامی زبانوں کا ایک کثیر الاستعمال مادہ ہے۔ عبرانی، سریانی اور عربی تینوں زبانوں میں اس کے معنی پالنے کے ہیں اور چونکہ پرورش کی ضرورت کا احساس انسانی زندگی کے بنیادی احساسات میں سے ہے اس لیے اسے بھی قدیم ترین سامی تعبیر میں سے سمجھنا چاہیے۔ پھر چونکہ معلّم، استاد اور آقا کسی نہ کسی اعتبار سے پرورش کرنے والے ہی ہوتے ہیں اس لیے اس کا اطلاق ان معنوں میں بھی ہونے لگا۔ چنانچہ عبرانی اور آرامی کا (ربی) اور (رباہ) پرورش کنندہ معلّم اور آقا تینوں معنی رکھتا تھا اور قدیم مصری اور خالدی زبان کا ایک لفظ (رابو) بھی انھیں معنوں میں مستعمل ہوا ہے اور ان ملکوں کی قدیم ترین سامی وحدت کی خبر دیتا ہے۔

ربّ دراصل مصدر ہے جو فاعل کے معنی میں استعمال ہوا ہے۔ جس کی وجہ سے اس کے معنی میں انتہا درجے کا مبالغہ پیدا ہوگیا ہے۔ چنانچہ جب ہم اس کی معنوی وسعت پر غور کرتے ہیں تو عقل حیران رہ جاتی ہے۔ اس کی وسعت کمیت کے اعتبار سے بھی ہے اور کیفیت کے اعتبار سے بھی۔ جہاں تک کمیت کا تعلق ہے تو وہ ذات جو رب

ہے، وہ حقیقت میں رب العالمین ہے اور عالمین کا شمار کسی انسانی عقل کے بس میں نہیں۔ اس کی مخلوقات میں سے جو مخلوقات ہمارے سامنے ہیں اور جن میں سے ہر مخلوق کو ربوبیت کا فیضان پہنچ رہا ہے۔ ان میں سے صرف خشکی کی مخلوقات کو شمار کیا جائے تو یہ بھی ممکن نہیں۔ چہ جائیکہ سمندر کی مخلوقات، آسمانوں کی مخلوقات، پہاڑوں کی مخلوقات اور ان جہانوں کی مخلوقات جن کے ناموں سے تو ہم کسی حد تک واقف ہیں۔ لیکن ان کی حقیقت سے واقف نہیں۔ ان کا شمار کون کر سکتا ہے اور پھر اگر ایک ایک چیز کو غور سے دیکھا جائے مثلاً ایک درخت کے اندر جڑ، تنا، چھلکا، گودا، پھول، پھل، شاخ، پتوں کے اندر رنگ و روغن پھر تاثیر اور مزا اور پھر ان کی شکل و صورت۔ ان تمام کے اندر ایک جہانِ معنی موجود ہے جو ربوبیت کے فیضان کا اظہار کر رہا ہے۔ مگر اس کی حقیقت تک پہنچنا آسان نہیں۔ اسی طرح خود انسان کو اپنے جسم، جسم کے مختلف اعضاء، اعضاء کے اندر مختلف اعصاب اور پھر ہر ایک کی الگ الگ غذا۔ ان پر ہی غور کیا جائے تو حیرت و استعجاب کے سوا کچھ ہاتھ نہیں آتا۔ اسی طرح جہاں تک اس ربوبیت کی کیفیت کا تعلق ہے وہ صرف ایسا نہیں کہ محض پرورش کا جاری و ساری عمل ہے، بلکہ حقیقت یہ ہے کہ بعض ائمۂ لغت نے اس کی تعریف میں یہ جو بات کہی ہے وہ حرف بحرف صحیح ہے کہ ربوبیت کی تعریف یہ ہے ''ھو

انشاء الشئِ حالاً فحالاً الی حد التمام'' یعنی کسی چیز کو یکے بعد دیگرے اس کی مختلف حالتوں اور ضرورتوں کے مطابق اس طرح نشو و نما دیتے رہنا کہ وہ اپنی حد کمال تک پہنچ جائے۔ اگر ایک شخص بھوکے کو کھانا کھلا دے یا کسی محتاج کو روپیہ دے دے تو یہ اس کا کرم ہے، جود ہے، احسان ہے، لیکن وہ بات نہیں جسے ربوبیت کہتے ہیں، ربوبیت کے لیے ضروری ہے کہ پرورش اور نگہداشت کا ایک جاری اور مسلسل اہتمام ہو اور ایک وجود کو اس کی تکمیل و بلوغ کے لیے وقتاً فوقتاً جیسی کچھ ضرورتیں پیش آتی رہیں، ان سب کا سر و سامان ہوتا رہے۔ نیز ضروری ہے کہ یہ سب کچھ محبت و شفقت کے ساتھ ہو۔ کیونکہ جو عمل محبت و شفقت کے جذبہ سے خالی ہو گا ربوبیت نہیں ہو سکتا۔

ربوبیت کی ایک ادنیٰ مثال ہم اس پرورش میں دیکھ سکتے ہیں جس کا جوش ماں کی فطرت میں ودیعت کیا گیا ہے۔ مثلاً جب بچے کا معدہ دودھ کے سوا کسی غذا کا متحمل نہیں ہوتا تو اسے دودھ ہی پلایا جاتا ہے۔ اور جب دودھ سے زیادہ قوی غذا کی ضرورت ہوئی تو ویسی ہی غذا دی جانے لگی۔ جب اس کے پاؤں میں کھڑے ہونے کی سکت نہ تھی تو ماں اسے گود میں اٹھائے پھرتی تھی۔ جب کھڑا ہونے کے قابل ہوا تو انگلی پکڑ لی اور ایک ایک قدم چلانے لگی۔ پس یہ بات کہ ہر حالت اور ضرورت کے مطابق

ضروریات مہیّا ہوتی رہیں اور نگرانی وحفاظت کا ایک مسلسل اہتمام جاری رہے۔ یہ وہ صورت حال ہے جس سے ربوبیت کے مفہوم کا تصور کیا جا سکتا ہے۔

مجازی ربوبیت کا یہ ناقص اور محدود عملی نمونہ سامنے رکھیے اور پھر ربوبیتِ الٰہی کی غیر محدود حقیقت کا تصور کیجیے تو اس کا رب العالمین ہونے کا معنی یہ ہوا کہ جس طرح اس کی خالقیت نے کائناتِ ہستی اور اس کی ہر چیز پیدا کی ہے اسی طرح اس کی ربوبیت نے ہر مخلوق کی پرورش کا سر و سامان بھی کر دیا ہے اور یہ پرورش کا سامان ایک ایسے عجیب و غریب نظام کے ساتھ ہوا ہے کہ ہر وجود کو زندگی اور زندگی کی بقاء کے لیے جو کچھ مطلوب تھا وہ سب کچھ مل رہا ہے اور اس طرح مل رہا ہے کہ ہر حالت کی رعایت ہے، ہر ضرورت کا لحاظ ہے۔ ہر تبدیلی کی نگرانی ہے اور ہر کمی بیشی ضبط میں آ چکی ہے۔

پھر اسی ظاہری نظام ربوبیت پر بس نہیں بلکہ اس کی ربوبیت کا تقاضا یہ ہے کہ اس نے انسان کے لیے صرف اسبابِ معیشت ہی پیدا نہیں کیے بلکہ ان سے فائدہ اٹھانے اور انھیں بروئے کار لانے کے لیے جس صلاحیت کی ضرورت تھی، وہ بھی عطا کی گئی کیونکہ خارج میں زندگی اور پرورش کا کتنا ہی سر و سامان کیا جاتا وہ کچھ مفید نہ

ہوتا، اگر ہر وجود کے اندر اس سے کام لینے کی ٹھیک استعداد نہ ہوتی، اور اس کے ظاہری اور باطنی قویٰ اس کا ساتھ نہ دیتے۔

ربوبیت کے اس پہلو پر جتنا بھی غور کیا جائے نئی نئی حقیقتیں منکشف ہوتی جاتی ہیں۔ لیکن قرآن پاک کے نزول اور آنحضرت ﷺ کی بعثت کے وقت جن لوگوں سے آپ کو واسطہ پڑا وہ اللہ تعالیٰ کے خالق و مالک ہونے، رازق اور پروردگار ہونے کے منکر ہرگز نہیں تھے۔ انھیں اللہ کی صفت ربوبیت میں کوئی شبہ نہیں تھا۔ وہ جانتے تھے کہ ہماری زندگی کی تمام ضروریات حتیٰ کے اس کے امکانات بھی اسی ذات کے ہاتھ میں ہیں، جسے رب العلین کہا جاتا ہے۔ لیکن اس کے باوجود آنحضرت ﷺ کی دعوت سے انھیں شدید انکار تھا۔ انھوں نے آپ کا راستہ روکنے کے لیے کسی بھی ممکن تصادم سے گریز نہیں کیا۔ اس کا صاف مطلب یہ ہے کہ دعوت پیغمبری کے ساتھ ان کی مخالفت کی وجہ کچھ اور تھی۔ جب ہم قرآن حکیم میں غور کرتے ہیں تو ہمیں ان کے عقائد و اعمال میں دو بنیادی گمراہیوں کا سراغ ملتا ہے اور یہ گمراہیاں نئی نہیں بلکہ زمانۂ قدیم سے تمام گمراہ قوموں میں پائی جاتی رہیں۔ ایک طرف فوق الطبیعی ربوبیت و الٰہیت میں وہ اللہ کے ساتھ دوسرے الٰہوں اور ارباب کو شریک ٹھہراتے تھے اور یہ سمجھتے تھے کہ سلسلہ اسباب پر جو حکومت کارفرما ہے، اس کے اختیارات و

اقتدارات میں کسی نہ کسی طور پر ملائکہ اور بزرگ انسان اور اجرام فلکی وغیرہ بھی دخل رکھتے ہیں۔ اسی بناء پر دعا اور استعانت اور مراسمِ عبودیت میں وہ صرف اللہ تعالیٰ کی طرف رجوع نہیں کرتے تھے، بلکہ ان بناوٹی خداؤں کی طرف بھی رجوع کیا کرتے تھے۔

دوسری طرف تمدنی و سیاسی ربوبیت کے باب میں ان کا ذہن اس تصور سے بالکل خالی تھا کہ اللہ تعالیٰ اس معنی میں بھی رب ہے۔ اس معنی میں وہ اپنے مذہبی پیشواؤں، اپنے سرداروں اور اپنے خاندان کے بزرگوں کو رب بنائے ہوئے تھے اور انہی سے اپنی زندگی کے قوانین لیتے تھے۔

اسی گمراہی کو دور کرنے کے لیے ابتداء سے انبیا آتے رہے ہیں اور اسی کے لیے آخر کار محمد ﷺ کی بعثت ہوئی۔ ان سب کی دعوت یہ تھی کہ رب کے ہر مفہوم کے اعتبار سے اللہ تعالیٰ کی ذات حقیقی رب ہے اور اس کی یہ ربوبیت ناقابل تقسیم ہے۔ اس کا کوئی جز کسی معنی میں بھی کسی دوسرے کو حاصل نہیں ہے۔ کائنات کا نظام ایک کامل مرکزی نظام ہے جس کو ایک ہی خدا نے پیدا کیا، جس پر ایک ہی خدا فرمانروائی کر رہا ہے۔ جس کے سارے اختیارات و اقتدارات کا مالک ایک ہی خدا ہے۔ نہ اس نظام کے پیدا کرنے میں کسی دوسرے کا کچھ دخل ہے، نہ اس کی تدبیر و

انتظام میں کوئی شریک ہے اور نہ اس کی فرمانروائی میں کوئی حصہ دار ہے۔ مرکزی اقتدار کا مالک ہونے کی حیثیت سے وہی اکیلا خدا تمہارا فوق الفطری رب بھی ہے اور اخلاقی و تمدنی اور سیاسی رب بھی۔ وہی تمہارا معبود ہے، وہی تمہارے سجدوں اور رکوعوں کا مرجع ہے۔ وہی تمہاری دعاؤں کا ملجا و ماویٰ، وہی تمہارے توکل و اعتماد کا سہارا، وہی تمہاری ضرورتوں کا کفیل اور اسی طرح وہی بادشاہ ہے۔ وہی مالک الملک، وہی شارع و قانون ساز اور امر و نہی کا مختار کل بھی ہے۔

ربوبیت کی یہ دونوں حیثیتیں جن کو جاہلیت کی وجہ سے تم نے ایک دوسرے سے الگ ٹھیرا لیا ہے حقیقت میں خدائی کا لازمہ اور خدا کے خدا ہونے کا خاصہ ہیں۔ انھیں نہ ایک دوسرے سے منفک کیا جا سکتا ہے اور نہ ان میں سے کسی حیثیت میں بھی مخلوقات کو خدا کا شریک ٹھیرانا درست ہے۔

اس دعوت کو قرآن جس طریقہ سے پیش کرتا ہے وہ خود اسی کی زبان سے سُنئے۔

قرآن میں رب کا تصور

اِنَّ رَبَّکُمُ اللّٰہُ الَّذِیْ خَلَقَ السَّمٰوٰتِ وَالْاَرْضَ فِیْ سِتَّۃِ اَیَّامٍ ثُمَّ اسْتَوٰی عَلَی الْعَرْشِ قف یُغْشِی الَّیْلَ النَّھَارَ یَطْلُبُہٗ حَثِیْثًا لا وَّالشَّمْسَ وَالْقَمَرَ وَالنُّجُوْمَ مُسَخَّرٰتٍۢ بِاَمْرِہٖ ط اَلَا لَہُ الْخَلْقُ وَالْاَمْرُ ط تَبٰرَکَ اللّٰہُ رَبُّ الْعٰلَمِیْنَ۔ (الاعراف: 7۔ 54)

(حقیقت میں تمہارا رب اللہ ہے جس نے آسمان و زمین کو چھ دن میں پیدا کیا اور پھر اپنے تخت سلطنت پر جلوہ افروز ہو گیا جو دن کو رات کا لباس اڑھاتا ہے اور پھر رات کے تعاقب میں دن تیزی کے ساتھ دوڑ آتا ہے' سورج اور چاند اور تارے سب کے سب جس کے تابع فرمان ہیں سنو! خلق اسی کی ہے اور فرمانروائی بھی اسی کی۔ بڑا بابرکت ہے وہ کائنات کا رب)۔

قُلْ مَنْ يَّرْزُقُكُمْ مِّنَ السَّمَآءِ وَالْاَرْضِ اَمَّنْ يَّمْلِكُ السَّمْعَ وَالْاَبْصَارَ وَمَنْ يُّخْرِجُ الْحَيَّ مِنَ الْمَيِّتِ وَيُخْرِجُ الْمَيِّتَ مِنَ الْحَيِّ وَمَنْ يُّدَبِّرُ الْاَمْرَ ط فَسَيَقُوْلُوْنَ اللّٰهُ ج فَقُلْ اَفَلَا تَتَّقُوْنَ۔ فَذٰلِكُمُ اللّٰهُ رَبُّكُمُ الْحَقُّ ج فَمَاذَا بَعْدَالْحَقِّ اِلَّاالضَّلٰلُ ج فَاَنّٰى تُصْرَفُوْنَ۔

(یونس: 32۔31)

(ان سے پوچھو! کون تم کو آسمان و زمین سے رزق دیتا ہے؟ کانوں کی شنوائی اور آنکھوں کی بینائی کس کے قبضہ و اختیار میں ہے؟ کون ہے جو بے جان کو جاندار میں سے اور جاندار کو بے جان میں سے نکالتا ہے؟ اور کون اس کارگاہ عالم کا انتظام چلا رہا ہے؟ وہ ضرور کہیں گے اللہ۔ کہو! پھر تم ڈرتے نہیں ہو؟ جب یہ سارے کام اسی کے ہیں تو تمہارا حقیقی رب اللہ ہی ہے۔ حقیقت کے بعد گمراہی کے سوا اور کیا رہ جاتا ہے؟ آخر کہاں سے تمہیں یہ ٹھوکر لگتی ہے کہ حقیقت سے پھرے جاتے ہو؟)

خَلَقَ السَّمٰوٰتِ وَالْاَرْضَ بِالْحَقِّ ج يُكَوِّرُ الَّيْلَ عَلَى النَّهَارِ وَيُكَوِّرُالنَّهَارَ عَلَى الَّيْلِ وَسَخَّرَالشَّمْسَ وَالْقَمَرَ ط كُلٌّ يَّجْرِىْ لِاَجَلٍ مُّسَمًّى ... ذٰلِكُمُ اللّٰهُ رَبُّكُمْ لَهُ الْمُلْكُ ط لَآ اِلٰهَ اِلَّاهُوَ ج فَاَنّٰى تُصْرَفُوْنَ (الزمر: 5۔ 6)

(اس نے زمین و آسمانوں کو برحق پیدا کیا ہے۔ رات کو دن پر اور دن کو رات پر وہی لپیٹتا ہے۔ چاند اور سورج کو اسی نے ایسے ضابطے کا پابند بنایا ہے کہ ہر ایک اپنے مقررہ وقت تک چلے جا رہا ہے.... یہی اللہ تمہارا رب ہے بادشاہی اسی کی ہے اس کے سوا تمہارا کوئی معبود نہیں۔ آخر یہ تم کہاں سے ٹھوکر کھا کر پھرے جاتے ہو؟)

اللّٰهُ الَّذِىْ جَعَلَ لَكُمُ الَّيْلَ لِتَسْكُنُوْا فِيْهِ وَالنَّهَارَ مُبْصِرًا ط-- ۔ ذٰلِكُمُ اللّٰهُ رَبُّكُمْ خَالِقُ كُلِّ شَيْءٍ م لَآاِلٰهَ اِلَّا هُوَ ز ج فَاَنّٰى تُؤْفَكُوْنَ-- ۔ اَللّٰهُ الَّذِىْ جَعَلَ لَكُمُ الْاَرْضَ قَرَارًا وَّالسَّمَآءَ بِنَآءً وَّ صَوَّرَكُمْ فَاَحْسَنَ صُوَرَكُمْ وَرَزَقَكُمْ مِّنَ الطَّيِّبٰتِ ط ذٰلِكُمُ اللّٰهُ رَبُّكُمْ ج فَتَبٰرَكَ اللّٰهُ رَبُّ الْعٰلَمِيْنَ۔ هُوَالْحَيُّ لَآاِلٰهَ اِلَّا هُوَ فَادْعُوْهُ مُخْلِصِيْنَ لَهُ الدِّيْنَ ۔(المومن: 61۔ 65)

(اللہ وہ ہے جس نے تمہارے لیے رات بنائی کہ اس میں تم سکون حاصل کرو۔ اور دن کو روشن کیا..... وہی تمہارا اللہ، تمہارا رب ہے، ہر چیز کا خالق کوئی اور معبود اس کے سوا نہیں، پھر یہ کہاں سے دھوکا کھا کر تم بھٹک جاتے ہو؟.... اللہ جس نے تمہارے لیے زمین کو جائے قرار بنایا، آسمان کی چھت تم پر چھائی، تمہاری صورتیں

بنائیں اور خوب ہی صورتیں بنائیں اور تمہاری غذا کے لیے پاکیزہ چیزیں مہیا کیں، وہی اللہ تمہارا رب ہے۔ بڑا بابرکت ہے وہ کائنات کا رب۔ وہی زندہ ہے کوئی اور معبود اس کے سوا نہیں اسی کو تم پکارو اپنے دین کو اس کے لیے خالص کر کے)۔

یہود و نصاریٰ کا تصور رب

ان تمام آیات پر غور کیجئے صاف معلوم ہوتا ہے کہ قرآن کریم کا سارا زور اس بات پر ہے کہ تم نے پروردگار کو صرف اپنا پالنے والا اور ضروریات مہیا کرنے والا سمجھ رکھا ہے۔ لیکن اس کے اختیارات اور اس کی صفات میں تم اسے یکتا ماننے کے لیے تیار نہیں ہو اور مزید تم یہ سمجھتے ہو کہ اللہ کو کسی بھی حیثیت سے زبان سے یاد کر لینا یا اس سے دعائیں مانگ لینا یا اس سے مناجاتیں کر لینا اور کبھی کبھی اس کے سامنے سرِ نیاز جھکا دینا، اس کے ماننے کے لیے کافی ہے اور رہی یہ بات کہ رب کا صحیح مفہوم یہ ہے کہ وہی امر و نہی کا مختار اقتدار اعلیٰ کا مالک ہدایت و رہنمائی کا منبع قانون کا ماخذ اور مملکت کا رئیس ہوتا ہے۔ یہ بات تمہیں قبول نہیں اور یہی تمہاری گمراہیوں کی بنیاد ہے۔

چونکہ یہود و نصاریٰ باوجود اس کے کہ اپنے آپ کو اہل کتاب کہتے تھے اسی گمراہی کا شکار تھے۔ انھوں نے اپنے اہل علم اور دینی رہنماؤں کو زندگی کی مکمل راہنمائی کا حق دے دیا تھا اور وہ یہ سمجھتے تھے کہ انھیں حلت و حرمت کا اختیار حاصل ہے۔ قرآن کریم نے ان پر تنقید فرماتے ہوئے فرمایا کہ تم نے اپنے دینی راہنماؤں کو یہ اختیار دے کر انھیں اپنا رب تسلیم کرلیا ہے۔ کیونکہ یہ اختیارات رب کو ہی زیب دیتے ہیں اور جس کو بھی یہ اختیارات تفویض کر دیئے جائیں وہ ربوبیت کے منصب پر فائز ہو جاتا ہے۔ اس لیے تم اگر اللہ کو رب مانتے ہو تو اس کی ربوبیت کا نتیجہ یہ ہونا چاہیے کہ جس کی تربیت کے فیض سے تم زندگی کا سر و سامان پا رہے ہو اسی کو اپنا حاکم و مالک اور الٰہ سمجھو۔ اور زندگی میں رہنمائی کے اختیار کا مالک اور حسن و قبح کا معیار اسی کو جانو۔ اسی کے دیئے ہوئے قانون (شریعت) کو حرف آخر سمجھو، اسی کو حاکم حقیقی سمجھ کر اپنی حکومت اور حکمرانی کو اس کی اطاعت میں دے دو۔ اپنی ہر پالیسی اسی کی روشنی میں طے کرو۔ اسی کے رسول کو شخصیت سازی کے لیے آئیڈیل بناؤ، اسی کی زندگی کے اطوار اور اسی کے ذوق و مزاج سے تہذیب و ثقافت اخذ کرو۔

یہ بھی ذہن نشین کرلو کہ وہ صرف رب نہیں بلکہ رَبُّ الْعٰلَمِیْنَ ہے۔ اسی کی ربوبیت کا فیض سب کو برابر پہنچ رہا ہے۔ اسی کا سورج سب کو روشنی دے رہا ہے، اسی کا چاند

سب کے لیے حلاوت بانٹ رہا ہے۔ اسی کی زمین سب کے لیے بچھونا بنائی گئی ہے، اسی کی روئیدگی کے خزانے سب کے لیے وقف ہیں۔ اس کی ہوااور پانی صرف امیروں کے لیے نہیں، غریبوں کے لیے بھی ہیں۔ اسی کے مون سون کا فیض جس طرح جاگیرداروں کو پہنچتا ہے، اسی طرح غریب کسان اور ایک شودر کے آنگن اور کھیت کو بھی فیضیاب کر رہا ہے۔ تم نے جو انسانوں میں طبقات پیدا کر دیئے ہیں اور انسانوں کو مختلف درجات میں تقسیم کر دیا ہے۔ یہ اللہ کی صفت ربوبیت کے یکسر خلاف ہے۔ اگر تم واقعی اپنے پروردگار کو رب العالمین سمجھتے ہو تو اپنی اصلاح کرو اور ایک رب سے وہ تعلق پیدا کرو، جو بندہ اور آقا کے درمیان ہوتا ہے۔

ہر غور و فکر کرنے والے کی نظر جب تمام مخلوقات پر عموماً اور نوع انسانی پر خصوصاً پروردگارِ عالم کے فیضان ربوبیت کے حوالے سے پڑتی ہے تو وہ سوچنے پر مجبور ہو جاتا ہے کہ تربیت کا یہ ہمہ گیر اور ہمہ جہت فیضان جس کی وسعت اور گہرائی کا اندازہ کرنا بھی کسی کے لیے ممکن نہیں کا آخر سبب کیا ہے؟ ہمارے جسموں کو پروان چڑھایا جا رہا ہے، ہمارے دل و دماغ کی صلاحیتوں کو جلا بخشی جا رہی ہے، ہمارے احساسات میں گہرائی اور ہمارے انفعالات میں شائستگی اور پاکیزگی ودیعت کی جا رہی ہے، ہمارے ماحول کو ہمارے لیے سازگار اور ضرورتوں اور نعمتوں سے گراں بار کیا جا رہا ہے۔ کیا

پروردگار کی اپنے بندوں سے کوئی ضرورت متعلق ہے، جس کے لیے انھیں پروان چڑھایا جا رہا ہے، جس طرح ریوڑ کا مالک اپنی بھیڑوں، بکریوں کی حفاظت کرتا ہے اور انھیں غذا فراہم کرتا ہے تاکہ ان کے دودھ اور گوشت پوست سے فائدہ اٹھائے۔ بار برداری کے جانور اس لیے پالے جاتے ہیں تاکہ ان کا مالک ان سے بار برداری کا کام لے سکے۔ گھوڑوں کی پرورش میں جان کھپائی جاتی ہے تاکہ وہ سواری اور جنگی ضرورتوں میں کام آئیں۔ کسان اپنی کھیتی کی دیکھ بھال میں شب و روز محنت کرتا ہے تاکہ غذائی ضرورتوں کو پورا کر سکے۔ کیا ہمارے پروردگار کی بھی ہم سے کوئی ایسی ضرورت وابستہ ہے۔ ظاہر ہے کہ ایسا خیال، تصور بھی نہیں کیا جا سکتا۔ جس ذات کے اشارے سے ہر چیز کو وجود ملتا اور ہر وجود کی ضرورتیں مہیا ہو رہی ہیں اسے ہم جیسے ناچیز ذروں سے کیا حاجت ہو سکتی ہے۔

یا پھر دوسری صورت یہ ہے کہ ہمارا کوئی حق اللہ کے ذمہ ہو جس کی ادائیگی کے لیے کائنات کا ایک ایک ذرہ شب و روز مصروفِ عمل ہے۔ ظاہر ہے ایسی کوئی بات بھی ممکن نہیں۔ کیونکہ ہمارا تو وجود ہی پروردگار کا مرہون منت ہے کسی طرح کا کوئی حق کس طرح اس کے ذمے ہو سکتا ہے۔ جب تک ہم پر عدم طاری تھا تو کسی استحقاق کا سوال خلاف عقل اور خلاف فطرت تھا اور جب عدم سے نکل کر وجود میں آئے تو وجود

دینے والے کے حقوق ہمارے ذمے عائد ہو گئے کیونکہ وہ خالق ٹھہرا۔ اس کے بعد فیضان ربوبیت کی بارش شروع ہوئی تو ہم اس کے حقوق سے گراں بار ہوتے گئے۔ مختصر یہ کہ ان دونوں باتوں میں سے کوئی بات بھی نہیں ہے تو پھر سوال یہ ہے کہ اس بے پناہ پروردگاری کی وجہ آخر کیا ہے قرآن کریم ہمیں بتاتا ہے کہ اس کی وجہ صرف یہ ہے کہ وہ رحمان اور رحیم ہے اس کی رحمانیت کا جوش ہے کہ اس نے ہمیں وجود بخشا اور یہ اس کی رحیمیت کا فیض ہے کہ وہ برابر ہماری دیکھ بھال کر رہا ہے۔ اس لیے یہاں ربوبیت کے بعد صفت رحمت کا ذکر فرمایا جا رہا ہے۔

الرَّحۡمٰنِ الرَّحِيۡمِ

جو بڑا مہربان نہایت رحم کرنے والا ہے

الرَّحْمٰنِ : جو بہت مہربان

الرَّحِیم : رحم کرنے والا

رحمٰن اور رحیم اللہ تعالیٰ کے صفاتی ناموں میں سے دو نام ہیں۔ ان دونوں کا مادہ رحمت ہے۔ لیکن یہ رحمت کے دو مختلف پہلوؤں کو نمایاں کرتے ہیں۔ رحمٰن عربی زبان میں فعلان کے وزن پر مبالغے کا صیغہ ہے اور رحیم فعیل کے وزن پر صفت مشبہ ہے۔ فعلان میں تین باتیں نمایاں ہیں۔

ا : فعلان کا وزن صفات عارضہ کے لیے استعمال ہوتا ہے۔ جیسے پیاسے کے لیے عطشان، غضبناک کے لیے غضبان، سراسیمہ کے لیے حیران، مست کے لیے سکران، کے الفاظ استعمال ہوتے ہیں۔

۲ : فعلان کا وزن جوش و خروش اور ہیجان پر دلیل ہوتا ہے ۔ اس طرح رحمٰن کا لفظ جو رحمت سے اسم مبالغہ ہے کے معنی ہوں گے کہ رحمٰن وہ ذات ہے جس میں صفت رحمت پائی جاتی ہے اور اس کی رحمت میں ایک جوش اور ایک ہیجان ہے ۔ یہ مخلوقات کے لیے اس طرح ابلتی ہے جیسے چشمہ ابلتا ہے ۔

۳ : فعلان کا وزن اپنے اندر وسعت اور ہمہ گیری رکھتا ہے ۔ اس لحاظ سے رحمٰن کے معنی ہوں گے وہ ذات جس کی رحمت سارے عالم ، ساری کائنات اور جو کچھ اب تک پیدا ہوا ہے اور جو کچھ آئندہ ہوگا ، سب پر حاوی اور شامل ہے ۔ اسی وجہ سے اس اسم کو لفظ اللہ کے تقریباً برابر قرار دیا گیا ہے ۔

ارشاد ہے :

قُلِ ادْعُوااللّٰهَ اَوِادْعُوا الرَّحْمٰنَ ط اَيًّا مَّا تَدْعُوْا فَلَهُ الْاَسْمَآءُ الْحُسْنٰى

(بنی اسرائیل : 17۔110) (اے پیغمبر فرما دیجیے کہ اللہ کہہ کر پکارو یا رحمٰن کے نام سے پکارو کسی طرح بھی پکارو اس کے سب نام بہتر ہیں) ۔

اس سے معلوم ہوتا ہے کہ اللہ کی طرح لفظ رحمٰن بھی پروردگار کی ذات کے ساتھ مخصوص ہے ۔ کسی مخلوق کو رحمٰن کہنا جائز نہیں ۔ کیونکہ اللہ تعالیٰ کے سوا کوئی بھی ایسا نہیں ہو سکتا جس کی رحمت سے عالم کی کوئی چیز خالی نہ رہے ۔ اس لیے جس طرح لفظ اللہ کی جمع اور تثنیہ نہیں آتا رحمان کا بھی جمع و تثنیہ نہیں آتا کیونکہ وہ ایک ہی ذات پاک

کے ساتھ مخصوص ہے دوسرے اور تیسرے کا وہاں احتمال ہی نہیں۔ یہ بات بھی یاد رکھنے کی ہے کہ کفار قریش اسم اللہ سے تو واقف تھے، مگر اسم رحمان سے انھیں بالکل آگاہی نہیں تھی۔ اس لیے قرآن کریم نے متعدد مواقع پر اس کا ذکر فرمایا کہ کفار مکہ سے جب پوچھا جاتا کہ زمین و آسمان کا خالق کون ہے؟ سورج اور چاند کو کس نے مسخر کیا ہے؟ آسمان سے پانی کون اتارتا ہے؟ زمین کو از سر نو کون زندگی دیتا ہے؟ یہاں تک کہ جب ان سے پوچھا جاتا کہ تمہیں کس نے پیدا کیا ہے؟ تمہیں رزق کون دیتا ہے؟ دعائیں کون سنتا ہے؟ تو وہ اس کے جواب میں کہتے تھے کہ ''اللہ'' مگر جب ان سے کہا جاتا کہ رحمٰن کو سجدہ کرو تو کہتے کہ رحمان کیا ہوتا ہے؟ اسی لیے قرآن کریم نے کہا:

وَهُمْ بِذِكْرِ الرَّحْمٰنِ هُمْ كٰفِرُوْنَ (الانبیا: 36)

''کہ یہی تو وہ ہیں کہ جو رحمان کے ذکر سے انکاری ہیں''۔

اس لیے علماء نے لکھا کہ اگر کسی کا نام عبدالرحمٰن ہو تو اسے صرف رحمان کہہ کر بلانا جائز نہیں کیونکہ یہ نام ذات الٰہی کے ساتھ مخصوص ہے۔ اس کے مقابلے میں لفظ رحیم جو اللہ تعالیٰ کے پیارے ناموں میں سے ہے، وہ فعیل کے وزن پر صفت مشبہ ہے اور فعیل کا وزن دوام واستمرار، پائیداری واستواری پر دلالت کرتا ہے اور یہ وزن ایسی

صفات کے لیے بولا جاتا ہے جو صفات عارضہ نہیں بلکہ صفات قائمہ ہیں۔ مثلاً کریم، کرم کرنے والا۔ عظیم، بڑائی رکھنے والا۔ علیم، علم رکھنے والا۔ حکیم، حکمت رکھنے والا۔ دوسری یہ بات کہ اس میں رحمت کے کامل اور مکمل ہونے کا معنی پایا جاتا ہے۔ اس کا مطلب یہ ہے کہ رحیم وہ ہوگا جس کی رحمت میں دوام اور تسلسل پایا جائے اور جس کی رحمت صفت کمال کے ساتھ متصف ہو۔ رحمان کے بعد رحیم کا ذکر کرنا اس بات پر دلالت کرتا ہے کہ پروردگار کی اپنی خلق کے لیے رحمت میں صرف جوش ہی نہیں بلکہ پائیداری اور استقلال بھی ہے۔ اس نے یہ نہیں کیا ہے کہ رحمانیت کے جوش میں دنیا پیدا تو کر ڈالی لیکن پیدا کر کے پھر اس کی خبر گیری اور نگہداشت سے غافل ہو گیا ہو۔ بلکہ اس کو پیدا کرنے کے بعد وہ اپنی پوری شان رحیمیت کے ساتھ اس کی پرورش اور نگہداشت بھی فرما رہا ہے۔ بندہ جب بھی اسے پکارتا ہے۔ وہ اس کی پکار سنتا ہے اور اس کی دعاؤں اور التجاؤں کو شرف قبولیت بخشتا ہے۔ پھر اس کی رحمتیں اسی چند روزہ زندگی تک ہی محدود نہیں ہیں بلکہ جو لوگ اس کے بتائے ہوئے راستے پر چلتے رہیں گے ان پر اس کی رحمت ایک ایسی ابدی اور لازوال شان میں ہوگی جو کبھی ختم ہونے والی نہیں ہے۔ اس کا مطلب یہ ہے کہ چونکہ رحیم میں دوام اور تسلسل صفت کمال کے ساتھ پایا جاتا ہے تو جس طرح اس کائنات

کا ارتقاء بالآخر اسے آخرت میں داخل کر دے گا اور اس کی تمام نعمتیں جنت کی آغوش میں پہنچ کر ارتقاء کی انتہائی منزل کو پالیں گی اسی طرح پروردگار کے رحیم ہونے کی صفت دنیا سے آخرت کی طرف اس کی رحمت کے ارتقاء کا ایک عمل ہے، جو اپنی صفت کمال کے ساتھ آخرت اور جنت میں رونما ہوگا۔ اس لیے جن علماء نے الرحیم کو آخرت کے ساتھ مخصوص کیا ہے ان کا شاید یہی مفہوم ہے کہ رحمت اپنی تکمیلی شان میں وہاں جلوہ گر ہوگی۔

الرحمٰن الرحیم

رحمت کا مفہوم

یہ تو تھا الرحمٰن اور الرحیم کا مفہوم اور دونوں کے معنی میں فرق۔ اب سوال یہ ہے کہ دونوں معنوں میں ہم نے جس صفت رحمت کا ذکر کیا ہے، وہ رحمت ہے کیا؟ اگر اس رحمت کا مفہوم یہ ہے کہ اس نے کائنات کو عدم سے وجود بخشا تو یہ بات اس کی صفت خلق کا مظہر ہے اور اگر اس کا یہ معنی ہے کہ وہ پیدا کرنے کے بعد تربیت کا سامان کر رہا ہے اور ہر مخلوق کو اس کی ضرورت کے مطابق سامانِ تربیت میسر آ رہا ہے اور ہر ایک کی ضرورت کو پورا کیا جا رہا ہے اور ہر ایک کی نگرانی کی جا رہی ہے اور ہر ایک کو عہد بعہد آگے بڑھایا جا رہا ہے تو یہ وہ چیز ہے جس کو پروردگار کی صفت ربوبیت انجام دے رہی ہے۔ مگر یہاں تو رحمت کا ذکر ہو رہا ہے۔ سوال یہ ہے کہ وہ رحمت کیا ہے؟ اس کو سمجھنے کے لیے ضروری ہے کہ ہم اس کائنات پر تدبر کی نگاہ ڈالیں۔ ہم دیکھتے ہیں کہ یہاں کائنات کے لیے صرف پرورش اور تربیت کا سامان ہی مہیا نہیں ہو رہا بلکہ پرورش سے بھی زیادہ بنانے سنوارنے اور فائدہ پہچانے کی حقیقت

کام کر رہی ہے۔ ہم دیکھتے ہیں کہ اس کی فطرت میں بناؤ ہے، اس کے بناؤ میں خوبی، اس کے مزاج میں اعتدال، اس کے افعال میں خواص، اس کی صورت میں حسن، اس کی صداؤں میں نغمہ اور اس کی بو میں عطر بیزی ہے اور اس کی کوئی بات ایسی نہیں جو اس کارخانہ کی تعمیر اور درستگی کے لیے مفید نہ ہو۔ پھر اسی پر بس نہیں بلکہ اس دنیا میں مخلوقات کی اپنی زندگی اور بقاء کے لیے جن چیزوں کی ضرورت ہے صرف ایسا نہیں کہ انھیں مہیا کر دیا گیا ہے، بلکہ اس کے ساتھ ہم دیکھتے ہیں کہ اس کارگاہِ عالم میں عناصرِ حیات میں سے ہر عنصر، اس کے موثرات میں سے ہر موثر، اس کے خواص میں ہر خاصہ، ایک بے پناہ فیضان کا جوش رکھتا ہے اور ہر کسی کے اندر یہ خواہش تڑپتی دکھائی دیتی ہے کہ وہ آگے بڑھ کر اپنے فیضان سے اور اپنی خدمت سے مخلوقات کو نوازے۔ سورج، چاند، تارے، ہوا، بارش، دریا، سمندر، پہاڑ ان میں سے کون ہے جو مخلوقات کے لیے راحت رسانی اور آسائش دینے میں دوسرے سے پیچھے ہو۔

تصور کیجیے ہم رات بھر خواب غفلت کے مزے لوٹتے ہیں، سہانے خواب دیکھتے رات گزر جاتی ہے۔ صبح نیند کا خمار اترتے ہی اپنے آپ کو بادِ سحر کی طرح تر و تازہ اور شاداب محسوس کرتے ہیں۔ مگر ہم نے کبھی یہ غور کرنے کی زحمت نہیں کی کہ ہم نے تھکاوٹ سے چور ہو کر جیسے ہی اپنے آپ کو بستر پر گرایا تو نیند لوریاں دیتی ہوئی خود بخود

آ موجود ہوئی۔ ہم آرام کرتے رہے، وہ شب بھر ہمیں تھپکتی رہی۔ ہم نے اگر گرانی محسوس کی تو نہ جانے وہ کون فرشتہ آ پہنچا جس نے وقفے وقفے سے ہمیں دنیا بھر کی سیر کرائی، ہمیں اس طرح مسرور و مخمور رکھا کہ ہمیں رات گزرنے کا احساس ہی نہیں ہونے دیا۔ یہ جو عناصر رحمت مسلسل اپنا فرض انجام دینے میں مصروف رہے ہیں، ہمیں تو انھیں بلانے کی زحمت بھی نہیں کرنی پڑتی۔ یہ ان کا آپ سے آپ بے تابانہ ہمارے سکون اور آرام مہیا کرنے میں لگے رہنا، یہ اللہ کی رحمت کے سوا اور کیا ہے۔ صبح اٹھتے ہی زندگی کی سر گرمیاں شروع ہو جاتی ہیں لیکن اس میں بھی ہم دیکھتے ہیں کہ زندگی کی سر گرمیاں بروئے کار لانے اور انجام دینے کے لیے جس جس موثر اور عنصر کی ضرورت ہے، وہ خود بخود اس کے لیے بے تاب دکھائی دیتا ہے۔ ہم بیدار ہونے میں تاخیر کر سکتے ہیں مگر سورج طلوع ہونے اور روشنی پھیلانے میں کبھی تاخیر نہیں کرتا۔ اس کی کرنوں کو ہمیں بلانے کی ضرورت نہیں پڑتی۔ وہ ہمیں روشنی بھی دے رہا ہے، ہماری کھیتیوں کو پکا بھی رہا ہے، زندگی کی گاڑی کو ایک انجن کی طرح کھینچ رہا ہے۔ اگر زمین کو آبیاری کی ضرورت ہے تو سمندر سے کرنوں کے ڈول بھر بھر کر کھینچ رہا ہے، ابر کی چادریں بچھا رہا ہے، پہاڑوں سے برف کو پگھلا رہا ہے اور ندی نالوں کے ذریعے زمین کی ضرورت پورا کرنے میں لگا ہوا ہے۔

رات آتی ہے تو چاند اپنا فرض انجام دینے اور اہل زمین کی خدمت کرنے کے لیے آ موجود ہوتا ہے۔ وہ رات کے مسافروں کو راستہ دکھاتا، دلوں کو مسرتوں سے معمور کرتا، پھلوں میں مٹھاس اور گداز پیدا کرتا ہے۔ ستارے جھلملانے میں کبھی کوتاہی نہیں کرتے، کلیاں کبھی چٹکنے سے نہیں رکتیں، پھول خود بخود مشام جاں کو معطر کرنے کا فرض انجام دے رہے ہیں۔ قرآن کریم ہمیں بتاتا ہے کہ تمہیں اس حقیقت کو سمجھنے کے لیے دور جانے کی ضرورت نہیں فَلْيَنْظُرِ الْاِنْسَانُ اِلٰى طَعَامِهٖ (عبس : 80۔ 24) انسان کو چاہیے کہ اپنے کھانے ہی کو دیکھے کہ جو غذا اس کے سامنے پڑی ہے وہ کہاں سے آئی ہے۔ یقیناً یہ گیہوں سے تیار ہوئی ہے۔ گیہوں کا ایک ایک دانہ ہتھیلی پر رکھ کر سوچو کہ یہ کیسے تیار ہوا ہے۔ کسان نے گیہوں زمین میں کاشت کیا، سہاگہ سے اسے دفن کر کے گھر چلا آیا لیکن اس کی غیر حاضری میں زمین کی قوت رو ئیدگی نے اپنا کام کیا، ہوا نے اپنا فرض انجام دیا، سورج نے سمندر کا شورابہ کھینچ کر ابر کی چادریں بچھائیں، موسم کے تغیرات اور ہوا کی گردش نے آبیاری کا کام کیا، سورج نے اس دانہ گندم کو پکایا، چاند نے اس میں گداز پیدا کیا، غرضیکہ تمام کارخانہ ہستی ایک خاص نظم و ترتیب کے ساتھ اس کی بناوٹ میں خود بخود بے تابانہ مصروف ہے۔ کسان یہ سمجھتا ہے کہ گندم کا یہ کھلیان میری محنت کا نتیجہ ہے۔ لیکن وہ نہیں جانتا کہ کس طرح

عناصر قدرت اور زمین کی گیسوں نے اس سے کہیں زیادہ اپنا فرض انجام دے کر اسے روٹی کے قابل بنایا ہے۔ اسی پیرائے میں پروردگار مختلف نعمتوں کا ذکر فرماتے ہیں، جس سے یہ بات واضح ہو جاتی ہے کہ ہم بےخبری میں جن نعمتوں سے استفادہ کرتے ہیں وہ سراسر اللہ کی رحمت کا ظہور ہے۔ چند آیات ملاحظہ فرمایئے جس میں اسی حقیقت کی طرف توجہ دلائی گئی ہے :

وَاِنَّ لَكُمْ فِى الْاَنْعَامِ لَعِبْرَةً ط نُسْقِيْكُمْ مِّمَّا فِىْ بُطُوْنِهٖ مِنْ م بَيْنِ فَرْثٍ وَّدَمٍ لَّبَنًا خَالِصًا سَآئِغًا لِّلشّٰرِبِيْنَ۔ وَمِنْ ثَمَرٰتِ النَّخِيْلِ وَالْاَعْنَابِ تَتَّخِذُوْنَ مِنْهُ سَكَرًا وَّرِزْقًا حَسَنًا ط اِنَّ فِىْ ذٰلِكَ لَاٰيَةً لِّقَوْمٍ يَّعْقِلُوْنَ۔ وَاَوْحٰى رَبُّكَ اِلَى النَّحْلِ اَنِ اتَّخِذِىْ مِنَ الْجِبَالِ بُيُوْتًا وَّمِنَ الشَّجَرِ وَمِمَّا يَعْرِشُوْنَ۔ لا ثُمَّ كُلِىْ مِنْ كُلِّ الثَّمَرٰتِ فَاسْلُكِىْ سُبُلَ رَبِّكِ ذُلُلاً ط يَخْرُجُ مِنْ م بُطُوْنِهَا شَرَابٌ مُّخْتَلِفٌ اَلْوَانُهٗ فِيْهِ شِفَآءٌ لِّلنَّاسِ ط اِنَّ فِىْ ذٰلِكَ لَاٰيَةً لِّقَوْمٍ يَّتَفَكَّرُوْنَ۔

(اور دیکھو یہ) چارپائے (جنھیں تم پالتے ہو) ان میں تمہارے لیے غور کرنے اور نتیجہ نکالنے کی کتنی عبرت ہے؟ ان کے جسم سے ہم خون اور کثافت کے درمیان دودھ پیدا کر دیتے ہیں جو پینے والوں کے لیے بے غل و غش مشروب ہوتا ہے۔ (اسی طرح) کھجور اور انگور کے پھل ہیں، جن سے نشہ کا عرق اور اچھی غذا دونوں طرح کی چیزیں حاصل کرتے ہو۔ بلاشبہ اس بات میں اربابِ عقل کے لیے (ربوبیت الٰہی کی) بڑی ہی نشانی ہے اور (پھر دیکھو) تمہارے پروردگار نے شہد کی مکھی کی طبیعت

میں یہ بات ڈال دی کہ پہاڑوں میں اور درختوں میں اور ان ٹہنیوں میں جو اس غرض سے بلند کی جاتی ہیں، اپنے لیے گھر بنائے پھر ہر طرح کے پھولوں سے رس چوسے، پھر اپنے پروردگار کے ٹھہرائے ہوئے طریقوں پر کامل فرمانبرداری کے ساتھ گامزن ہو۔ (چنانچہ تم دیکھتے ہو کہ) اس کے جسم سے مختلف رنگوں کا رس نکلتا ہے، جس میں انسان کے لیے شفا ہے، بلاشبہ اس بات میں ان لوگوں کے لیے جو غور و فکر کرتے ہیں (ربوبیت الٰہی کی عجائب آفرینیوں کی) بڑی ہی نشانی ہے۔ (النحل 16 : 65۔ 66)

غرضیکہ عناصرِ قدرت میں ایک ایک عنصر اور ایک ایک خاصہ مخلوقات کو راحت رسانی اور سہولت مہیا کرنے کے لیے بے تاب ہے اور کبھی اس نے تساہل سے کام نہیں لیا۔ یہ سب کچھ اس لیے ہے کہ پروردگار میں صفت ربوبیت کے ساتھ ساتھ رحمت بھی اپنا وجود رکھتی ہے۔ یہ سب اسی کا مظہر اور اسی کی نمود ہے۔

کائنات کا حسن اللہ کی صفت رحمت کا ظہور ہے

حقیقت تو یہ ہے کہ اگر تدبر کا ایک قدم مزید آگے بڑھائیں تو بیشمار ایسے مناظر ہیں، جو غور و فکر کرنے والے کو حیرت و استعجاب کی نذر کر دیتے ہیں۔ دور نہ جایئے اگر ہم زمین کو دیکھتے ہیں تو دیکھتے ہی رہ جاتے ہیں کہ اس کی سطح پھلوں اور پھولوں سے لدی

ہوئی ہے۔ اس کی تہہ میں آب شیریں کی سوتیں بہہ رہی ہیں گہرائی سے سونا چاندی نکل رہا ہے۔ سائے کے لیے درخت سر اٹھائے کھڑے ہیں۔ چلنے پھرنے کے لیے سبزے کا ایک مخملیں فرش بچھا دیا گیا ہے۔ آنکھوں کی ٹھنڈک کے لیے سبزے کی چادریں بچھا دی گئی ہیں۔ پھولوں میں رنگ و حسن پیدا کر دیا گیا ہے۔ میدانوں کے اکتائے ہوئے لوگوں کے لیے سر بفلک پہاڑ اٹھا دیئے ہیں۔ ان میں آبشاریں ہیں جو سینوں کو مسرت سے بھرے دے رہی ہیں۔ اس میں قسم قسم کے درخت ہیں، جن کی حسن افروزی اپنی ایک شان رکھتی ہے۔ پھر باغ و انہار، سبزیاں، پھل ہیں، قسم قسم کی بیلیں ہیں۔ پھر زمین کے چارپائے، فضا کے پرند، پانی کی مچھلیاں، یہ سب کیا ہے؟ ظاہر ہے یہ ساری چیزیں انسان کی ضرورت کے لیے ضروری نہیں تھیں۔ انسان کے لیے لکڑی کی ضرورت تھی؟ لیکن کیا ضروری تھا کہ درختوں کو چھتریاں بنا دیا جاتا۔ انسان کو غلے کی ضرورت تھی لیکن لہلہاتی فصل کو نقرئی لباس پہنانے کی کیا ضرورت تھی پرندے گوشت کے لیے ضروری سہی لیکن ان کی خوبصورت آوازیں، کوئل کی کوک، مور کا ناچ، پپیہے کی پی، چڑیوں کے چہچہے، اور عام پرندوں کے ترانے یہ تو انسان کی ضرورت نہ تھے اور اگر آسمان کی طرف دیکھا جائے تو ہم سمجھتے ہیں کہ یہ ہم پر ایک چھت تانی گئی ہے۔ لیکن ستاروں کا نظام اور ان کی سیر و گردش، سورج کی

روشنی اور اس کی بوقلمونی، چاند کی گردش اور اس کا اتار چڑھاؤ، فضائے آسمانی کی وسعت اور اس کی نیرنگیاں، بارش کا سماں اور اس کے تغیرات ...... یہ سب کیا ہے؟ یہ چیزیں یقیناً انسان کی ضرورتوں میں شامل نہیں۔ ان چیزوں پر جب آپ غور کریں گے تو آپ محسوس فرمائیں گے کہ یہاں ربوبیت سے زیادہ ایک اور چیز کارفرما ہے یہ وہی چیز ہے، جس کو قرآن صفت رحمت سے تعبیر کرتا ہے۔ یعنی یہ سب کچھ اس لیے ہوا کہ خالق کائنات میں رحمت ہے اور اس کی رحمت اپنا ظہور بھی رکھتی ہے اور جس میں رحمت ہو اور جس کی رحمت ظہور بھی رکھتی ہو تو جو کچھ اس سے صادر ہوگا اس میں خوبی اور بہتری، حسن و جمال، اعتدال و تناسب ہی ہوگا۔ اس کے سوا کچھ ہو ہی نہیں سکتا اور پھر یہ اس کی صفت رحمت کا ظہور صرف یہاں تک محدود نہیں کہ خارج میں آپ ہر طرف حسن و رعنائی دیکھ رہے ہیں۔ بلکہ اس کی رحمت کا اصل ظہور اس بات میں ہے کہ اس نے صرف ہمیں حسن و رعنائی ہی سے نہیں نوازا بلکہ اس سے محظوظ ہونے کے لیے احساس بھی بخشا۔ اس نے روئے خوش بخشا تو نظر کو احساس حسن بھی بخشا۔ اس نے پھول میں خوشبو رکھی تو ہمیں قوت شامہ سے بھی نوازا۔ اس نے پانی کو ٹھنڈک عطا کی تو ہمیں ٹھنڈک کی قدر کا جذبہ بھی دیا۔ اس نے پھول میں رنگ رکھا تو ہمیں رنگوں کی شناخت بھی بخشی۔ یعنی ہر چیز سے اور اس کی

حقیقی قدر و قیمت سے حظ اٹھانے کے لیے جس احساس کی ضرورت تھی اس احساس سے اس نے تمام مخلوقات کو بہرہ ور فرمایا۔ وہ اپنی مخلوقات کو اولاد دیتا ہے تو اولاد کی محبت بھی دیتا ہے۔ سعی و کاوش کی سرگرمیوں کے لیے جوش و جذبہ بھی عطا کرتا ہے۔ گھر دیتا ہے تو اس کے لیے حفاظت کا جوش بھی عطا فرماتا ہے۔ یہی وجہ ہے کہ بعض صورتوں میں ایک آدمی کو ہم دیکھتے ہیں کہ وہ سخت گرمی میں محنت اور مزدوری کر رہا ہے۔ چہرے سے پسینہ ٹپک رہا ہے، چلچلاتی دھوپ میں بوجھ اٹھانے پر مجبور ہے، دیکھنے والی نگاہ سمجھتی ہے کہ یہ شخص اپنی زندگی سے انتہائی ناخوش ہوگا مگر شام کو دن بھر کی مزدوری کا معاوضہ پا کر جب اپنے جھونپڑے میں بیوی اور بچوں کے جھرمٹ میں بیٹھ کر وہ مسکرا مسکرا کے باتیں کرتا ہے تو تب اندازہ ہوتا ہے کہ اس کا مزدوری کرنا تو ایک ضرورت تھی۔ لیکن اس خوشی کو پیدا کر دینا یہ اس پروردگار کا کمال ہے جو رحمان اور رحیم ہے۔ اسی طرح آپ دیکھتے ہیں کہ بچے کی پیدائش ماں کے لیے کیسی جانکاہی اور مصیبت ہوتی ہے۔ اس کی پرورش اور نگرانی کس طرح خود فروشانہ مشقتوں کا ایک طویل سلسلہ ہے۔ تاہم یہ سارا معاملہ کچھ ایسی خواہش اور جذبے کے ساتھ وابستہ کر دیا گیا ہے کہ ہر عورت میں ماں بننے کی قدرتی طلب ہے اور ہر ماں پرورشِ اولاد کے لیے مجنونانہ خود فراموشی رکھتی ہے۔ وہ زندگی کی سب سے بڑی

تکلیف سہے گی اور پھر اس تکلیف میں زندگی کی سب سے بڑی مسرت محسوس کرے گی اور جب وہ اپنی ساری راحتیں قربان کر دیتی ہے، اپنی رگوں کے خون کا ایک ایک قطرہ دودھ بنا کر پلا دیتی ہے تو اس کے دل کا ایک ایک ریشہ سب سے بڑے احساسِ مسرت سے معمور ہو جاتا ہے۔ یہ کیا ہے؟ یہ اس خالق کائنات کی صفت رحمت کا ظہور ہے اور پھر اگر دقیق نظر سے کام لیا جائے تو اس رحمٰن ورحیم کے افادہ اور فیضان اور اس کی رحمت کے ظہور کی صورت کچھ انہی مظاہر پر موقوف نہیں ہے بلکہ کارخانہ ہستی کے تمام اعمال و قوانین کا یہی حال ہے۔ مثلاً دیکھئے کہ انسان ٹھوکریں کھاتا ہے، غلطیاں کرتا ہے تو ہونا یہ چاہیے کہ اپنی غلطیوں کا خمیازہ فوراً بھگتے اور بد عملی اس کو فوراً تباہی کی طرف لے جائے۔ لیکن ہم یہاں دیکھتے ہیں کہ اس کی صفت رحمت کا ظہور اس طرح ہو رہا ہے کہ یہاں بڑے سے بڑے گناہ گار کو سنبھلنے کے لیے مہلت دی جا رہی ہے۔ اپنی روش کو تبدیل کرنے کا موقع دیا جا رہا ہے اور اس کی جزا و سزا کا قانون فوراً حرکت میں آنے کی بجائے آہستہ آہستہ اس کے ساتھ چلتا رہتا ہے اور اس کے عفو و درگزر کا دروازہ آخر تک کھلا رہتا ہے۔ اس لیے قرآن کریم نے کہا کہ اگر پروردگار لوگوں کو ان کی زیادتیوں پر فوراً پکڑنے لگتا تو زمین پر چلنے والا کوئی زندہ نہ رہتا۔ یہ اس کی رحمت ہے جو اچھائی کرنے والے کو بھی مہلت دیتی ہے تاکہ اس کی اچھائی

نشوو نما پائے اور برائی کرنے والے کو بھی مہلت دیتی ہے تاکہ وہ متنبہ اور خبردار ہو کر اصلاح و تلافی کی کوشش کرے۔

وَلَوْ يُؤَا خِذُاللهُ النَّاسَ بِمَا كَسَبُوْا مَا تَرَكَ عَلىٰ ظَهرِہَا مِنْ دَآبَّۃٍ وَّلٰكِنْ يُّؤَخِّرُہُمْ اِلٰى اَجَلٍ مُّسَمًّى ج فَاِذَا جَآءَ اَجَلُهُمْ فَاِنَّ اللّٰهَ كَانَ بِعِبَا دِہٖ بَصِيْرًا۔ ع

(فاطر: 25۔ 45) اس خدائے رحمٰن و رحیم کی رحمت کے مظاہر بیشمار ہیں مگر انسان کی کوتاہ فکری ہے کہ چونکہ شب و روز اس کی بے پایاں رحمتوں سے فائدہ اٹھا رہا ہے، اس لیے اسے نہ اس کی پہچان ہوتی ہے، نہ اس کی قدر و قیمت کا احساس ہوتا ہے۔ ایک لمحہ کے لیے تصور کریں کہ دنیا موجود ہے مگر حسن و رعنائی کے تمام جلووں اور احساسات سے خالی ہے۔ آسمان ہے مگر فضا کی یہ نگاہ پرور نیلگونی نہیں ہے۔ ستارے ہیں مگر ان میں درخشندگی اور جہاں تابی کی جلوہ آرائی نہیں ہے۔ غور کیجئے ایسی دنیا کے ساتھ زندگی کا تصور کتنا بھیانک اور ہولناک ہوگا۔ اس سے بھی ایک قدم آگے بڑھیئے۔ رات روز جلوہ گر ہوتی ہے مگر آنکھوں میں نیند نہیں آتی۔ صبح مسکراتی ہوئی طلوع ہوتی ہے لیکن نقاہت یا کوئی بیماری بستر سے اٹھنے نہیں دیتی۔ باہر پرندے چہچہا رہے ہیں۔ سورج اپنی کرنوں سے کائنات کو منور کر رہا ہے، لیکن آشوب چشم یا پاؤں کی تکلیف باہر نکل کر محو نظارہ ہونے کی اجازت نہیں دیتی۔ رنگا رنگ خوان نعمت سجا ہوا ہے لیکن طبیعت کی بے کیفی ادھر متوجہ نہیں ہونے دیتی یا

آدمی ان نعمتوں سے فائدہ اٹھاتا ہے، لیکن بھوک کا احساس مر جانے سے یہ نعمتیں مزا نہیں دے رہیں۔ گرمیوں میں ٹھنڈے پانی کی نعمت میسر ہے لیکن دانتوں کی تکلیف یا معدے کی سوزش پانی پینے کی متحمل نہیں ہو رہی، باہر آزادی سے گھومنا پھرنا ایک معمول کی نعمت ہے مگر پاؤں کی تکلیف باہر نکلنے کی اجازت نہیں دے رہی۔ یہ بظاہر معمولی نعمتیں ہیں لیکن اگر یہ چھن جائیں تب آدمی کو اندازہ ہوتا ہے کہ اس کی زندگی کیسی بدمزہ ہو گئی۔ یہی اس پروردگار کی رحمت ہے جس کی قدردانی سے ہماری عقول نارسا قاصر ہیں۔

مزید دیکھئے کبھی آپ نے غور کیا کہ اگر آپ ایک ہی طرح کے معمولات اور مصروفیات میں ایک عرصہ گزارتے ہیں تو حالات کی یہ یکسانی طبیعت کو اکتا دیتی ہے اور آپ کہیں سیر کا پروگرام بنانے لگتے ہیں۔ لیکن آپ نے کبھی اس بات پر غور نہیں کیا کہ اگر عام میدانی علاقوں والوں کے لیے پہاڑی سلسلے نہ ہوتے اور پہاڑی سلسلے والوں کے لیے ہموار میدان نہ ہوتے۔ ریگستان والوں کے لیے دریاؤں کی روانی نہ ہوتی اور دریا کے کنارے رہنے والوں کے لیے ریگستان کے ٹیلے نہ ہوتے تو آپ اس اکتاہٹ کا کیا علاج کرتے۔ اگر اس سے بھی ایک قدم اور آگے بڑھیں تو آپ کو تعجب ہو گا کہ گھر بیٹھے قدرت نے ہمیں اس یکسانی سے بچنے کے لیے کیسی کیسی

نعمتیں عطا کیں۔ مثلاً اختلافِ لیل و نہار، موسموں کے تغیرات، خزاں اور بہار کا ایک دوسرے کی جگہ لینا، ٹنڈ منڈ درختوں کا سبزے کا لباس پہن لینا، بے آباد اور بے رنگ زمین پر رنگ رنگ کے پھولوں کا کھل جانا ایسے ہی بیشمار اختلافات ہیں جو پروردگارِ عالم کی صفت رحمت کا ظہور دنیا کی زیب و زینت اور ہماری تسکین و راحت کا سامان ہیں۔

گلہائے رنگ رنگ سے ہے زینت چمن
اے ذوقؔ اس جہاں کو ہے زیب اختلاف سے

سی کی طرف پروردگار توجہ دلاتے ہوئے فرماتا ہے:

اِنَّ فِیْ خَلْقِ السَّمٰوٰتِ وَالْاَرْضِ وَاخْتِلَافِ الَّیْلِ وَالنَّھَارِ لَاٰیٰتٍ لِّاُولِی الْاَلْبَابِ۔

''بلا شبہ آسمانوں اور زمین کی پیدائش میں، رات دن کے ایک کے بعد ایک آتے رہنے میں عقلمندوں کے لیے نشانیاں ہیں۔'' (آل عمران 3:1۔190)

مزید فرمایا:

وَمِنْ رَّحْمَتِہٖ جَعَلَ لَکُمُ الَّیْلَ وَالنَّھَارَ لِتَسْکُنُوْا فِیْہِ وَلِتَبْتَغُوْا مِنْ فَضْلِہٖ وَلَعَلَّکُمْ تَشْکُرُوْنَ۔

''کہ یہ اس کی رحمت کی کارسازی ہے کہ تمہارے لیے رات اور دن ٹھہرائے گئے ہیں تاکہ رات کو راحت پاؤ اور دن میں اس کا فضل تلاش کرو اور تاکہ تم شکر ادا کرو۔'' (قصص: 28۔73)

اس بحث کا ایک اور گوشہ بھی ہے جس پر توجہ دینا بے حد ضروری ہے، کہ پروردگار کی رحمتوں کے مختلف مظاہر کا ہم نے تذکرہ کیا ہے۔ تصور کیجئے اگر یہ جا بجا اس کے ظہور کی صورتیں اور اس کے صدور کی شکلیں اپنی جگہ قائم ہوتیں اور ہر انسان اس سے بقدر ہمت استفادہ کے لیے کوشاں ہوتا اور ہر ایک اپنے آپ کو ان کا حقیقی وارث اور مالک سمجھتا اور کسی کو اس بات کا علم نہ ہوتا کہ انسانوں کا انسانوں سے کیا رشتہ ہے؟ ان نعمتوں پر اگرچہ سب کا مساوی حق ہے مگر انسانی معیشت میں جو لوگ کسی وجہ سے پیچھے رہ گئے ہیں ان کا آگے بڑھ جانے والوں پر بھی کیا کوئی حق ہے؟ پھر ان میں باہمی انس اور محبت کا کوئی جذبہ نہ ہوتا، ایثار و خیر خواہی سے انسان ناواقف ہوتا۔ حقوق و فرائض سے بےخبر، باہمی نظم و تربیت سے عاری، حکومت اور ریاست کے تصور سے نابلد، معاشرت کے اصولوں سے تہی دامن، مکارم اخلاق سے ناآشنا ہوتا، تو آپ اندازہ کر سکتے ہیں کہ ان ساری نعمتوں کی موجودگی کے باوجود انسانی زندگی کس قدر ہولناک ہوتی۔ اس کو مثال سے یوں سمجھئے کہ ہم ایک گھر بناتے ہیں جس میں میاں بیوی اور ان کے بچے ہیں۔ جب تک میاں بیوی میں ایک دوسرے کے حقوق کی پاسداری رہتی ہے اور دونوں ایک دوسرے سے غایت درجہ محبت رکھتے ہیں۔ شوہر باہر محنت کرتا ہے اور بیوی گھر کی ذمہ داریاں ادا کرتی ہے۔ اس طرح دونوں یکجان

اور دو قالب ہو کر اپنے بچوں کے لیے ٹھنڈا سایہ مہیا کرتے ہیں اور بچوں کی نگاہ میں ان دونوں کا وجود اللہ کی رحمت کی علامت ہوتا ہے اور بچے اگر بڑے ہو جائیں تو وہ اپنے ماں باپ کی بالکل اسی طرح عزت کرتے اور دیکھ بھال کرتے ہیں، جس طرح ماں باپ نے انھیں شفقت سے پالا اور محنت سے پروان چڑھایا تو یہ گھر فی الواقع جنت کا نمونہ ہوتا ہے۔ لیکن اگر اسی گھر کی چھت کے نیچے رہنے والے میاں بیوی ایک دوسرے سے خیانت کا ارتکاب کریں بیوی شوہر کی غیر حاضری میں شوہر کی غیرت و حمیت کو تماشہ بنا دے اور شوہر باہر بیوی کی محبت اور اعتماد کو رسوا کرتا پھرے آہستہ آہستہ دونوں ایک دوسرے سے اس قدر دور ہو جائیں کہ بجائے بچوں کے لیے نمونہ بننے کے بچوں کے لیے ڈراؤنا خواب بن جائیں گے۔ بچے انھیں اپنے کردار کے لیے نمونہ سمجھنے کی بجائے اجنبی خیال کرنے لگیں اور جب یہ بڑے ہوں تو ان کا رد عمل ان کی اجنبیت کو یاد کر کے گستاخی یا لاتعلقی کا حامل ہو جائے تو اندازہ فرمایئے کہ یہ گھر اپنی چھت اور دیواروں سمیت اور اپنی ساری آرائش کے باوصف گھر نہیں رہے گا، بلکہ جہنم کا نمونہ بن جائے گا۔ اس گھر میں رہنے والا ہر فرد ایک دوسرے سے شاکی ہوگا۔ نتیجتاً یہ دو نسلیں تباہی کے راستے پر چل نکلیں گی۔

اسی مثال سے باقی پوری انسانی زندگی کو سمجھا جا سکتا ہے۔ انسانی زندگی کے بیشمار ادارے ہیں جن میں سے ہر ادارہ حقوق و فرائض کی ادائیگی ہی سے باقی رہتا اور ترقی کرتا ہے۔ حقوق و فرائض کا شعور کسی بھی ادارے میں کام کرنے والوں سے اگر سلب کر لیا جائے یا وہاں کام کرنے والے سرے سے اس شعور سے محروم ہوں تو اندازہ کیا جا سکتا ہے کہ وہ ادارہ کتنے دنوں چلے گا۔ گھر سے لے کر ایوان ہائے حکومت تک کے ناگفتہ بہ حالات اس زندہ حقیقت کے آئینہ دار ہیں کہ ہر جگہ بہتری اور استواری کا دارومدار بنیادی حقائق اور اصولوں کی پاسداری سے وابستہ ہے اور ان کی تباہی و بربادی انہی اصولوں سے ناواقفیت یا ان سے انحراف کا نتیجہ ہے۔ اس لیے وہ ذات بابرکات جو صرف خالق و مالک ہی نہیں رحمٰن و رحیم بھی ہے، اس کی صفت رحمت کا یہ تقاضا ٹھہرا کہ جہاں انسانوں کو ظاہری اور باطنی نعمتوں سے نوازا گیا ہے، وہاں اس کے استعمال اور اس کی حدود کا علم بھی دینا چاہیے ورنہ یہ اس صفت رحمت کی ناتمامی ہوگی۔ چنانچہ اس نے انسان کو علم سے بہرہ ور کرنے کے لیے کتابیں اتاریں اور راہنمائی کے لیے رسول بھیجے۔ اور اس راہنمائی کو اور کتابوں کے نزول کو اس نے ہدایت و رحمت سے تعبیر کیا۔

فرمایا:

وَاِنَّہٗ لَھُدًی وَّرَحْمَۃٌ لِّلْمُؤْمِنِیْنَ۔

''یہ قرآن ہدایت اور رحمت ہے مومنوں کے لیے''۔ (نمل 77)
پھر اس کی تعلیم کو دنیا بھر کے خزانوں سے بہتر و برتر فرمایا، ارشاد فرمایا:
وَرَحْمَتُ رَبِّکَ خَیْرٌ مِّمَّا یَجْمَعُوْنَ

''تیرے رب کی رحمت یعنی (قرآن) بہتر ہے، ان تمام خزانوں سے جن کو یہ لوگ جمع کرتے ہیں''۔ (زخرف 32)

پھر قیامت تک جو ذات مکمل راہنما، آئیڈیل اور منارہ نور بن کر آئی ہے اس کے بارے میں فرمایا: وَمَآ اَرْسَلْنٰکَ اِلَّا رَحْمَۃً لِّلْعٰلَمِیْنَ (انبیا: 21۔ 107) ہم نے یہاں تک اللہ کی صفت ربوبیت اور اس کی صفت رحمت کو کسی حد تک جاننے کی کوشش کی ہے۔ ان دونوں کے مطالعہ سے علم و معرفت کا ایک اور دروازہ ہمارے سامنے واشگاف ہوتا ہے۔ وہ یہ کہ ہم جب اللہ تعالیٰ کی ربوبیت کے فیضان کو دیکھتے ہیں کہ اس نے ہمارے لیے زمین کا فرش بچھایا، آسمان کی چھت تانی، پھر زمین سے ہمارے لیے مختلف قسم کی غذائیں پیدا فرمائیں، زندگی کے امکانات ایک سے ایک بڑھ کر ہمیں عطا کیے۔ دل و دماغ کی رعنائیاں عطا فرمائیں، ہماری ظاہری اور باطنی روحانی اور مادی ہر طرح کی ضروریات کو مہیا فرمایا۔ ایسی ایسی نعمتیں عطا فرمائیں اور اس وسعت سے دسترخوان نعمت بچھایا کہ آدمی انھیں دیکھ کر یہ کہے بغیر نہیں رہ سکتا:

دنیا تو اک بہشت ہے اللہ رے کرم
کن نعمتوں کو حکم دیا ہے جواز کا

اللہ کی رحمت خود روز جزاء پر دلیل ہے

ربوبیت کے اس اہتمام کو دیکھتے ہوئے یقیناً ذہن میں یہ خیال پیدا ہوتا ہے کہ وہ پروردگار عالم جس کا کوئی کام حکمت سے خالی نہیں، کیا اس نے اس کائنات میں انسان کو بغیر کسی مقصد کے پیدا کر دیا ہے اور اس کائنات کی ایک ایک چیز اس کی خدمت میں دے کر یہ کہہ دیا ہے کہ جاؤ تم ان چیزوں سے کام لو تمہاری حیثیت ایک شتر بے مہار سے زیادہ نہیں۔ تم جدھر جی چاہے منہ اٹھائے چلتے پھرو۔ اپنی خواہشات کی تکمیل کے لیے جو چاہو کرو، تمہارا پیدا کرنے والا تم سے کسی بات کی باز پرس نہیں کرے گا؟ اندازہ فرمایئے کہ کیا یہ تصور کسی حکیم ذات کے بارے میں قرین عقل بھی ہے؟ دنیا میں کوئی بھی شخص کوئی ایسا کام کرے جس کا کوئی مقصد نہ ہو تو ہر شخص اس کا مذاق اڑاتا ہے کہ اس نے اپنی محنتوں، اپنی کاوشوں اور اپنی ذہانت کا یہ کیا مصرف سمجھا ہے کہ ایک بے فائدہ کام میں اپنا سب کچھ ضائع کر دیا۔ بچے گھروندے بنا کر ڈھا دیتے ہیں، تو ان کے بچپنے کی وجہ سے انھیں یہ سمجھ کر کچھ نہیں کہا جاتا کہ یہ

بچے ابھی عقل اور شعور کی عمر کو نہیں پہنچے اس لیے یہ زندگی کو ایک کھیل سمجھتے ہیں۔ لیکن اگر بچوں کا باپ یہ حرکت کرے تو ہر دیکھنے والا اس کی دماغی صحت کے بارے میں شبہ میں پڑ جائے گا۔ اللہ تعالیٰ کے بارے میں ظاہر ہے ایسی کسی بات کا تصور کرنا بھی خلاف ادب ہے۔ اس لیے کہ اس کی ربوبیت کا یہ اہتمام خود پکار پکار کر یہ شہادت دے رہا ہے کہ یہ اہتمام کسی اہم غایت و مقصد کے لیے ہے اور یہ ان لوگوں پر نہایت بھاری ذمہ داریاں عائد کرتا ہے جو بغیر کسی استحقاق کے اس سے فائدہ اٹھا رہے ہیں۔ ایک دن ان ذمہ داریوں کے بارے میں ایک ایک شخص سے پرسش ہو گی کہ تمہیں ہم نے زندگی کی اور زندگی کی ساری نعمتیں عطا فرمائیں اور عناصر قدرت کو تمہارے ہم رکاب کیا۔ تم نے ایک حیوان کی طرح زندگی گزارنے کی آخر کوشش کیوں کی؟ تم نے یہ بات کیوں نہ سمجھی کہ جس نے ہمیں جوہر عقل سے نوازا ہے یقیناً اس نے ہمیں کچھ ذمہ داریاں بھی سونپی ہوں گی اور وہ ضرور ایک دن ایسا لائے گا جب وہ ہم سے اس کا حساب لے گا۔ اسی کی طرف توجہ دلاتے ہوئے قرآن کریم میں ایک جگہ ارشاد فرمایا گیا ہے

اَفَحَسِبْتُمْ اَنَّمَا خَلَقْنٰكُمْ عَبَثًا وَّاَنَّكُمْ اِلَيْنَا لَا تُرْجَعُوْنَ۔

(مومنون : 23۔ 115) ''کیا تم نے یہ گمان کر رکھا ہے کہ ہم نے تمہیں عبث اور بے کار پیدا کیا ہے اور تم ہماری طرف لوٹائے نہیں جاؤ گے؟''

اور ایک دوسری جگہ اپنی نعمتوں ہی سے استدلال کرتے ہوئے بتایا گیا ہے کہ تم آج جن نعمتوں سے متمتع ہو رہے ہو تمہیں معلوم ہونا چاہیے کہ ایک دن ان کا حساب بھی دینا ہوگا۔

اَلَمْ نَجْعَلِ الْاَرْضَ مِہٰدًا۔ لا وَّالْجِبَالَ اَوْتَادًا۔ لا وَّخَلَقْنٰكُمْ اَزْوَاجًا۔ لا وَّجَعَلْنَا نَوْمَكُمْ سُبَاتًا۔ لا وَّجَعَلْنَا الَّيْلَ لِبَاسًا۔ لا وَّجَعَلْنَا النَّهَارَمَعَاشًا۔ ص وَّبَنَيْنَا فَوْقَكُمْ سَبْعًا شِدَادًا۔ لا وَّجَعَلْنَا سِرَاجًا وَّهَاجًا۔ لا وَّ اَنْزَلْنَا مِنَ الْمُعْصِرٰتِ مَآءً ثَجَّاجًا۔ لا لِّنُخْرِجَ بِهٖ حَبًّاوَّنَبَاتًا۔ لا وَّجَنّٰتٍ اَلْفَافًا۔ ط اِنَّ يَوْمَ الْفَصْلِ كَانَ مِيْقَاتًا۔ لا

(نبا 78 : 176) (کیا ہم نے زمین کو تمہارے لیے گہوارہ نہیں بنایا اور اس میں پہاڑوں کی میخیں نہیں ٹھونکیں؟ اور ہم نے تم کو جوڑا جوڑا پیدا کیا اور تمہاری نیند کو دافع کلفت بنایا۔ رات کو تمہارے لیے پردہ پوش بنایا اور دن کو حصول معاش کا وقت ٹھہرایا اور ہم نے تمہارے اوپر سات مضبوط آسمان بلند کیے اور روشن چراغ بنایا اور ہم نے بدلیوں سے دھڑا دھڑ پانی برسایا تاکہ اس سے ہم غلے اور نباتات اگائیں اور گھنے باغ پیدا کریں۔ بیشک فیصلہ کا دن مقرر ہے)۔

یعنی اوپر جن چیزوں کا ذکر کیا گیا ہے یہ اس بات کی گواہی دے رہی ہیں کہ جس نے یہ سب کچھ اہتمام انسان کے لیے کیا ہے وہ انسانوں کو یونہی شتر بے مہار کی طرح نہیں

چھوڑے رکھے گا بلکہ اس کی نیکی یا بدی کے فیصلے کے لیے فیصلہ کا ایک دن بھی لائے گا۔

اسی طرح جب ہم اس کی صفت رحمت کے مناظر کو دیکھتے اور اس کی صفت رحمت کے ظہور کی صورتوں کو جاننے کی کوشش کرتے ہیں تو اس سے صاف معلوم ہوتا ہے کہ جس طرح اس کی رحمت کا ظہور کائنات کی ایک ایک چیز میں ہوا ہے۔ اسی طرح اس کی رحمت کا تعلق انسانی اعمال اور اس کے نتائج سے بھی ہے۔ دنیا میں دو طرح کے لوگ پائے جاتے ہیں۔ ایک وہ جو دنیا میں نیکی کے پیکر بن کر نیکی کو فروغ دیتے ہیں۔ نیکی کی کیسی بھی قیمت ادا کرنی پڑے وہ اس سے دریغ نہیں کرتے۔ اللہ کے دین کی سربلندی کے لیے قربانیاں دیتے اور لوگوں کی طرف سے مصائب کو برداشت کرتے ہیں اور دوسری طرف وہ لوگ ہیں جو خواہشات نفس کے بندے اور درہم و دینار کے پرستار ہیں۔ ان کی زندگی کا مقصد عیش و عشرت کے سوا کچھ نہیں۔ انھیں اگر اقتدار ملتا ہے تو کمزوروں پر ظلم کرتے ہیں اور اگر اقتدار نہیں ملتا تو اپنی محرومیوں کا انتقام جرائم کی صورت میں معاشرے سے لیتے ہیں۔ اس کے لیے انھیں انسانی زندگیوں سے بھی کھیلنا پڑے تو دریغ نہیں کرتے۔

ان دونوں طرح کے لوگوں کی حالت پر غور کیجیے۔ اگر پہلی طرح کے لوگ ایک اچھی، پاکیزہ لیکن کٹھن زندگی گزار کر دنیا سے چلے جاتے ہیں اور انھیں دنیا میں سوائے محرومیوں کے اور کچھ نہیں ملا اور آخرت کا بھی ان کے یہاں کوئی تصور نہ ہو تو اندازہ فرمایئے کہ انھوں نے جن مقاصد کی خاطر اپنی زندگی کی راحتیں قربان کیں اور بعض دفعہ زندگی بھی نچھاور کر ڈالی انھیں اس کا کیا صلہ ملا اور دوسری طرف وہ لوگ جنھوں نے زندگی بھر ظلم توڑے اور عیش و عشرت کو مقصد زندگی بنائے رکھا انھیں کھلی چھٹی دے دی گئی اور ان سے کوئی بازپرس کا دن مقرر نہ کیا تو کیا یہ اللہ کی صفت رحمت کے خلاف نہیں ہوگا؟ اس کی رحمت کا تقاضہ تو یہ ہے کہ اس کی خاطر جان دینے والوں کو ایک نہ ایک دن صلہ ملے اور اس سے انحراف کرنے والوں کو ایک نہ ایک دن انحراف کی سزا ملے اور اگر دونوں کو بغیر کسی بازپرس کے کھلی چھٹی دے دی جائے اور اسی طرح زندگی کا یہ کارخانہ ختم کر دیا جائے اور جزا اور سزا اور انعام و انتقام کا کوئی دن کبھی نہ آئے تو اس کا مطلب یہ ہوگا کہ معاذاللہ اس دنیا کے پیدا کرنے والے کی نگاہوں میں متقی اور مجرم دونوں برابر ہیں بلکہ مجرم نسبتاً اچھے ہیں جن کو جرم کرنے اور فساد کرنے کے لیے اس نے بالکل آزاد چھوڑ رکھا ہے اور یہ چیز ظاہر ہے کہ اللہ کی صفت رحمت کے یکسر خلاف ہے اس لیے پروردگار نے فرمایا:

اَفَنَجْعَلُ الْمُسْلِمِیْنَ کَالْمُجْرِمِیْنَ۔ مَا لَکُمْ وقفۃ کَیْفَ تَحْکُمُوْنَ۔

”کیا ہم اطاعت کرنے والوں کو مجرموں کی طرح کر دیں گے۔ تمہیں کیا ہو گیا ہے، تم کیسا فیصلہ کرتے ہو؟“ (قلم 36)

كَتَبَ عَلٰى نَفْسِهِ الرَّحْمَةَ ط لَيَجْمَعَنَّكُمْ اِلٰى يَوْمِ الْقِيٰمَةِ لَاَ رَيْبَ فِيْهِ

”اس نے اپنے اوپر رحمت واجب کر لی ہے، وہ قیامت تک جس کے آنے میں کوئی شبہ نہیں ہے، تم کو ضرور جمع کر کے رہے گا۔“ (انعام : 12)

حاصل کلام یہ کہ اللہ کی صفت ربوبیت اور اس کی صفت رحمت کا یہ تقاضا ہے کہ ایک دن ایسا ضرور آئے جس میں ہر شخص سے اس کی گزری ہوئی زندگی کا حساب لیا جائے۔ حسن عمل کے سرمایہ داروں کو بیش از بیش صلہ ملے اور اللہ کے منکروں اور انسانیت کے دشمنوں کو ان کے کرتوتوں کی سزا ملے۔ کیونکہ جس طرح نیکی کرنے والوں کو ان کی نیکی کا صلہ ملنا رحمت کا تقاضہ ہے اسی طرح انسانیت کے دشمنوں کو ان کے کیے کی سزا ملنا بھی رحمت کا تقاضہ ہے۔ تاکہ وہ سزا کے خوف سے اپنی بد اطواری سے باز آجائیں اور اپنا انجام بہتر کر لیں اور باقی نوع انسانی ان کے شرور سے محفوظ رہ سکے۔ اسی لیے اب اس کے بعد اللہ کی صفت عدالت کو ذکر کیا جا رہا ہے۔

مٰلِكِ يَوْمِ الدِّيْنِۙ

جزااور سزا کے دن کا مالک

مَالِكِ : مالک

يَوْمِ : دن

الدِّينِ : بدلہ

امام بیضاوی نے ''مالک'' کا معنی بیان کرتے ہوئے فرمایا المتصرف فی اعیان المملوکۃ کیف شاء '' وہ ذات جو اپنی مملوکہ چیزوں میں جس طرح چاہے تصرف کرنے کی قدرت رکھتی ہو'' یعنی اسے ایسا قبضہ حاصل ہو کہ اس کے تصرف کو نہ کوئی روک سکے اور نہ اسے ناجائز کہہ سکے اس آیت کریمہ میں پروردگار نے اپنے آپ کو جزااور سزا کے دن کا مالک قرار دیا ہے۔ حالانکہ اس دنیا اور دنیا کی ہر چیز اور پھر آنے والی دنیا اور اس کی

ہر چیز کا بھی اللہ ہی مالک ہے تو پھر بطور خاص اپنے آپ کو روز جزا کا مالک کہنے سے کیا مراد ہے؟ بات یہ ہے کہ یوں تو پروردگار کائنات کے ذرے ذرے کا مالک ہے ہر چیز کو اسی کے حکم سے وجود ملا ہے، اسی کی عنایت سے اس کی زندگی وابستہ ہے اور ہر چیز کی بقاء اللہ ہی کے رحم و کرم پر ہے۔ لیکن یہ اس کی حکمت ہے کہ اس نے مخلوقات کو کسی نہ کسی حد تک ملکیت کا حق دے رکھا ہے۔ جنگل کے جانور طاقت کے بل بوتے پر جس بھٹ، بل یا آشیانے پر قبضہ کر لیں وہ اس کو اپنی ملک سمجھتے ہیں۔ اسی طرح انسان بھی بعض حوالوں سے بہت ساری چیزوں کو اپنی ملکیت خیال کرتا ہے اور شریعت نے بھی ہر جائز ملکیت کے حقوق تسلیم کیے ہیں۔ لیکن ایک تو یہ ملکیت چند روزہ ہے، زندگی کے خاتمے کے ساتھ ختم ہو جائے گی اور دوسری یہ بات کہ یہ ایک ناقص ملکیت ہے اگر کامل ملکیت ہوتی تو قیامت کے دن اس کے بارے میں جواب دہی نہ کرنا پڑتی۔ پروردگار نے اس ناقص ملکیت کا بھی لحاظ فرمایا اس لیے انسانی زندگی اور اس کے زیر تصرف چیزوں پر کامل ملکیت رکھنے کے باوجود بھی ملکیت کا ذکر نہیں فرمایا۔ بلکہ اپنے آپ کو یوم الدین کا مالک کہا جس سے اشارہ اس جانب ہے کہ وہ دن ایسا ہو گا جس دن اللہ کی صفت عدالت پوری طرح ظہور میں آچکی ہو گی اور وہ ہر شخص کو عدالت کے کٹہرے میں بلا کر جواب طلبی کرے گا۔ اس دن ناقص ملکیت رکھنے والے

جو اپنی محدود ملکیتوں پر ناز کرتے تھے وہ اس کے سامنے دست بستہ کھڑے ہوں گے اور وہ بڑے بڑے حکمران جنھیں ان کے اقتدار نے فریب میں مبتلا کر رکھا تھا، اس کے سامنے سر جھکائے سہمے ہوئے ایستادہ ہوں گے۔ پھر وہ اس دن اعلان فرمائے گا کہ باوجود اس کے کہ دنیا میں بھی اصل ملکیت اور حکومت میری تھی اور میں فی الحقیقت مالک ہوتے ہوئے ہر چیز کا حکمران تھا۔ لیکن تم نے اپنی ناقص حکمرانی سے دھوکہ کھا کر میری حکمرانی کو نظر انداز کیا۔ آج بتاؤ وہ تمہاری حکمرانیاں کہاں گئیں اور آنکھیں کھول کے دیکھو کہ آج کس کی حکومت ہے کہ اس کے مقرب بندے بھی سر جھکائے کھڑے ہیں اور اس کے انبیا و رسل بھی زبان کھولنے کی ہمت نہیں کر پا رہے۔ اسی کے بارے میں قرآن کریم میں ارشاد فرمایا گیا:

يَوْمَ هُمْ بَارِزُوْنَ ۵ج لاَ يَخْفٰى عَلَى اللهِ مِنْهُمْ شَيْئٌط لِمَنِ الْمُلْكُ الْيَوْمِ ط لِلّٰهِ الْوَاحِدِالقهَار۔ اَلْيَوْم تُجْزىٰ كُلُّ نَفْسٍم بِمَا كَسَبَتْ ط لاَ ظُلْمَ الْيَوْمَ ط اِنَّ اللهَ سَرِيْعُ الْحِسَابِ۔

''جس دن سب لوگ (خدا کے) سامنے آ موجود ہوں گے (کہ) ان کی کوئی بات خدا سے (صورۃً) بھی مخفی نہ رہے گی، آج کے روز کس کی حکومت ہوگی؟ بس اللہ ہی کی ہوگی، جو یکتا اور غالب ہے۔ آج ہر شخص کو اس کے کیے کا بدلہ دیا جائے گا، آج کسی پر ظلم نہ ہوگا، اللہ تعالیٰ بہت جلد حساب لینے والے ہیں۔'' (المومن آیت 40:16۔7)

اس آیت کریمہ کا دوسرا لفظ ہے یوم الدین ''جزا و سزا کا دن''۔ اس لفظ پر غور کرتے ہوئے سب سے پہلی بات جو ذہن میں آتی ہے۔ وہ یہ ہے کہ جزا اور سزا کا دن وہ ہو گا۔ جب اس دنیا کی بساط لپیٹ دی جائے گی اور ہم سب اللہ کی بارگاہ میں جواب دہی کے لیے کھڑے ہوں گے اور جہاں تک اس دنیا کا تعلق ہے، جس میں اب ہم رہ رہے ہیں، یہ جزا و سزا کا دن نہیں، یہ دارالعمل ہے۔ یہاں ہمیں مہلت عمل میسر ہے تاکہ ہم آنے والے دن کی تیاری کر سکیں۔ یہاں جو کچھ ہم کریں گے اس کا صلہ آنے والے دن میں پائیں گے نیکی کریں گے۔ تو اس کا صلہ اچھا ملے گا اور برائی کریں گے تو اس کے نتیجے میں برائی ملے گی۔ اس لیے اس دنیا میں ہر زندہ شخص کو یہ سوچ کر زندگی گزارنی ہے کہ یہاں میں صرف اعمال کا مکلف ہوں اللہ نے مجھ پر جو ذمہ داریاں عائد کی ہیں مجھے اپنی زندگی میں انھیں ادا کرنا ہے۔ وہ چاہے انفرادی ذمہ داریاں ہوں چاہے اجتماعی ذمہ داریاں۔ ان کی ادائیگی مجھ پر واجب ہے اور اسی حوالے سے کل کو مجھے جزا اور سزا ملے گی۔ آج کسی عمل کے بارے میں بھی مجھے یہ نہیں سوچنا چاہیے کہ اسی دنیا میں مجھے اس کی جزا بھی ملے گی۔ اس بات کو سمجھ لینے سے آدمی ایک بڑی غلط فہمی سے بچ جاتا ہے۔ عموماً دیکھا گیا ہے کہ اگر کوئی نیکی کرنے والا شخص کسی مصیبت میں گرفتار ہوتا ہے تو وہ خود بھی اور اسے جاننے والے بھی اس غلط فہمی میں مبتلا ہونے

لگتے ہیں کہ نیکی کا صلہ تو اللہ بہتر اجر کی صورت میں دیتا ہے، یہ نیک شخص آخر اس مصیبت میں بتلا کیوں ہے۔ اس سوچ کا نتیجہ یہ ہوتا ہے کہ یا تو اس نیک شخص کے بارے میں بدگمانی پیدا ہونے لگتی ہے اور یا اللہ کے بارے میں آدمی بدگمان ہو جاتا ہے کہ مذہب غلط کہتا ہے کہ نیکی کا صلہ اجر و ثواب کی صورت میں ملتا ہے اور دنیا میں ایک اچھی زندگی عطا ہوتی ہے۔ اگر ایسا ہوتا تو نیک لوگ مصیبتوں میں بتلا کیوں ہوتے۔

اسی طرح اگر کوئی برا آدمی دولت میں کھیلتا ہے اور آئے دن اس کے کاروبار میں ترقی ہوتی ہے یا اس کا عہدہ و منصب بڑھتا ہے تو تب بھی لوگ اس غلط فہمی میں بتلا ہونے لگتے ہیں کہ اگر برائی کا نتیجہ برا ہوتا تو اس شخص کو یہ آسانیاں اور سہولتیں تو میسر نہیں آنی چاہئیں تھیں۔ اس لیے یہاں فرمایا گیا ہے کہ تم جس دنیا میں زندگی گزار رہے ہو یہ دار الجزاء نہیں، دار العمل ہے۔ تمہارا کام یہاں اچھے سے اچھا عمل کرنا ہے۔ اس کی جزا تمہیں قیامت میں ملے گی۔ اس لیے اگر آج نیکی کی جزا نہیں مل رہی تو مایوسی کی کوئی وجہ نہیں اور اگر کسی کو گناہ یا ظلم کی سزا نہیں مل رہی تو اس میں بھی ظالم کی خوشی کا کوئی موقع نہیں۔ البتہ ایک بات اور سمجھ لینی چاہیے کہ بعض دفعہ یہاں کبھی نہ کبھی نیکی کا صلہ مل بھی جاتا ہے اور کبھی کسی مجرم کو دنیا ہی میں سزا سے بھی دوچار ہونا پڑتا ہے۔ اس

کے بارے میں قرآن کریم ہمیں بتاتا ہے کہ دنیا میں کسی نیکی کا صلہ درحقیقت جزا نہیں۔ بلکہ نیکی کرنے والے کی حوصلہ افزائی ہے۔ اس کا تعلق قانون جزا سے نہیں بلکہ اللہ کے فضل ورحمت سے ہے۔ اسی طرح کسی بدعملی کی سزا کا ملنا وہ بھی حقیقت میں جزا اور سزا کے قانون کا ظہور نہیں، بلکہ محض متنبہ کرنے کے لیے ہوتا ہے جو اصل سزا اور عذاب ہوگا۔ وہ تو قیامت کے دن ہی ہوگا قرآن کریم نے اس کے بارے میں ہمیں بتایا ہے:

وَلَنُذِيْقَنَّهُمْ مِّنَ الْعَذَابِ الْاَدْنٰى دُوْنَ الْعَذَابِ الْاَكْبَرِ لَعَلَّهُمْ يَرْجِعُوْنَ۔

''یعنی ہم لوگوں کو (آخرت کے) بڑے عذاب سے پہلے (بعض اوقات) دنیا میں ایک عذاب چھوٹے عذاب قریب کا مزہ چکھا دیتے ہیں تاکہ وہ باز آجائیں''۔ (سجدہ (21:32

كَذٰلِكَ الْعَذَابُط وَالَعَذَابُ الْاٰخِرَةِ اَكْبَرُم لَوْ كَانُوْا يَعْلَمُوْنَ۔ ع

''ایسا ہوتا ہے عذاب اور آخرت کا عذاب بہت بڑا ہے، کاش وہ سمجھیں''۔ (قلم (33:28

الغرض دنیا کی راحت و مصیبت بعض اوقات تو امتحان اور آزمائش ہوتی ہے اور کبھی عذاب بھی ہوتی ہے۔ مگر وہ عمل کا پورا بدلہ نہیں ہوتا، بلکہ ایک نمونہ ہوتا ہے۔ کیونکہ یہ سب کچھ چند روزہ اور محض عارضی ہے۔ اصل بدلہ وہ راحت و کلفت ہے جو ہمیشہ

قائم رہنے والی ہے اور جو اس عالم سے گزرنے کے بعد عالم آخرت میں آنے والی ہے۔ اسی کا نام روز جزاء ہے اور جب یہ معلوم ہوگیا کہ نیک و بد عمل کا بدلہ یا پورا بدلہ اس دنیا میں نہیں ملتا اور عدل و انصاف اور عقل کا تقاضا ہے کہ نیک و بد اچھا اور برا برابر نہ رہے بلکہ ہر عمل کی مکمل جزا یا سزا ملنی چاہیے۔

اس لیے ضروری ہے کہ اس عالم کے بعد کوئی دوسرا عالم، ہو جس میں ہر چھوٹے بڑے اور اچھے برے عمل کا حساب اور اس کی جزا یا سزا، انصاف کے مطابق ملے۔ اسی کو قرآن کی اصطلاح میں روز جزا یا قیامت یا آخرت کہا جاتا ہے۔ قرآن نے خود اس مضمون کو سورۃ مومن میں وضاحت سے بیان فرمایا ہے۔

وَمَا يَسْتَوِی الْاَعْمٰی وَالْبَصِیْرُ ۵لا وَالَّذِیْنَ اٰمَنُوْا وَعَمِلُوا الصّٰلِحٰتِ وَلَا الْمُسِیْٓئُ ط قَلِیْلًا مَّا تَذَكَّرُوْنَ۔ اِنَّ السَّاعَةَ لَاٰ تِيَةٌ لَّارَيْبَ فِيْهَا وَلٰكِنَّ اَكْثَرَالنَّاسِ لَا يُؤْمِنُوْنَ۔

''یعنی بینا اور نابینا اور (ایک) وہ لوگ جو ایمان لائے اور انھوں نے اچھے کام کیے اور (دوسرے) بدکردار باہم برابر نہیں ہوسکتے، تم لوگ بہت ہی کم سمجھتے ہو، قیامت تو ضرور ہی آکر رہے گی (تاکہ ہر ایک عمل کا پورا بدلہ ہر عمل کرنے والے کو مل جائے)، اس کے آنے میں کسی طرح کا شک ہے ہی نہیں، مگر اکثر لوگ نہیں جانتے''۔ (المؤمن 40 : 58۔ 59)

سورۃ فاتحہ میں آخرت یا قیامت کو یوم الدین کے نام سے ذکر فرمایا گیا ہے۔ اس میں نزول قرآن کے وقت لوگوں کی ایک عام غلط فہمی کا ازالہ کرنا مقصود تھا۔ جس کا ذکر میں آگے چل کر کروں گا۔ سب سے پہلے آخرت کا تعارف کرانا چاہتا ہوں۔

آخرت کا تعارف

اسلامی عقائد کی آخری کڑی آخرت پر ایمان لانا ہے۔ قرآن پاک میں ایمان باللہ کے بعد اس کی اہمیت پر سب سے زیادہ زور دیا گیا ہے۔ کیونکہ موجودہ دنیا کے تمام اعمال اور ان کے نتائج کی اصلی اور دائمی بنیاد اسی آئندہ دنیا کے گھر کی بنیاد پر قائم ہے۔ اگر یہ بنیاد متزلزل ہو جائے تو اعمال انسانی کے نتائج کا ریشہ ریشہ بیخ و بن سے اکھڑ جائے۔ قرآن کریم نے اسے الیوم الآخر یا آخرت کے نام سے تعبیر کیا ہے۔ مراد اس سے آخرت کا گھر یا آخرت کی زندگی ہے۔

عربی میں طریقہ یہ ہے کہ اوصاف کو موصوف کا قائم مقام کر کے اکثر موصوف کو حذف کر دیتے ہیں۔ اس طریقے کے مطابق قرآن کریم نے ''الآخرت'' کا لفظ استعمال کیا ہے جو ''الحیاۃ'' یا ''الدار'' کی صفت ہے۔ مراد اس سے آخرت کا گھر یا آخرت کی زندگی ہے۔ قرآن پاک میں تقریباً 113 مقامات پر یہ لفظ انہی معنوں میں استعمال ہوا

ہے۔ الآخر یا آخرت کا معنی ہے پچھلی زندگی یا پچھلا گھر یا پچھلی دنیا۔ اس پچھلی دنیا سے مراد موت کے بعد کی دنیا ہے، جسے قرآن کریم نے دو دوروں میں تقسیم کیا ہے۔ پہلے دور سے مراد موت سے لے کر قیامت تک کا دور ہے اور دوسرے دور سے مراد قیامت سے لے کر ابد تک کا دور۔ جس میں پھر موت اور فنا نہیں۔ پہلے دور کا نام برزخ ہے اور دوسرے دور کا نام بعث بعد الموت یا حشر و نشر اور قیامت ہے اور ان کے معنی جی اٹھنے، اکٹھے کیے جانے اور کھڑے ہونے کے ہیں۔ ان سب سے مقصود ایک ہی حقیقت کی طرف اشارہ ہے اور وہ موجودہ دنیا کے خاتمے کے بعد دوسری دنیا کی زندگی ہے۔ جسے قرآن کریم میں الدار الآخرہ اور عقبی الدار وغیرہ کے ناموں سے یاد کیا گیا ہے۔

قرآن و سنت میں آخرت کی جو تفصیلات آئی ہیں، ان پر اگر ہم غور کریں تو چند چیزیں ہمارے سامنے واضح ہوتی ہیں جن میں سب سے پہلی چیز موت کا تصور اور حقیقت ہے۔

موت

اس احساس کو دلوں میں مستحضر کرنا مقصود معلوم ہوتا ہے کہ جو زندگی انسان گزار رہا ہے، یہ زندگی ہمیشہ قائم نہیں رہے گی۔ اگرچہ علم کی حد تک ہر آدمی جانتا ہے کہ موت

سے بہر حال ہمکنار ہونا ہے۔ کیونکہ ہر آدمی کے سامنے جنازے اٹھتے ہیں، موت و حیات کا سلسلہ جاری و ساری رہتا ہے۔

بایں ہمہ انسان کو اپنی موت کا خیال اور یقین بہت کم پیدا ہوتا ہے۔ آدمی زندگی کی ہما ہمی میں اس طرح مستغرق رہتا ہے کہ اسے بھول کر بھی یہ خیال نہیں آتا کہ ایک دن زندگی کے ان ہنگاموں کا خاتمہ بھی ہونے والا ہے۔ اس لیے آخرت کے تصور سے اسلام اپنے ماننے والوں میں یہ تصور راسخ کرنا چاہتا ہے کہ تم زندگی اور موت کے فاصلے کو زیادہ نہ جانو۔ زندگی کی حیثیت ایک حباب کی سی ہے جو ہوا کے ایک جھونکے سے کسی وقت بھی ٹوٹ سکتا ہے۔ اس لیے زندگی سے فائدہ ضرور اٹھاؤ، مگر آنے والے وقت کو ہر وقت یاد رکھو۔ حضرت عبداللہ ابن مسعود فرماتے ہیں کہ ایک دفعہ حضور صلی اللہ علیہ وآلہ وسلم رفع حاجت کے لیے نکلے۔ میں پانی کا برتن لے کر ہمراہ ہو گیا۔ حضور صلی اللہ علیہ وآلہ وسلم آبادی سے نکل کر کھجوروں کے جھنڈ میں داخل ہوئے۔ رفع حاجت سے فارغ ہو کر باہر نکلتے ہی زمین پر بیٹھ کر آپ نے تیمم فرمایا پھر مجھ سے پانی طلب کیا اور پانی استعمال فرمایا۔ میں نے بصد ادب عرض کی حضور صلی اللہ علیہ وآلہ وسلم میں آپ سے بہت قریب تھا اور پانی میرے پاس آپ کے استعمال کے لیے حاضر تھا۔ پھر آپ نے تیمم کیوں فرمایا؟ آپ نے ارشاد فرمایا: ''عبداللہ! کیا مجھے اس بات کا یقین ہو سکتا تھا کہ میں پانی تک

پہنچنے سے پہلے یا پانی مجھ تک پہنچنے سے پہلے اللہ کو پیارا نہ ہو جاؤں گا''۔ اس سے تصور یہ دینا مقصود تھا کہ موت کو ہر وقت اپنے قریب جانو۔ اس لیے آخرت کے تصور میں پہلا تو یہ تصور ہے جو دلوں میں اتارنا مقصود ہے اور ساتھ ہی یہ بات بھی کہ موت اصلاً زندگی کی فنا کا نام نہیں بلکہ تمہیں جن ذمہ داریوں کی ادائیگی کے لیے دنیا میں بھیجا گیا تھا اور تمہیں اس زندگی کی صورت میں ایک مہلت عمل دی گئی تھی۔ موت اصلاً اس کے خاتمے کا نام ہے۔

یعنی یہ اس طرح کی فنا نہیں ہے۔ جیسی فنا دوسری غیر مکلف مخلوقات پر طاری ہوتی ہے۔ جس طرح ایک حباب ٹوٹتا ہے، پھول مرجھا کے ٹہنی سے گر جاتا ہے، پتے خزاں میں جھڑنے لگتے ہیں یا کوئی حیوان اپنی طبعی عمر کو پہنچ کر سفر حیات ختم کر دیتا ہے۔ کیونکہ ایک پھول کو چند روزہ بہار کے لیے پیدا کیا گیا تھا، سو وہ پوری ہو گئی۔ پتوں کو چند دنوں تک سایہ دینا تھا، وہ دے چکے۔ ہر حیوان کو اپنی جبلی ذمہ داریاں پورا کرنا تھیں، وہ کر چکا۔ اب اس کے لیے فنا کے سوا اور کچھ نہیں۔ مگر انسانی موت فنا نہیں بلکہ اپنی ذمہ داریوں سے واپسی سے عبارت ہے کہ اسے ایک خاص مقصد حیات اور ذمہ داریاں دے کر دنیا میں بھیجا گیا تھا۔ اب اسے اس سے واپس بلایا جا رہا ہے۔

اس لیے قرآن کریم نے اس واپسی کو اللہ کی طرف روح کی بازگشت قرار دیا ہے۔

سورۃ جمعہ میں ارشاد فرمایا:

قُلْ اِنَّ الْمَوْتَ الَّذِیْ تَفِرُّوْنَ مِنْہُ فَاِنَّہٗ مُلٰقِیْکُمْ ثُمَّ تُرَدُّوْنَ اِلٰی عٰلِمِ الْغَیْبِ وَالشَّھَادَۃِ فَیُنَبِّئُکُمْ بِمَا کُنْتُمْ تَعْلَمُوْنَ۔ (جمعہ 62۔ 8)

'کہہ دیجئے بیشک وہ موت جس سے تم بھاگتے ہو، اس سے ملنا ہی ہے۔ پھر تم اس خدا کے پاس لوٹائے جاؤ گے جو حاضر و غائب کو جاننے والا ہے اور وہ تم کو تمہارے کرتوت بتائے گا۔'' ہم سورۃ البقرہ کی اس آیت کو اکثر اپنی زبانوں سے دہراتے رہتے ہیں اِنَّا لِلّٰہِ وَاِنَّا اِلَیْہِ رَاجِعُوْنَ ''ہم سب خدا کے ہیں اور اسی کی طرف لوٹ کر جائیں گے''۔ اس میں بھی اسی حقیقت کا اعادہ کیا گیا ہے۔ سورۃ مائدہ میں ارشاد فرمایا:

اِلَی اللّٰہِ مَرْ جِعُکُمْ جَمِیْعاً (المائدہ 5۔ 48)

'تم سب کو خدا ہی کی طرف لوٹ کر جانا ہے''

اور پھر یہ اللہ کی طرف لوٹنا ہر صورت میں ہوگا چاہے آدمی اس کی خواہش رکھتا ہو یا اس سے نفرت کرتا ہو۔ یہ ایک اٹل سنت اللہ ہے جس سے کبھی مفر نہیں۔ سورۃ القیامہ کی ایک آیت میں اس کے بارے میں خوب نقشہ کھینچا گیا ہے۔ ارشاد فرمایا:

کَلَّآ اِذَا بَلَغَتِ التَّرَاقِیَ۔ لا وَقِیْلَ مَنْ سکتۃ رَاقٍ۔ لا وَظَنَّ اَنَّہُ الْفِرَاقُ۔ لا وَالْتَفَّتِ السَّاقُ اِلٰی رَبِّکَ یَوْمَئِذِنِ الْمَسَاقُ۔ ع (75: 29۔ 30)

''ہرگز نہیں جب روح ہنسلی تک آپہنچے اور لوگ کہیں اب کون ہے جھاڑ پھونک کر بچانے والا اور سمجھو کہ اب جدائی کا وقت آگیا اور پنڈلی پنڈلی سے لپٹ گئی، اس دن تمہیں پروردگار کی طرف ہانکا جانا ہے''۔

البتہ فرق یہ ہے کہ وہ بد نصیب جنھوں نے کفر اور شرک کی زندگی گزاری اور ان کو کبھی اس بات کا خیال نہیں آیا کہ اللہ کی طرف لوٹ کر بھی جانا ہے ان کی واپسی تو اسی طرح ہوگی جیسے کسی جانور کو ہانک کر لے جایا جاتا ہے۔جس طرح سورۃ انعام میں ارشاد فرمایا:

وَلَوْ تَرٰۤی اِذِا الظّٰلِمُوْنَ فِیْ غَمَرٰتِ الْمَوْتِ وَالْمَلٰٓئِكَةُ بَاسِطُوْۤا اَیْدِیْهِمْ ج اَخْرِجُوْۤا اَنْفُسَكُمْ ط اَلْیَوْمَ تُجْزَوْنَ عَذَابَ الْهُوْنِ بِمَا كُنْتُمْ تَقُوْلُوْنَ عَلَی اللّٰهِ غَیْرَ الْحَقِّ وَكُنْتُمْ عَنْ اٰیٰتِهٖ تَسْتَكْبِرُوْنَ۔ وَلَقَدْ جِئْتُمُوْنَا فُرَادٰی كَمَا خَلَقْنٰكُمْ اَوَّلَ مَرَّةٍ وَّ تَرَكْتُمْ مَّا خَوَّلْنٰكُمْ وَرَآءَ ظُهُوْرِكُمْ ج (6: 93۔ 94)

''اور اگر تم دیکھو جس وقت گنہگار موت کی بے ہوشی میں ہوں گے اور فرشتے ہاتھ کھولے کہہ رہے ہوں گے کہ نکالو اپنے جسموں کے اندر سے اپنی روحوں کو آج تم کو اس پر ذلت کی سزا ملے گی کہ تم خدا کی شان میں جھوٹی باتیں کہتے تھے اور اس کے حکموں کو ماننے سے غرور کرتے تھے اور تم ایک ایک کر کے تنہا جیسے ہم نے پہلی بار تم کو پیدا کیا تھا، ہمارے پاس آئے ہو اور جو سامان و اسباب تم کو دیا تھا، جس نے تم کو مغرور بنایا تھا اس کو پیچھے چھوڑ آئے ہو'' (الانعام۔ 93،94)

لیکن جو سعید اور نیکو کار روحیں اپنے آنے والے انجام کو یاد رکھتی ہیں، بلکہ اللہ سے ملاقات کی متمنی رہتی ہیں انھیں آخری وقت یہ صدا سنائی دیتی ہے۔

يٰٓاَيَّتُهَا النَّفْسُ الْمُطْمَئِنَّةُ۔ ق ارْجِعِيْٓ اِلٰى رَبِّكِ رَاضِيَةً مَّرْضِيَّةً۔ ج

''اے مطمئن روح تو اپنے مالک سے خوش اور تیرا مالک تجھ سے خوش تو اپنے مالک کے پاس واپس چلی جا'' (الفجر 89 : 27۔ 28)

برزخ

اسی طرح مومن اور کافر دونوں اپنی مہلت عمل کے خاتمے پر اپنے اللہ تعالیٰ کے حضور حاضر ہو جاتے ہیں اور پھر انھیں ایک ایسی جگہ رکھا جاتا ہے، جسے ہم برزخ کہتے ہیں اور اسی کو احادیث مبارکہ میں اور تمام سامی قوموں کے محاورے میں قبر کا نام دیا گیا ہے۔ لیکن اس قبر سے مقصود وہ خاک کا تودہ نہیں جس کے نیچے کسی مردہ کی ہڈیاں پڑی رہتی ہیں، بلکہ وہ دنیا ہے جس میں مرنے والوں کی روحوں کو قیامت تک رکھا جائے گا۔ کوئی مرنے والا چاہے خاک میں دفن ہو یا قعر دریا میں ڈوب جائے یا کسی درند یا پرند کے پیٹ میں اس کے جسم کو جگہ ملے، یہی اس کی قبر ہے اور یہی وہ دنیا ہے

جسے برزخ کے نام سے یاد کیا گیا ہے اور اسی برزخ یعنی قبر سے اللہ تعالیٰ قیامت کے دن تمام مرنے والوں کو اٹھائے گا۔ ارشاد خداوندی ہے :

وَاَنَّ اللّٰهَ يَبْعَثُ مَنْ فِي الْقُبُوْرِ۔ (22: 7)

''بیشک اللہ ان کو جو قبروں میں ہیں اٹھائے گا'' (الحج۔ 7)۔

ظاہر ہے کہ یہ اٹھایا جانا صرف انہی مردوں کے لیے مخصوص نہیں جو تودہ خاک کے اندر دفن ہیں، بلکہ ہر میت کے لیے ہے۔ خواہ وہ کیسی حالت اور کیسے عالم میں ہو۔ اب سوال یہ ہے کہ اس برزخ کا مفہوم کیا ہے؟ برزخ کا لفظ قرآن کریم میں تین جگہ استعمال ہوا ہے۔ (1) سورۃ الرحمن (2) سورۃ الفرقان (3) سورۃ المومنون میں۔ ہر جگہ اس سے دو چیزوں کے درمیان پردہ حاجب اور حائل مراد ہے مثلاً سورۃ الفرقان آیت 53 میں فرمایا :

وَهُوَالَّذِيْ مَرَجَ الْبَحْرَيْنِ هٰذَا عَذْبٌ فُرَاتٌ وَّهٰذَا مِلْحٌ اُجَاجٌ وَجَعَلَ بَيْنَهُمَا بَرْزَخًا وَّحِجْرًا مَّحْجُوْرًا (الفرقان: 25۔ 53)

''اور اسی نے دو دریاؤں کو ملا کر چلایا یہ میٹھا اور پیاس بجھاتا ہے اور وہ کھاری کڑوا ہے اور ان کے بیچ میں ایک پردہ اور روکی ہوئی اوٹ بھی بنائی ہے۔''

تو اس برزخ سے مراد موجود زندگی اور آئندہ زندگی کے درمیان جو حائل اور رکاوٹ ہے، اسی کو برزخ کہا گیا ہے۔ یعنی جب آدمی مرجاتا ہے تو اس کی زندگی ختم ہو جاتی

ہے۔ اب دوبارہ وہ زندہ اس وقت ہوگا جب قیامت برپا ہوگی۔ ان دونوں زندگیوں کے درمیان ایک مدت حائل ہے، جو انسان پر ایک خاص قسم کی موت کا دور ہے۔ اس کا نام برزخ ہے۔ یہاں یہ بات اچھی طرح سمجھ لینی چاہیے کہ قیامت کے آنے تک یہ برزخی دور باقی رہے گا۔ لیکن یہ زندگی کا دور نہیں بلکہ یہ موت کا زمانہ ہے۔ کیونکہ قرآن کریم نے دو مدتوں اور دو زندگیوں کا ہمیں تصور دیا ہے۔ سورۃ بقرہ میں ارشاد فرمایا

كَيْفَ تَكْفُرُوْنَ بِاللهِ وَكُنْتُمْ اَمْوَاتاً فَاَحْيَا كُمْ ج ثُمَّ يُمِيتُكُمْ ثُمَّ يُحْيِيْكُمْ ثُمَّ اِلَيْهِ تُرْجَعُوْنَ۔

(البقرہ: 2۔ 28)

''کیسے تم اللہ کا انکار کرتے ہو؟ حالانکہ تم پہلے مردہ تھے تو پھر اس نے تم کو زندہ کیا۔ (یعنی انسان بنا کر پیدا کیا)، پھر تم کو مار دے گا، پھر تم کو زندہ کرے گا، پھر اس کی طرف لوٹائے جاؤ گے'' (البقرہ۔ 28)۔

پہلی موت تو ہر انسان کی پیدائش سے پہلے کا وقت ہے۔ جب وہ مادہ یا عنصر کی شکل میں تھا۔ پھر زندہ ہو کر اس دنیا میں پیدا ہوا۔ یہ اس کی پہلی زندگی ہے۔ پھر موت آئی روح نے مفارقت کی اور جسم اپنی اگلی مادی صورت میں منتقل ہو گیا۔ یہ اس کی دوسری موت ہے اور اسی کو برزخی زندگی کہا گیا ہے۔ پھر اللہ خود اس کی روح کو جسم سے ملا کر زندہ کرے گا۔ یہ اس کی دوسری زندگی ہے، جس کے بعد پھر کبھی اسے

موت نہیں آئے گی۔ اب رہی یہ بات کہ یہ دور قیامت تک چلے گا اس کا ثبوت بھی ہمیں قرآن کریم سے ملتا ہے۔ ارشاد خداوندی ہے:

وَمِنْ وَّرَآئِہِمْ بَرْ زَخٌ اِلٰی یَوْمَ یُبْعَثُوْنَ۔ (المومنون: 22۔ 100)

''اور ان کے پیچھے برزخ ہے، اس دن تک جب وہ اٹھائے جائیں گے۔'' یعنی قیامت تک۔

تو اس کا مطلب یہ ہوا کہ انسان کی تین منزلیں ہیں۔ دنیا، برزخ اور قیامت۔ ان تینوں میں جو فرق ہے اسے یوں بیان کیا جا سکتا ہے کہ موجودہ دنیا میں جسم یعنی مادہ نمایاں اور روح پوشیدہ ہے اور روح کو جو کچھ مسرت و تکلیف یہاں پہنچتی ہے، وہ صرف اس مادی جسم کے وجود سے پہنچتی ہے، ورنہ در حقیقت اس کی براہ راست لذت و راحت کا اس مادی دنیا میں کوئی امکان نہیں۔ دوسرے عالم میں جس کو برزخ کہا گیا ہے۔ روح نمایاں ہوگی اور جسم چھپ جائے گا۔ وہاں جو راحت و تکلیف پہنچے گی وہ دراصل روح کو پہنچے گی اور جسم اس کی تبعیت میں ضمناً اس سے متاثر ہوگا۔ لیکن تیسرے عالم یعنی قیامت میں جہاں سے حقیقی اور غیر فانی زندگی شروع ہوتی ہے روح اور جسم دونوں نمایاں ہوں گے اور دونوں کی لذت و راحت کے مظاہر بالکل الگ ہوں گے۔

عالمِ برزخ میں سوال و جواب کی کیفیت

یہ بات تو واضح ہو گئی کہ برزخی دنیا زندگی کا دور نہیں، بلکہ موت کا دور ہے۔ لیکن ہمیں اس کے ساتھ ساتھ یہ بھی بتایا گیا ہے کہ اس میں مرنے والے کو سوال و جواب کے ایک مختصر مرحلے سے بھی گزرنا ہو گا اور اسے کسی نہ کسی حد تک عذاب و ثواب سے واسطہ بھی پڑے گا (جس کی تفصیل ہم آگے ذکر کریں گے)۔

اب سوال یہ ہے کہ اگر یہ دور زندگی کا نہیں بلکہ موت کا دور ہے تو پھر اس میں سوال و جواب اور عذاب و ثواب کا تحقق کیسے ہو گا؟ اسے سمجھنے کے لیے ضروری ہے کہ موت کی حقیقت کو سمجھ لیا جائے۔ اسی موت کے واسطے سے مرنے والا برزخ کی وادی میں داخل ہوتا ہے۔ اس لیے برزخی زندگی کی وہی حقیقت ہوگی، جو اس موت کی حقیقت ہے۔ چنانچہ ہم دیکھتے ہیں کہ قرآن پاک میں موت کو نیند سے تشبیہ دی گئی ہے۔ سورۃ زمر میں ارشاد فرمایا گیا۔

اَللّٰہُ یَتَوَفَّی الْاَنْفُسَ حِیْنَ مَوْتِھَا وَالَّتِیْ لَمْ تَمُتْ فِیْ مَنَامِھَا فَیُمْسِکُ الَّتِیْ قَضٰی عَلَیْھَا الْمَوْتَ وَیُرْسِلُ الْاُخْرٰی اِلٰی اَجَلٍ مُّسَمًّی ط اِنَّ فِیْ ذٰلِکَ لَاٰیٰتٍ لِّقَوْمٍ یَّتَفَکَّرُوْنَ۔ (39۔ 42)

''وہ اللہ ہی ہے جو روحوں کو ان کی موت کے وقت وفات دیتا ہے اور جو نہیں مری ہیں ان کو نیند میں ہی وفات دے دیتا ہے۔ تو جس پر موت کا حکم اس نے جاری کیا

اس کو روک لیتا ہے اور دوسری روح کو جس پر موت کا حکم نہیں یعنی نیند والی کو ایک مدت معینہ کے لیے چھوڑ دیتا ہے۔ بیشک اس میں سوچنے والوں کے لیے نشانیاں ہیں۔

اس آیت کریمہ میں موت کو نیند سے تشبیہ دی گئی ہے۔ بلکہ دونوں کو ایک ہی سطح پر رکھ کر ذکر فرمایا گیا ہے۔ اسی طرح برزخی زندگی کو قرآن کریم نے نیند سے تعبیر فرمایا۔ یعنی قیامت میں جب لوگ دوسری زندگی پا کر قبروں سے اٹھیں گے تو گنہگاروں کی زبانوں پر یہ فقرہ ہوگا

یٰوَیْلَنَا مَنْم بَعَثَنَا مِنْ مَّرْقَدِنَا (یٰسٓ۔ 52)

''اے ہماری خرابی کس نے ہم کو ہماری نیند کی جگہ سے اٹھا دیا''۔ (یٰسٓ۔ 52)

مرقد ہم قبر کے لیے بولتے ہیں حالانکہ اس کا معنی سونے کی جگہ ہے۔ اب اس کو دیکھئے قبر کو بستر سے تشبیہ دی گئی ہے۔ اس طرح قرآن کریم میں دوسری زندگی یعنی قیامت کے لیے اکثر بعث کا لفظ استعمال ہوا ہے جس کے معنی جگانے اور بیدار کرنے کے ہیں۔ اس کا مطلب یہ ہوا کہ موت اپنی حقیقت میں نیند کے قریب واقع ہوئی ہے۔ اب ہمیں اس پر غور کرنا چاہیے کہ ایک سونے والے کی کیفیت کیا ہوتی ہے؟ اور نیند سے اس میں کس طرح کی تبدیلیاں پیدا ہوتی ہیں۔ چنانچہ ہم دیکھتے ہیں کہ

انسان جب سوتا ہے تو اس کے ادراک و احساس کے آلات اپنی مادی دنیا سے عارضی طور پر بیخبر ہو جاتے ہیں۔ مگر اس کے ادراک و احساس کی تخیلی، تمثالی یا ذہنی دنیا اس کے سامنے بالکل اسی مادی دنیا کی طرح متشکل ہوتی ہے۔ اس میں وہ خود اپنے جسم سے الگ مگر ہو بہو وہی جسم دیکھتا ہے جو آتا جاتا ہے۔ اس کے سامنے کھانے پینے اور لطف انگیزی کے سب سامان ہوتے ہیں نیز اس میں درد و رنج اور تکلیف کی تمام وہی صورتیں ہوتی ہیں جو مادی دنیا میں ہیں۔ اس کے خیالی جسم کو اگر اس عالم میں تکلیف ہوتی ہے تو وہ چیخ اٹھتا ہے۔ اور اگر اس میں لذت ملتی ہے تو لطف اندوز ہوتا ہے اور ان دونوں کے اثرات اس کو اپنے مادی جسم میں جاگنے کے بعد بھی نظر آتے ہیں۔ غرض عالم خواب کی خیالی دنیا اور اس کی خوشی اور رنج اور لذت والم اور اس مادی دنیا کی جسمانی و مادی خوشی اور رنج اور لذت والم میں کوئی فرق نہیں ہوتا۔ اگر کچھ فرق ہے تو یہ ہے کہ عالم خواب کی لذت و تکلیف بیداری کے بعد ختم ہو جاتی ہے اور مادی دنیا کی تکلیف و لذت احساس و ادراک کے وجود تک قائم رہتی ہے اور جس طرح مادی بیداری والی لذت و تکلیف خواب میں معدوم ہو جاتی ہے اس طرح خواب والی لذت و تکلیف بیداری میں رخصت ہو جاتی ہے۔

برزخی زندگی کو بھی انھی احوال و کیفیات کے آئینہ میں دیکھنا چاہیے۔ یہ ایک طویل اور گہری نیند ہے جو موت کی صورت میں انسان پر طاری کر دی جاتی ہے۔ اس میں جو کچھ واردات گزرتی ہیں ان کا تعلق براہ راست روح سے ہوتا ہے۔ البتہ اس میں یہ لمبی نیند سونے والا ایک جسم کو بھی دیکھتا ہے اس کے اعمال کی رعایت سے مناسب صورت میں اسے ملتا ہے۔ اس میں اگر اسے سوال و جواب سے گزارا جاتا ہے تو وہ خواب کی طرح اس سوال و جواب کے ماحول سے گزرتا ہے اور اگر اسے لذت و راحت سے واسطہ پڑتا ہے تو وہ خواب ہی کی طرح اسے محسوس کرتا ہے اور محظوظ ہوتا ہے اور اگر اسے تکلیف و عذاب سے گزرنا پڑتا ہے تو وہ خواب ہی کی طرح اس کی شدت کو محسوس کرتا ہے۔ اصل سوال یہ نہیں کہ ثواب و عذاب کو محسوس کرنے کا ذریعہ کیا ہے بلکہ اصل سوال یہ ہے کہ کیا اسے ثواب و عذاب کا احساس ہوتا ہے یا نہیں۔ ظاہر ہے کہ یہ دونوں طرح کے احساسات وہ عالم بیداری میں بھی رکھتا ہے اور نیند میں بھی۔ جس طرح اپنی مرغوب چیز پا کر عالم بیداری میں مسرت و شادمانی محسوس کرتا ہے اور تکلیف دہ صورتحال سے دوچار ہو کر پریشانی اور کرب کا شکار ہوتا ہے بالکل یہی کیفیت اس کی نیند کی حالت میں بھی ہوتی ہے۔ فرق صرف یہ ہے کہ نیند کی حالت کے تغیرات نیند کھل جانے سے ختم ہو جاتے ہیں تو آدمی انھیں جلدی بھول جاتا

ہے، اور بیداری کے تغیرات دیرپا ہوتے ہیں اس لیے انھیں دیر تک یاد رکھتا ہے۔ یہ برزخی زندگی چونکہ قیامت تک طویل ہوگی اس لیے اس میں پیش آمدہ تغیرات چاہے وہ خوشی کی شکل میں ہوں یا تکلیف کی شکل میں، دیرپا ہوں گے اور گہرے تاثرات چھوڑیں گے کیونکہ اب قیامت سے پہلے یہ صورتحال بدلنے والی نہیں اور یہ نیند کھلنے والی نہیں۔

قرآن و سنت میں یہ بھی بتایا گیا ہے کہ مرنے کے بعد ہر مرنے والا ایک مختصر امتحان سے گزرے گا یعنی اس سے کچھ سوال و جواب کیے جائیں گے۔ احادیث میں آیا ہے کہ آنحضرت ﷺ نے فرمایا کہ مرنے کے بعد قبر میں دو فرشتے آتے ہیں اور وہ مردوں سے توحید و رسالت کی نسبت سوال و جواب کرتے ہیں۔ یعنی وہ اس سے اس کے دین اور رب کے بارے میں بھی پوچھتے ہیں اور نبی کریم ﷺ کے بارے میں بھی۔ اگر اس نے زندگی ایمان و عمل کے ساتھ گزاری ہوگی تو اسے صحیح جواب دینے کی توفیق ملے گی، ورنہ ہمیشہ کی نامرادی اس کا مقدر بن جائے گی اور قرآن کریم سے ہمیں ان باتوں کی تصدیق بھی ہوتی ہے اور کچھ مزید باتوں کا بھی پتہ چلتا ہے تصدیق تو اس بات کی ہوتی ہے کہ ایمان و عمل کی زندگی گزارنے والے مرنے کے بعد فرشتوں کی دعاؤں اور ان کے تہنیتی کلمات سے مستفید اور شادکام ہوں گے۔ اور وہ آنے

والے وقت کی بشارت بھی دیں گے اور مزید جس بات کی قرآن پاک ہمیں خبر دیتا ہے ان میں سے ایک بات تو یہ ہے کہ مرنے والوں میں وہ بد نصیب جنھوں نے ایمان لانے کی بجائے کفر کا راستہ اختیار کیا۔ فرشتے صرف ان کی جان ہی نہیں نکالیں گے بلکہ ساتھ ساتھ ماریں پیٹیں گے بھی اور جان نکالتے ہی انھیں عذاب سے دوچار کر دیا جائے گا۔ سورۃ انفال میں ہے :

وَلَوْتَرٰی اِذْیَتَوَفَّی الَّذِیْنَ کَفَرُوا لا الْمَلٰٓئِکَۃُ یَضْرِبُوْنَ وَجُوْہَہُمْ وَاَدْبَارَہُمْ وَذُوْقُوْا عَذَابَ الْحَرِیْقِ۔ (الانفال: 8۔ 50)

''اور اگر تو دیکھے جب فرشتے کافروں کی روح قبض کرتے ہیں، مارتے ہیں ان کے منہ اور پیٹھ پر اور کہتے ہیں کہ چکھ جلنے کا مزا۔''

اس آیت سے جہاں یہ ثابت ہوتا ہے کہ کافروں پر موت کے بعد ہی سے عذاب شروع ہو جاتا ہے، وہاں یہ بھی ثابت ہوتا ہے کہ یہ مار ان کے منہ اور پیٹھ پر پڑتی ہے۔ مگر یہ منہ اور پیٹھ وہ نہیں ہے جو بے جان لاشہ کی صورت میں ہمارے سامنے ہے، بلکہ اس آیت میں کافر کی روح کو جانور سے تشبیہ دی گئی ہے کہ جس طرح جانور کو تیز ہنکاتے وقت کبھی آگے منہ پر اور پیچھے پیٹھ پر مارتے ہیں اسی طرح کافر روح کو زبردستی فرشتے مارتے ہوئے اور ہنکاتے ہوئے لے چلیں گے اور کہیں گے کہ چل عذاب کا مزا چکھ۔ اسی طرح سورۃ اعراف میں ہے :

حَتّٰٓی اِذَا جَآءَتْهُمْ رُسُلُنَا يَتَوَفَّوْنَهُمْ قَالُوْٓا اَيْنَ مَاكُنْتُمْ تَدْعُوْنَ مِنْ دُوْنِ اللهِ ط قَالُوْا ضَلُّوْا عَنَّا وَشَهِدُوْا عَلٰٓى اَنْفُسِهِمْ اَنَّهُمْ كَانُوْا كٰفِرِيْنَ۔ قَالَ ادْخُلُوْا فِیْٓ اُمَمٍ قَدْخَلَتْ مِنْ قَبْلِكُمْ مِّنَ الْجِنِّ وَالْاِنْسِ فِی النَّار ط (الاعراف 7: 37۔ 38)

''یہاں تک کہ جب جھٹلانے والوں کے پاس ہمارے فرشتے ان کی روحوں کو قبض کرنے کے لیے آئیں گے اور کہیں گے کہ کہاں ہیں، وہ جن کو تم خدا کے علاوہ پکارتے تھے۔ تو اس وقت وہ مشرک کہیں گے کہ ہمارے وہ دیوتا ہم سے کنارہ کش ہو گئے ہیں اور انھوں نے اپنے اوپر خود گواہی دی کہ وہ کافر تھے تب خدا فرمائے گا کہ تم بھی ان لوگوں میں جا ملو جو جن وانس میں سے تم سے پہلے آگ میں جا چکے ہیں۔

اور جو لوگ ناموافق حالات کا بہانہ بنا کر اللہ کے دین پر چلنے سے کتراتے ہیں ان کے بارے میں سورۃ النساء میں فرمایا۔ بیشک فرشتوں نے جن کی روحوں کو اس حالت میں قبض کیا کہ وہ جانوں پر ظلم کر رہے تھے۔ فرشتے ان سے کہیں گے کہ تم کس حالت میں تھے۔ وہ جواب دیں گے کہ ہم ملک میں بے یارومددگار تھے۔ فرشتے کہیں گے کہ کیا اللہ کی زمین کشادہ نہ تھی کہ تم اپنا وطن چھوڑ کر باہر چلے جاتے۔ یہی لوگ ہیں جن کا ٹھکانہ جہنم ہے۔

عالمِ برزخ میں ارواح کا مقام

برزخ کے حوالے سے اب ایک سوال یہ باقی رہ جاتا ہے کہ برزخ میں ارواح انسانی کا مسکن کہاں ہوگا؟ قرآن پاک میں اس کا جواب متعدد آیات میں ملتا ہے۔ کافروں کے بارے میں تو یہ معلوم ہوتا ہے کہ ان کی روحوں کو کائنات کی وسعتوں میں اس طرح آوارہ پھرنے کے لیے چھوڑ دیا جائے گا کہ جیسے بے خانماں اور محروم لوگ پھرا کرتے ہیں۔ لیکن وہ جہاں بھی ہوں گے وہاں سے ہر وقت دوزخ کے نظارے کریں گے اور ہر وقت اللہ کے عذاب کا نقشہ ان کی نگاہوں کے سامنے رہے گا اور ایک عجیب عذاب کی کیفیت ان پر طاری رہے گی۔ لیکن جہاں تک پاکباز مومنوں کا تعلق ہے قرآن کریم سے معلوم ہوتا ہے کہ اولاً تو ان کی موت ہی اس طرح واقع ہوگی کہ ایک طرف جان ان کے جسم سے نکالی جا رہی ہوگی اور دوسری طرف رحمت الٰہی کا فرشتہ مژدہ جانفزا ان کے کانوں میں انڈیل رہا ہوگا۔ پھر ان میں بھی ایسی پاکباز اور سعید روحیں ہیں جنھیں شہداء کہا جاتا ہے۔ انھیں خدا کی طرف سے ایک تمثالی جسم غیر فانی زندگی اور روحانی عیش و عشرت کی لازوال دولت عنایت کی جائے گی۔ وہ اللہ کے یہاں خاص قسم کا رزق بھی پائیں گے اور خوشی و مسرت ہر دم ان کے ساتھ ہوگی اور اس مضمون کی متعدد آیات قرآن کریم میں موجود ہیں۔

احوالِ قیامت اور اس کے وقوع کے دلائل

افراد اور جماعتوں کو تو ہم ہر روز اپنی آنکھوں کے سامنے اخری سفر پر روانہ ہوتے ہوئے دیکھتے ہیں اور ہمیں کسی حد تک یقین ہو جاتا ہے کہ موت ایک ایسی حقیقت ہے جس سے مفر کی کوئی صورت نہیں۔ لیکن اس سے بھی بڑی ایک حقیقت اور بھی ہے جسے ہم قیامت کہتے ہیں۔ اس کا مفہوم ہے تمام دنیا اور تمام کائنات کا چشم زدن میں ختم ہو جانا اور پھر ایک مدت معینہ کے بعد از سر نو زندہ ہونا اور پھر اللہ کے حضور حساب کتاب کے لیے پیش ہونا اور حسب اعمال جزا و سزا کے مراحل سے گزرنا۔ موت تو کبھی اچانک آتی ہے اور کبھی دھیرے دھیرے بیماری کی شکل میں اپنا احساس دلا کے آتی ہے۔ اس لیے مرنے والا بالعموم پہلے سے اس سے کسی حد تک آگاہ ہوتا ہے اور پسماندگان بھی ذہنی طور پر اس صدمے کے لیے تیار ہوتے ہیں لیکن جہاں تک قیامت کے وقوع کا تعلق ہے وہ تو اس طرح کا حادثہ ہو گا کہ جس کو قرآن کریم کہتا ہے:

وَمَا اَمرُالسَّاعَۃِ اِلَّا کَلَمۡحِ الۡبَصَرِ اَوۡ هُوَ اَقۡرَبُ ط (النحل: 16۔ 77)

''اور وہ قیامت کا معاملہ آنکھ جھپکنے کی طرح ہو گا یا اس سے بھی جلدی۔''

قیامت کا آغاز صور اسرافیل سے ہوگا اور یہ اس قدر اچانک ہوگا کہ خود حضرت اسرافیل کو علم نہیں کہ کب مجھے اس کے پھونکنے کا حکم دیا جائے گا۔ وہ تعمیل حکم کے لیے ہر دم مستعد کھڑے ہیں۔ ایک حدیث میں حضرت ابو سعید خدریؓ روایت کرتے ہیں کہ "رسول اللہ ﷺ نے ارشاد فرمایا کہ میں مزے کی زندگی کیسے گزاروں؟ حالانکہ صور والے فرشتے نے صور منہ میں لے رکھا ہے اور اللہ کے حکم کی طرف کان لگا رکھا ہے اور پیشانی جھکا رکھی ہے اور اس انتظار میں ہے کہ کب صور پھونکنے کا حکم ہو جائے اور میں فوراً صور پھونک دوں"۔ حضرت ابی ابن کعبؓ فرماتے ہیں کہ جب تہائی رات باقی رہ جاتی تھی تو آنحضرت ﷺ فرماتے "اے لوگو! اللہ کو یاد کرو، اللہ کو یاد کرو۔ پہلا صور پھونکا جانے والا ہے اور اس کے بعد دوسرا پھونکا جائے گا۔ موت اپنی سختیاں لے کر آ پہنچی ہے"۔

قرآن کریم میں دو دفعہ صور پھونکے جانے کا ذکر ہے۔ سورۃ زمر آیت 68 تا 69 میں ارشاد خداوندی ہے :

وَنُفِخَ فِى الصُّوْرِ فَصَعِقَ مَنْ فِى السَّمٰوٰتِ وَمَنْ فِى الْاَرْضِ اِلَّا مَنْ شَآءَ اللهُ ط ثُمَّ نُفِخَ فِيْهِ اُخْرٰى فَاِذَا هُمْ قِيَامٌ يَّنْظُرُوْنَ۔ وَاَشْرَقَتِ الْاَرْضُ بِنُوْرِ رَبِّهَا وَوُضِعَ الْكِتٰبُ وَجِاْىٓءَ بِالنَّبِيّٖنَ وَالشُّهَدَآءِ وَقُضِىَ بَيْنَهُمْ بِالْحَقِّ وَهُمْ لَا يُظْلَمُوْنَ۔ (39 :68۔ 69)

''صور دو دفعہ پھونکا جائے گا۔ پہلی بار ارض و سما کی تمام مخلوق بے ہوش ہو جائے گی سوائے ان کے جنھیں خدا خود بچائے۔ دوسری مرتبہ تمام لوگ اٹھ کر ادھر ادھر دیکھنے لگیں گے۔ اس وقت اللہ کے نور سے زمین جگمگا اٹھے گی، نامہ اعمال کھل جائے گا، انبیا اور شہداء کو حاضر کیا جائے گا، انھیں ان کی خدمات کا پورا پورا اجر ملے گا اور کسی سے ظلم نہیں کیا جائے گا''۔

ان آیات سے صور اسرافیل کی کیفیات اور اس کا دو دفعہ پھونکا جانا معلوم ہوتا ہے۔ لیکن سیّد قطب شہید (رح) نے سورۃ یٰسؔ کی آیت نمبر 48 تا 53 سے تین دفعہ صور اسرافیل کی تفصیل بیان کی ہے۔ وہ فرماتے ہیں کہ دین حق کی تکذیب کرنے والے پوچھتے ہیں کہ مَتیٰ هٰذَا الْوَعْدُ اِنْ کُنْتُمْ صَادِقِیْنَ (یٰسؔ : 36۔ 48) ''اگر تم سچے ہو تو یہ وعدے کا دن کب آئے گا؟'' ان کا جواب آنکھ جھپکنے میں تیزی سے گزر جانے والا یہ منظر ہے، یہ لو۔ یہ صور پھونکنے کی ایک آواز ہی تو ہے کہ دفعتہً وہ انھیں اپنی لپیٹ میں لے لیتی ہے۔ نہ تو اپنے اہل و عیال کو وصیت ہی کر پاتے ہیں اور نہ ان میں واپس لوٹ کر آسکتے ہیں۔ بلکہ ان کے سامنے ان کے ہاتھوں میں موت کا پیالہ پی لیتے ہیں۔ صور کی پہلی آواز کے بعد قیامت کا پہلا منظر آنکھوں کے سامنے آجاتا ہے۔ پھر دوسری بار صور کی آواز گونجتی ہے۔ دفعتہً وہ اپنی قبروں سے مٹی جھاڑتے ہوئے اٹھ

کھڑے ہوتے ہیں۔ خوف و دہشت کے عالم میں تیزی سے قدم بڑھاتے ایک دوسرے سے پوچھتے چلے ہیں کہ ہمیں ہماری قبروں سے کس نے نکال باہر کیا۔ پھر آنکھیں ملتے ہوئے فضائے بسیط میں گونجنے والی اس حقیقت کا اعتراف اور اس کی توثیق کرتے ہیں هٰذَا مَاوَعَدَالرَّحْمٰنُ وَصَدَقَ الْمُرْسَلُوْنَ ''ہاں! یہ وہ دن ہے جس کا وعدہ رحمن نے کیا تھا اور جس کی تصدیق اس کے رسولوں نے کی تھی''۔ آج قبروں سے نکل کر کھڑے ہونے کا سبب یہی ہے۔ پھر تیسری بار صور کی آواز گونجتی ہے۔

فَاِذَا هُمْ جَمِیْعٌ لَّدَیْنَا مُحْضَرُوْنُ (یٰسٓ : 36۔ 53) ''ابھی فوراً وہ سب ہمارے حضور میں حاضر ہونے والے ہیں''۔ لو دیکھو آنکھ جھپکنے میں پیشی کا بندوبست ہو گیا۔ لوگوں کی قطاریں لگ گئیں۔ سب کے سب مہر بلب شہنشاہ عالم کا اعلان عام کان لگا کر سن رہے ہیں کہ آج کسی کے ساتھ کسی قسم کی زیادتی نہیں ہوگی۔ دنیا میں جو اعمال کرتے رہے تھے، آج اس کی جزا دی جائے گی۔ یہاں کسی ناانصافی کا کوئی سوال نہیں۔

اس کا مطلب یہ ہے کہ پہلے صور اسرافیل سے تمام کائنات کا نظام درہم برہم ہو جائے گا۔ ہر مخلوق موت کا شکار ہو جائے گی سوائے اس کے جس کو اللہ بچانا چاہے اور دوسری دفعہ صور اسرافیل کے بعد از سر نو زندگی وجود میں آئے گی۔ لوگ آنکھیں

ملتے ہوئے اٹھیں گے اور حیرانی و پریشانی کے عالم میں ایک دوسرے کا منہ دیکھیں گے۔ پھر جب تیسرا صور پھونکا جائے گا تو تمام بارگاہ ایزدی میں حاضری کے لیے چل پڑیں گے اور اللہ کی عدالت قائم ہو جائے گی اور زندگی کے اعمال کا حساب کتاب شروع ہو جائے گا۔ چنانچہ اس سلسلہ میں پیدا ہونے والے تغیرات اور مختلف مراحل میں پیش آنے والی کیفیات کا قرآن کریم میں متعدد جگہ ذکر فرمایا گیا۔

نفخہ اولیٰ کے بعد کی کیفیت

سورۃ الحاقہ میں نفخہ اولی کے بعد کی کیفیت کو بیان کرتے ہوئے فرمایا:

فَاِذَا نُفِخَ فِی الصُّوْرِ نَفْخَۃٌ وَّاحِدَۃٌ۔ لا وَحُمِلَتِ الْاَرْضُ وَالْجِبَالُ فَدُکَّتَا دَکَّۃً وَّاحِدَۃً۔ لا فَیَوْمَئِذٍ وَّقَعَتِ الْوَاقِعَۃُ۔ لا وَانْشَقَّتِ السَّمَآءُ فَھِیَ یَوْمَئِذٍ وَّاھِیَۃٌ۔ لا وَّالْمَلَکُ عَلٰٓی اَرْجَآئِھَا ط وَیَحْمِلُ عَرْشَ رَبِّکَ فَوْقَھُمْ یَوْمَئِذٍ ثَمٰنِیَۃٌ یَوْمَئِذٍ تُعْرَضُوْنَ لَا تَخْفٰی مِنْکُمْ خَافِیَۃٌ (الحاقہ 69: 13۔ 18)

''جس وقت صور پھونکا جائے گا اور اللہ زمین کو پہاڑوں سمیت اٹھا کر یوں پٹخے گا کہ سب کچھ ریزہ ریزہ ہو جائے گا۔ اس روز آسمان پھٹ کر ڈھیلا ہو جائے گا۔ فرشتے اطراف آسمان پر جمع ہو جائیں گے۔ اور اللہ کے تخت کو آٹھ فرشتے اٹھا کر لائیں گے اس وقت تم اللہ کے سامنے پیش کیے جاؤ گے اور تم سے کوئی راز مخفی نہیں رہے گا۔

سورۃ القارعہ میں اس کی نقشہ کشی یوں کی گئی ہے کہ ''وہ متنبہ کرنے والی چیز، وہ کیا ہے متنبہ کرنے والی چیز؟ اور تم کو کس نے بتایا کہ کیا ہے متنبہ کرنے والی؟ یہ وہ چیز ہے جب لوگ پریشان پروانوں کی طرح اور پہاڑ روئی کے گالوں کی طرح ہوں گے۔''

سورۃ ابراہیم میں فرمایا ''جب یہ زمین دوسری زمین سے بدل دی جائے گی اور لوگ نکلیں گے اللہ کی طرف، جو ایک ہے، قہار ہے۔'' (14:48)

سورۃ المعارج میں فرمایا ''جب آسمان پگھلے ہوئے تانبے کی طرح اور جب پہاڑ روئی کے گالوں کی مانند ہو جائیں گے۔'' (70:8-9)

سورۃ قیامہ میں فرمایا گیا۔ ''روز قیامت کی قسم اور گناہ پر ملامت کرنے والے نفس کی قسم (یوم الحساب آ کر رہے گا) کیا انسان کا خیال یہ ہے کہ ہم اس کی بوسیدہ ہڈیوں کو دوبارہ ترتیب نہ دے سکیں گے؟ کیا وہ جانتا نہیں کہ اس کے پوروں کو ترتیب دینے والے ہم ہی ہیں۔ انسان کی تمنا یہ ہے کہ وہ کچھ کرے اور اپنا مستقبل تباہ کر دے۔ اس لیے (طنزاً) پوچھتا ہے کہ قیامت کب آئے گی؟ اسے کہو اس دن جب آنکھیں پتھرا جائیں گی۔ چاند سیاہ ہو جائے گا اور شمس و قمر اکٹھے کر دیئے جائیں گے۔ اس وقت انسان پوچھے گا ہے کوئی راہ فرار؟ ہر گز نہیں آج کوئی جائے پناہ نہیں۔ سب

اللہ کے سامنے پیش کیے جائیں گے اور انھیں اگلے پچھلے اعمال کی خبر دی جائے گی۔" (75:1۔13)

سورۃ تکویر میں فرمایا "جب آفتاب بے نور ہو جائے گا۔ "جب ستارے تاریک ہو جائیں گے، جب پہاڑ چلائے جائیں گے۔" (81:1۔3)

سورۃ انفطار میں فرمایا گیا "جب آسمان پھٹ جائیں گے اور جب ستارے بکھر جائیں گے اور جب سمندر چلائے جائیں گے اور جب قبر کے لوگ زندہ کیے جائیں گے، اس وقت روح نے جو کچھ پہلے اور پیچھے بھیجا ہے اس کو جان لے گی۔"

(82:1۔5)

سورۃ انشقاق میں فرمایا: "جب آسمان پھٹ جائیں گے اور وہ اپنے مالک کی فرمانبرداری کریں گے اور وہ فرمانبرداری کے ہی لائق ہے جب زمین پھیلائی جائے گی اور جو کچھ اس میں ہے اگل دے گی اور خالی ہو جائے گی۔"

(84:1۔4)

سورۃ زلزال میں فرمایا گیا جب زمین خوب ہلائی جائے گی اور وہ اپنا بوجھ نکال دے گی اور انسان کہے گا زمین کو کیا ہو گیا ہے؟ اس دن وہ اپنی حالت بیان کرے گی۔"

(99:1۔4)

مندرجہ بالا تفصیلات سے آپ کو اندازہ ہوا ہوگا کہ نفخ اولی کے بعد کس طرح کائنات کی ہر چیز شکست و ریخت کا شکار ہوگی اور کس طرح ایک ہمہ گیر تباہی جملہ مخلوقات اور ہر ذی روح کو اپنی گرفت میں لے لے گی اور یہ سب کس قدر اچانک چشم زدن میں ہوگا۔

ہر دور کی طرح آج بھی عقل کے پرستار اس تمام صورتحال کو سمجھنے سے قاصر ہیں اور وہ اسے ناقابل وقوع اور خلاف عقل گردانتے ہیں۔ حالانکہ یہ صرف ان کی عقل کا پھیر اور عدم علم کا نتیجہ ہے۔ ہم یہاں نفخ اولیٰ کے بعد کی مکمل تباہی پر چند شواہد اور بعض پیش یا افتادہ دلائل ذکر کرتے ہیں۔

مثلاً قرآن کریم نے قیامت کے پہلے مرحلے کو ایک زمینی زلزلے سے تعبیر فرمایا ہے۔ ارشاد ہوتا ہے:

يَا أَيُّهَا النَّاسُ اتَّقُوْا رَبَّكُمْ ج إِنَّ زَلْزَلَةَ السَّاعَةِ شَيْءٌ عَظِيْمٌ۔

''اے لوگو! اللہ سے ڈرو کہ قیامت کا زلزلہ نہایت ہولناک شے ہے''۔ وہ زلزلہ جسے خود پروردگار ہولناک فرما رہا ہے اس کی تباہ کاری اور ہمہ گیری کا انسان کیا اندازہ کر سکتا ہے؟ ہم یہاں چھوٹے موٹے زلزلوں کو وقوع پذیر ہوتے دیکھتے ہیں اور ان کی تباہ کاریوں سے چیخ اٹھتے ہیں۔ 1924ء کے زلزلہ جاپان میں 16 لاکھ نفوس ہلاک ہو گئے تھے اور 1935ء کے زلزلہ کوئٹہ میں 51000 اور ہماری قریبی تاریخ میں ایسے ہی کئی ہولناک زلزلے آ چکے ہیں۔ ہر زلزلہ ایک قیامت ہوتی ہے اس سے

بلندیاں پست اور پستیاں بلند ہوجاتی ہیں۔ دریاؤں کے رخ مڑ جاتے ہیں، کئی جزیرے ڈوب جاتے ہیں اور کئی نئے نکل آتے ہیں۔ بعض زلزلوں سے پہاڑ پھٹ جاتے ہیں اور ان سے ابلتے ہوئے لاوے کا ایک دریا بہہ نکلتا ہے اور انسان ان حادثات کے مقابلے میں اس قدر بے بس ہے کہ وہ آج تک انھیں روکنے کی کوئی سبیل نہیں سوچ سکا اور اسے یقین ہے کہ زمین کا مالک زمین کو تباہ کرنے پر پوری طرح قادر ہے۔ علماء زمین شناس کا نظریہ، یہ ہے کہ آج سے لاکھوں سال پہلے جب زمین سورج سے الگ ہوئی تھی تو اس کا درجہ حرارت، حرارتِ سورج کے برابر تھا۔ یہ حرارت آج بھی بطن زمین میں موجود ہے اور لاوے کا درجہ حرارت وہی ہے جو آغاز میں زمین کا تھا۔ یعنی بارہ ہزار فارن ہائیٹ۔ اب اگر کسی زلزلے سے سارا لاوا باہر آ جائے تو سطح زمین ایک کھولتے ہوئے جہنم میں بدل جائے۔ اس سے آپ اندازہ کرسکتے ہیں کہ زمین کی تباہی کے لیے اس کو پیدا کرنے والے نے کس قدر امکانات پیدا کر رکھے ہیں اور جہاں تک فضا، خلا اور آسمانوں کا تعلق ہے اس کی تباہی کوئی ایسی بات نہیں جو سمجھ میں نہ آنے والی ہو۔ خلاء میں کروڑوں بلین ستارے حیرت انگیز رفتار سے محو پرواز ہیں۔ ان میں سے بعض زمین سے دس گنا اور بعض ایک کروڑ گنا بڑے ہیں۔ ان کا نظام پرواز اتنا مکمل ہے کہ آج تک کوئی ستارہ دوسرے سے متصادم نہیں ہوا۔ لیکن

سوال یہ ہے کہ کیا وہ طاقت جس نے ان ستاروں کو بنایا اور پھر ان کی راہیں متعین کیں اس بات پر قادر نہیں کہ انھیں باہم ٹکرا دے اور سب کچھ تباہ کر دے؟ سائنس دان کہتے ہیں کہ نظام عالم کی پوری گاڑی جس انجن سے چل رہی ہے وہ گرم آفتاب ہے۔ جس کی گرمی روز بروز کم ہوتی جا رہی ہے۔ اب سائنس دانوں نے اندازہ لگانا شروع کر دیا ہے کہ اس بات کا امکان ہے کہ ایک دن ایسا آئے گا جب یہ انجن بالکل ٹھنڈا ہو جائے گا اور ساری گاڑی ٹوٹ پھوٹ جائے گی اور یہ بات بھی سائنسدان کہتے ہیں کہ یہ پورا نظام کائنات کشش ثقل کے ستون پر قائم ہے اور یہ کشش ثقل بھی روز بروز مدھم پڑتی جا رہی ہے۔ چنانچہ ایک دن آئے گا کہ تمام کرّے ایک دوسرے کے قریب ہو کر ٹکرا جائیں گے اور یہ تصادم ان کو چور چور کر دے گا۔

یہ تو وہ حقائق ہیں جن کی بنیاد بہر حال مستقبل کے اندازوں پر ہے۔ لیکن یہ بات تو امر واقعہ ہے کہ خود انسان کیسے کیسے تباہ کن آلات پیدا کر چکا ہے کہ ان کی تباہی خود انسان کے ہاتھوں کوئی دور نظر نہیں آتی۔ انہی ایجادات میں جوہری بم کی ایجاد بھی شامل ہے۔ لارڈ برٹرینڈ رسل نے اسی کے اندر دنیا کی مکمل تباہی دیکھ لی تھی۔ انھوں نے 1848ء کے موسم سرما میں بی بی سی ریڈیو سے تقریر نشر کرتے ہوئے کہا تھا کہ اگر جوہری بم زیادہ تعداد میں پھینکے گئے (اور زمین پر جنگوں کا سلسلہ جاری رہا تو ظاہر ہے کہ

پھینکے جائیں گے) تو بعض ماہرین طبیعات کا خیال یہ ہے (اوران کی رائے واجب احترام ہے) کہ یہ بم تابکار پیدا کریں گے۔ جو ہوا سے گھل مل کر اڑتے اور ادھر سے ادھر گزرتے ہوئے زندگی کی ہر صورت کو ختم کر دیں گے اور چند سال بعد ہماری زمین انسانوں، جانوروں اور پودوں سے بالکل خالی ہو جائے گی۔ انھی برٹرینڈ رسل نے (مذہب اور سائنس) میں ایک قدم آگے بڑھایا اور لکھا کہ وہ قوانین جو ترقی کا باعث ہوتے ہیں تنزل کا سبب بھی بن جاتے ہیں۔ ایک دن سورج سرد پڑ جائے گا۔ زمین پر حیوانی اور نباتاتی زندگی کی پوری تاریخ کچھ بہت گرم اور بہت سرد زمانوں کے بیچ کا واقعہ ہے۔ مسلسل ارتقاء کوئی کلیہ نہیں بلکہ تنزل اور ترقی کا پنڈولم ادھر ادھر حرکت کر رہا ہے جس میں بلاشبہ کائناتی قوتوں کے انتشار کی وجہ سے نیچے کی طرف ایک خفیف سا رجحان پایا جاتا ہے۔

نفخہ ثانیہ کے بعد کی کیفیت اور اس کے دلائل

دوسری مرتبہ صور اسرافیل پھونکے جانے کے بعد زندگی وجود میں آئے گی۔ لوگ اپنی اپنی قبروں سے اٹھیں گے اور اللہ کے اذن اور حکم سے میدان حشر کی طرف چل پڑیں گے۔ وہاں ان کے ہاتھوں میں ان کا نامہ اعمال دیا جائے گا۔ عقل کے پرستاروں کو

جس طرح کائنات پر ایک ہمہ گیر موت کے طاری ہونے پر اعتراض ہے اسی طرح اس کے دوبارہ زندہ ہونے پر اور پھر نامہ اعمال میزان اور حساب کتاب پر بھی اعتراض ہے۔ ظاہر ہے کہ ان کے ان اعتراضات کی وجہ یہ نہیں ہے کہ علمی طور پر ان کے غلط ہونے کی کوئی دلیل ان کے ہاتھ آگئی ہے۔ بلکہ اس انکار کی وجہ سراسر بے علمی اور جہالت ہے۔

قرآن کریم کہتا ہے :

بَلْ كَذَّبُوْا بِمَا لَمْ يُحِيْطُوْا بِعِلْمِهٖ (یونس: 10 ۔ 39)

"انھوں نے صرف اس لیے اس حقیقت کو جھٹلایا کہ ان کا علم اس کا احاطہ نہ کر سکا۔"

اگر کسی چیز کا علم نہ ہونا اس چیز کے وجود پر انکار کی دلیل ہو سکتا ہے تو پھر اس انکار کی بھی کوئی علمی توجیہ ممکن ہے۔ لیکن اگر ایسا نہیں ہے تو قرآن کریم کہتا ہے کہ اس وقت کا انتظار کرنا چاہیے، جب تمہاری آنکھوں سے حجابات اٹھا لیے جائیں گے اور ہر حقیقت تمہارے سامنے جلوہ گر ہو جائے گی اور کوئی راز، راز نہ رہے گا۔ سورۃ الکہف میں فرمایا :

وَنُفِخَ فِي الصُّوْرِ ط ذٰلِكَ يَوْمُ الْوَعِيْدِ۔ وَجَآءَتْ كُلُّ نَفْسٍ مَّعَهَا سَآئِقٌ وَّ شَهِيْدٌ۔
لَقَدْ كُنْتَ فِيْ غَفْلَةٍ مِّنْ هٰذَا فَكَشَفْنَا عَنْكَ غِطَآءَكَ فَبَصَرُكَ الْيَوْمَ حَدِيْدٌ۔
(الکہف 18: 20۔ 22)

''وہ صور پھونک دیا گیا، وہ وعدے کا دن طلوع ہو گیا۔ ہر فرد محشر میں اس حال میں آئے گا کہ اس کے ہمراہ ہانکنے والا ہوگا اور ایک گواہ بھی۔ تم اس صورتحال سے بیخبر تھے سو آج ہم نے تمام حجابات اٹھا دیئے اور اب تمہاری نگاہ بہت تیز ہو گئی''۔

نگاہ کی اس تیزی کا انتظار کرنا چاہیے۔ تاہم اگر غیر جانبداری سے غور کیا جائے اور علمی حدود کو ملحوظ خاطر رکھا جائے تو آج بھی بیشمار شواہد ایسے ہیں جو قیامت کے ایک ایک مرحلہ کی دلیل ہیں۔ ہم نہایت اختصار سے چند دلائل ذکر کرتے ہیں۔

ا۔ مثلاً جو لوگ اللہ کی ذات اور اس کی صفات کے قائل ہیں وہ اس بات کا انکار نہیں کر سکتے کہ اللہ کی ایک صفت ہر چیز پر قادر ہونا ہے۔ یعنی وہ قدرت کاملہ کا مالک ہے۔ اب جو آدمی اللہ تعالیٰ کی قدرت کاملہ کا یقین رکھتا ہے اور یہ بھی مانتا ہے کہ اسی نے اس کائنات کو اور اس کی ایک ایک مخلوق کو پیدا فرمایا ہے تو اس کے لیے اس بات کو ماننے میں کوئی دقت نہیں ہونی چاہیے کہ جو اس کائنات کا خالق ہے آخر وہ اس کو ہلاک کرنے اور پھر زندہ کرنے پر قادر کیوں نہیں؟

سورۃ نازعات آیت 27 تا 33 میں فرمایا: ''کیا تمہاری تخلیق مشکل ہے یا آسمان کی؟ اللہ نے آسمان کو پیدا کیا اور اس نے چھت کو بلند کرنے کے بعد اس کو استحکام بخشا۔ رات کو تاریک اور دن کو روشن بنایا۔ اس کے بعد زمین کو بچھایا، ان میں سے پانی نکالا، چارہ پیدا کیا اور پہاڑوں کو اس پر کھڑا کر دیا۔ یہ سب کچھ تمہارے اور تمہارے مویشیوں کے لیے متاع ہے۔ یعنی جو خالق و مالک ان تمام باتوں پر قدرت رکھتا ہے آخر وہ تمہاری ہمہ گیر موت اور دوبارہ زندگی پر قدرت کیوں نہیں رکھتا؟

سورۃ بنی اسرائیل میں فرمایا:

وَقَالُوْٓا ءَاِذَا كُنَّا عِظَامًا وَّرُفَاتًا ءَ اِنَّا لَمَبْعُوْثُوْنَ خَلْقًا جَدِيْدًا۔ (بنی اسرائیل 17: 49)

''اور وہ بولے کہ جب ہم ہڈی اور چورا ہو جائیں گے تو پھر کیسے از سر نو زندہ کیے جائیں گے۔ ''کیا یہ نہیں دیکھتے کہ وہ اللہ جس نے آسمانوں اور زمین کو بنایا وہ ان جیسے لوگوں کو دوبارہ بھی بنا سکتا ہے۔

سورۃ روم میں فرمایا کہ خدا وہی ہے جو خلق کو آغاز کرتا ہے، پھر اس کو دوبارہ خلق کرے گا اور یہ دوبارہ خلق کرنا اس کے لیے آسان ہے۔ (روم 30 : 27)

سورۃ یٰس میں فرمایا:

قَالَ مَنْ یُّحْیِ الْعِظَامَ وَھِیَ رَمِیْمٌ۔ قُلْ یُحْیِیْھَا الَّذِیْٓ اَنْشَاَھَآ اَوَّلَ مَرَّۃٍ۔ ط (یٰسٓ 36: 8۔ 79)

(وہ بولے کون ان کھوکھلی وسڑی ہڈیوں کو زندہ کرے گا، آپ کہہ دیجئے وہی جس نے پہلی دفعہ ان کو بنایا)

سورۃ قیامہ میں ارشاد فرمایا:

ایحسب الانسان ان لن نجمع عظامہ بلی قادرین علی ان نسوی بنانہ (75: 3۔ 4)

"کیا انسان کا خیال یہ ہے کہ ہم اس کی ہڈیوں کو پھر جمع نہ کر سکیں گے۔ ہم تو اس بات پر بھی قادر ہیں کہ چھوٹی ہڈیوں، ریشوں اور رگوں سے اس کی انگلیوں کے پورے بنا ڈالیں"۔

یعنی جس پروردگار نے چھوٹی ہڈیوں، ریشوں اور رگوں سے ایسے پوروں کو ترتیب دیا ہے کہ جو آج بھی دستاویزی ثبوت کے طور پر استعمال ہوتے ہیں۔ اربوں کھربوں انسانوں کی تخلیق کے باوجود کسی ایک انسان کے انگوٹھے کا نشان دوسرے انسان سے نہیں ملتا۔ جو خالق کائنات اس بات پر قادر ہے کیا وہ تمہیں دوبارہ زندہ کرنے پر قادر نہیں ہے؟

۲۔ پروردگار کی صفات کو ماننے والے اس کی صفت عدل کو بھی تسلیم کرتے ہیں۔ عدل کا ایک معنی ہے تلافی مافات۔ یعنی نقصان کو پورا کرنا۔ اس عدل کے بیشمار مناظر ہمارے سامنے ہیں۔ جب ہم کسی درخت کی شاخوں کو کاٹ دیتے ہیں تو نئی شاخیں ان کی جگہ لے لیتی ہیں۔ جب ہم کسی جنگل کا کوئی قطعہ درختوں سے صاف کر دیتے ہیں تو وہاں نئے پودے اور بوٹیاں اگ آتی ہیں۔ جب تلوار وغیرہ سے کسی حصہ جسم کا گوشت کٹ جاتا ہے تو قدرت نیا گوشت دے دیتی ہے۔ ہم کنویں سے کتنا ہی پانی نکالیں زمین کی رگوں سے اتنا ہی پانی اس میں آ جاتا ہے۔ یہ حقیقت عدل جو حیات کی ہر سطح میں پائی جاتی ہے اور جس پر ارض و سما کا نظام قائم ہے۔ اس عدل کا تقاضا ہے کہ جب ہم سے یہ دنیا چھن جائے تو ہمیں ایک اور ایسی دنیا ملنی چاہیے جہاں اس زندگی کی تمام ناانصافیوں کی تلافی ہو۔ اس لحاظ سے جب ہم دیکھتے ہیں کہ اس دنیا میں جو لوگ انسانیت کے سب سے بڑے محسن رہے ہیں ان میں انبیا بھی ہیں اور مصلحین امت بھی۔ وہ سب سے زیادہ ستائے گئے۔ انھوں نے انسان کو راہ راست دکھانے اور پنجہ استبداد سے چھڑانے کے لیے بے اندازہ مصائب اٹھائے۔ لیکن اس کے بدلے میں جن پر انھوں نے احسان کیا ان کی طرف سے انھیں کیا ملا؟ کوئی

سپرددار ہوا اور کوئی سپر دنار۔ کسی کو قتل کیا گیا تو کسی کو زندہ دیوار میں چن دیا گیا۔ انھیں اس زندگی میں سوائے مصیبتوں اور تکلیفوں کے کچھ نہیں ملا۔ بقول شاعر

زمانہ یونہی اپنے محسنوں کو تنگ کرتا ہے

وہ درس صلح دیتے ہیں یہ ان سے جنگ کرتا ہے

اوران کے مقابلے میں وہ لوگ جنھوں نے انسانیت کو تباہ و برباد کرنے میں کوئی کسر نہ چھوڑی وہ دنیا میں ظلم واستبداد کی علامت بن کر رہے اور جنھوں نے خالق کائنات کے مقابلے میں اپنی ربوبیت کا صور پھونکا۔ وہ ہمیشہ عیش و عشرت کی زندگی گزارتے اور زندگی کی نعمتوں سے فیضیاب ہوتے رہے۔ آپ نے پڑھا ہوگا کہ جب چنگیز کے پوتے ہلاکو خان نے 1258ء میں بغداد پر حملہ کیا تھا تو وہاں سات دن میں 19 لاکھ شہری موت کے گھاٹ اتار دیئے گئے تھے۔ سوال یہ ہے کہ ہلاکو اور اسی نوع کے دیگر قزاقوں اور قاتلوں کو ان جرائم کی سزا کیا ملی؟ اسی طرح ہم دیکھتے ہیں کہ ایک بیوہ کا اکلوتا بیٹا جو اس کے بڑھاپے کا سہارا تھا کسی قاتل کی گولی کا شکار ہو جاتا ہے۔ وہ باقی زندگی پولیس کے چکر کاٹتی، دربدر ٹھوکریں کھاتی اور شب و روز آنسو بہاتی گزار دیتی ہے۔ اولاً تو اس کے قاتل پکڑے نہیں جاتے اور پکڑے بھی جائیں تو انھیں سزا نہیں ملتی۔ وہ رات دن یہ کہہ کہہ کر تختِ الٰہی کو ہلاتی رہتی ہے۔ ے

تو قادر و عادل ہے مگر تیرے جہاں میں
ہیں تلخ بہت بندہ مظلوم کے اوقات

اور پھر کتنے لوگ ایسے ہیں جو تخت اقتدار پر بیٹھ کر لاکھوں آدمیوں کی محرومیوں کا باعث بنتے ہیں یا ان کے قتل کا سبب ٹھہرتے ہیں اور کتنے ایسے تخریب کار ہیں جو گاڑی کی پٹڑی اکھاڑ کر یا بم پھینک کر سینکڑوں اور ہزاروں آدمیوں کو لقمۂ اجل بنا دیتے ہیں۔ اولاً توان کو سزا نہیں ملتی اور اگر ملتی بھی ہے تو ان کی ایک جان سینکڑوں اور ہزاروں جانوں کا عوض تو نہیں بن سکتی۔ ایک جان تو ایک جان کا بدلہ ہو سکتی ہے، باقیوں کا بدلہ کون دے گا؟ اگر اللہ عادل ہے اور عدل اس کی صفت ہے تو اسی صفت عدل کا تقاضا ہے کہ ایسی دنیا ہونی چاہیے اور ایک ایسی عدالت قائم ہونی چاہیے جہاں انسانیت کے محسنوں اور قاتلوں کو اپنے اپنے کیے کا بدلہ ملے۔ محسن لافانی مسرتوں سے ہمکنار ہوں اور مجرم قہر و عذاب کا شکار ہوں۔

۳۔ امریکہ کے مشہور فلسفی ولیم جیمز آغاز میں آخرت کے منکر تھے۔ لیکن بڑھاپے میں معتقد ہو گئے۔ دلیل یہ دی کہ انسان بڑھاپے میں علم و دانش کی بلندیوں پر پہنچ جاتا ہے اور ایک نیا شعور حاصل کر لیتا ہے۔ اللہ ان باکمال لوگوں پر زندگی کا دروازہ بند نہیں کرے گا۔ ایسی اقالیم ہونی چاہئیں جہاں یہ اپنی صلاحیتوں کو کام میں لا کر نئی بلندیوں کو

سر کر سکیں۔ یہ بلندیاں اس خفیہ براعظم میں ہیں جو ہمارے حاشیہ خیال سے پرے واقع ہے۔ انسان میں بقا کی آرزو فطری ہے۔ اس مقصد کے لیے کوئی کتابیں لکھتا ہے، کوئی عمارات اور تصاویر بناتا ہے کوئی عبادت کرتا ہے اور کوئی گیت تراشتا ہے۔ کائنات میں بے اندازہ معقولیت ہے۔ اس لیے یہ سمجھنا کہ موت کی ایک پھونک سے شمع حیات گل ہو جائے گی یا انسان چند جملے بول کر ہمیشہ کے لیے خاموش ہو جائے گا۔ بہت نامعقول سی بات ہے۔

۴۔ ہم ہر روز اپنی آنکھوں کے سامنے دیکھتے ہیں کہ موسم گرما یا موسم سرما میں اگر بارش برسنے میں دیر ہو جائے تو ایسے لگتا ہے کہ ہر چیز اپنی موت آپ مر گئی۔ زمین سبزے سے محروم ہو جاتی ہے جوہڑوں میں پلنے والی مخلوق یعنی مینڈک وغیرہ ختم ہو جاتے ہیں۔ زمین پر اٹھتی ہوئی دھول اس وقت موت کی غماز بن جاتی ہے۔ پھر اچانک ہم دیکھتے ہیں کہ گھٹا اٹھتی ہے برستی ہے اور دیکھتے ہی دیکھتے زمین سبز مخمل کی وردی پہن لیتی ہے۔ صاف نظر آتا ہے کہ زندگی از سر نو وجود میں آئی ہے اور مردہ زمین زندہ ہو گئی ہے۔ تو جو پروردگار مردہ زمین کو بارش کے چند چھینٹوں سے نئی زندگی عطا فرما سکتا ہے وہ انسانوں کو دوبارہ زندہ کیوں نہیں کر سکتا؟ یہی بات سورۃ فاطر آیت نمبر 9 میں فرمائی گئی:

وَ اللّٰہُ الَّذِیْٓ اَرْسَلَ الرِّیٰحَ فَتُثِیْرُ سَحَابًا فَسُقْنٰہُ اِلٰی بَلَدٍ مَّیِّتٍ فَاَحْیَیْنَا بِہِ الْاَرْضَ بَعْدَ مَوْتِہَا ط کَذٰلِکَ النُّشُوْرُ۔ (25۔ 9)

''اللہ وہ ہے جو ہواؤں کو بھیج کر پہلے بادل بناتا ہے اور پھر ہانک کر کسی مردہ بستی کی طرف لے جاتا ہے پھر ہم مردہ زمین کو اس سے زندہ کرتے ہیں اور قیامت کے دن مردے بھی اسی طرح زندہ ہوں گے۔''

۵۔ کائنات کی سب سے بڑی حقیقت تغیر اور اختلاف حالات ہے۔ کوئی چیز یہاں ایک حالت پر قائم نہیں رہتی۔ مسلسل ارتقاء یا مسلسل تنزل یہاں کی حقیقت نہیں۔ عروج اور زوال دو ایسی حقیقتیں ہیں جن کی افراد اور قوموں میں ہمیشہ رونمائی ہوتی رہتی ہے۔ موسم بدلتے ہیں، صبح و شام میں تبدیلی آتی ہے۔ یہ سب اس بات پر دلالت کرتے ہیں کہ یہاں قرار کسی چیز کو نہیں، بلکہ ثبات اور قرار اگر کسی کو ہے تو بقول شاعر:

ثبات اک تغیر کو ہے زمانے میں

یہ تغیر اور عدم ثبات دراصل اس بات کی دلیل ہے کہ ثابت اور قائم رہنے والی ذات صرف ایک ہے، جس کی صفت الحیِ اور القیوم ہے۔ وہ ہمیشہ سے ہے اور ہمیشہ رہے گی، اسی کی ذات کو دوام اور ثبات ہے۔ باقی ہر چیز اس کی ذات اور اس کے

قانون کی گرفت میں ہے اس کا قانون یہ ہے کہ وہ ہر دم چیزوں کو، افراد کو اور قوموں کو تغیر کا شکار کرتا رہتا ہے۔

اگر یہ واقعی ایک حقیقت ہے تو پھر یہ کیسے ممکن ہے کہ کائنات کی یہ زندگی ہمیشہ کے لیے رہے اور پھر جب اس زندگی پر موت کا پردہ چھا جائے تو یہ پردہ کبھی تار تار نہ ہو، یعنی یہاں نہ تو زندگی کو ثبات ہے اور نہ موت کو ثبات ہوگا۔ جس طرح یہاں ہر صبح شام میں ڈھل جاتی ہے اسی طرح کوئی شام بھی دوام کا مقدر لے کر نہیں آئی بلکہ اللہ کے قانون کے مطابق ضرور صبح طلوع ہوتی ہے۔ اس لیے ہم یہ کہہ سکتے ہیں کہ جب اس صبح حیات پر موت کی رات طاری کر دی جائے گی تو پھر ایک ایسا وقت آئے گا جب پھر اس کی صبح طلوع ہوگی۔ کیونکہ اس زندہ اور قائم رہنے والی ذات کی اصل صفت زندگی ہے اور چونکہ روح اس کا امر ہے اس لیے کوئی وجہ نہیں کہ اس روح کو ہمیشہ کی زندگی نصیب نہ ہو اور یہ زندگی چونکہ قیامت کے بعد ہوگی اس لیے اس کا لازمی تقاضا ہے کہ قیامت بھی ضرور برپا ہو۔ یہی بات اقبال کہتے ہیں ؂

جوہرِ انساں عدم سے آشنا ہوتا نہیں
آنکھ سے غائب تو ہوتا ہے فنا ہوتا نہیں
یہ اگر آئینِ ہستی ہے کہ ہو ہر شام صبح

مرقدِ انساں کی شب کا کیوں نہ ہو انجام صبح

۶۔ اگر مزید غور کیا جائے تو خود انسان کا جسم اس بات کی دلیل ہے کہ قیامت ایک حقیقت ہے۔ کیونکہ قیامت صغریٰ یعنی موت و حیات کی کشمکش اور حشر و نشر خود انسان کے جسم کے اندر برپا رہتا ہے۔ میڈیکل سائنس کہتی ہے کہ انسانی جسم کے ترکیبی اجزاء کو خلیہ (سیل) کہتے ہیں۔ ایک اوسط درجے کا جسم اندازاً 26 ارب ملین خلیوں کا مجموعہ ہوتا ہے۔ ورزش، محنت اور مطالعہ سے یہ خلیے ٹوٹتے اور ان کی جگہ نئے خلیے بنتے رہتے ہیں۔ ماہرین ابدان کا اندازہ یہ ہے کہ ہر سات سال کے بعد جسم کی مکمل تجدید ہو جاتی ہے۔ پرانے خلیے مر جاتے ہیں اور ان کی جگہ اور نئے خلیے لے لیتے ہیں۔ جو شخص یہاں عمر کے ستر سال گزارتا ہے وہ گویا دس مرتبہ مر چکا ہوتا ہے۔ لیکن موت کے ان مسلسل حملوں کے باوجود وہ زندہ رہتا ہے۔ کیا یہ ممکن نہیں کہ موت کے اخری حملے کے بعد بھی وہ زندہ رہے۔

موت تجدید مذاق زندگی کا نام ہے

خواب کے پردے میں بیداری کا اک پیغام ہے

۷۔ قرآن کریم نے بعض ایسی تاریخی شہادتیں بیان فرمائی ہیں جو ''بعث بعد الموت'' یعنی دوبارہ جی اٹھنے پر مضبوط دلائل فراہم کرتی ہیں اور پھر یہ واقعات ایسے ہیں کہ تمام

آسمانی مذاہب اس کی تصدیق بھی کرتے ہیں۔ حضرت عزیزؑ جو بنی اسرائیل کے ایک جلیل القدر نبی گزرے ہیں بلکہ بنی اسرائیل کی تباہی اور تورات کے جلائے جانے کے بعد انھوں نے تجدید و احیائے دین کا زبردست کارنامہ انجام دیا۔ ان کے بارے میں قرآن کریم سورۃ البقرہ آیت نمبر 258 میں بتاتا ہے کہ حضرت عزیزؑ کا گزر ایک ایسی بستی پر ہوا جو مکمل تباہ ہو چکی تھی۔ انھوں نے اسے دیکھ کر (شاید دل میں) کہا یہ آبادی جو ہلاک ہو چکی ہے، اسے اللہ تعالیٰ کس طرح دوبارہ زندگی بخشے گا؟ اس پر اللہ نے ان کی روح قبض کر لی اور وہ سو برس تک مردہ پڑے رہے پھر اللہ نے انھیں دوبارہ زندگی بخشی اور ان سے پوچھا کہ کتنی مدت یہاں پڑے رہے ہو؟ انھوں نے کہا کہ ایک دن یا چند گھنٹے رہا ہوں گا۔ پروردگار نے فرمایا تم پر سو برس اسی حالت میں گزر چکے ہیں۔ اب ذرا اپنے کھانے اور پانی کو دیکھو کہ اس میں ذرا تغیر نہیں آیا اور اپنے گدھے کو بھی دیکھو (جس پر وہ سوار ہو کر آئے تھے۔ کہ اس کا پنجر تک بوسیدہ ہو گیا ہے) اور یہ ہم نے اس لیے کیا ہے کہ ہم تمہیں لوگوں کے لیے ایک نشانی بنا دینا چاہتے ہیں۔ پھر دیکھو کہ ہڈیوں کے اس پنجر پر ہم کس طرح گوشت پوست چڑھاتے ہیں۔ اس طرح جب حقیقت ان کے سامنے بالکل نمایاں ہو گئی تو انھوں نے کہا میں جانتا ہوں کہ اللہ ہر چیز پر قدرت رکھتا ہے۔ یعنی اس طرح حضرت عزیزؑ کو زندگی اور موت کے مرحلے

سے گزار کے آنے والی دنیا کے لیے ایک نشانی بنا دیا گیا اور یہ واضح کر دیا گیا کہ میری قدرت کے سامنے یہ بات کوئی مشکل نہیں کہ ایک جیتے جاگتے انسان کو اچانک موت دے دوں اور پھر سو برس کے بعد اسے زندہ کر دوں اور اس سو سال کے عرصہ میں اس کے کھانے پانی کو باسی تک نہ ہونے دوں اور اس کے گدھے کی ہڈی ہڈی الگ کر دوں اور پھر دوبارہ اس پر گوشت پوست چڑھا کر اس کو جیتا جاگتا اٹھا کھڑا کروں۔ یہ سب میری قدرت کے کرشمے ہیں۔ اس سے تم اندازہ کر سکتے ہیں کہ تمہیں مارنے اور پھر دوبارہ زندہ کرنے پر پروردگار ہر طرح قادر ہے۔

اسی طرح البقرۃ آیت نمبر 26 میں حضرت ابراہیمؑ کا واقعہ بیان کیا کہ جب ابراہیمؑ نے پوچھا کہ پروردگار مجھے دکھا دے کہ تو مردوں کو کیسے زندہ کرتا ہے؟ تو اس پر پروردگار نے حکم دیا کہ تم چار پرندے لے لو اور ان کو اپنے سے مانوس کر لو۔ پھر ان کے اجزاء کاٹ کر ان کا ایک ایک جزو ایک ایک پہاڑ پر رکھ دو۔ پھر ان کو پکارو وہ تمہارے پاس دوڑے چلے آئیں گے۔ اور جب ایسا ہو جائے تو خوب جان لو کہ اللہ نہایت غالب اور حکمت والا ہے۔ یعنی اس دنیا میں رہتے ہوئے ہمارے لیے ممکن تو نہیں ہے کہ زندگی اور موت کا راز پا لیں۔ لیکن ان واقعات سے صرف یہ بتلانا مقصود ہے کہ اللہ ہر

چیز پر غالب ہے اور وہ اپنی حکمت و دانش کے مطابق زندگی اور موت کے فیصلے کرتا ہے۔

اس طرح قرآن کریم میں سورۃ الکھف میں چند نوجوانوں کا ذکر کیا گیا ہے جو تاریخ میں اصحابِ کہف کے نام سے مشہور ہیں جو کہ تقریباً تین صدیوں تک غار میں سوئے رہے۔ پھر انھیں نیند سے جگایا گیا لوگوں سے ملے پورے شہر کے لوگ اکٹھے ہو کر انھیں دیکھنے آئے۔ شہر کے حکمران نے ان سے ملاقات کی، پھر وہ اپنے غار میں جا کر سو گئے اور بعد والوں نے یادگار کے طور پر غار کے دھانے پر ایک مسجد تعمیر کر دی اور مورخین کی شہادت کے مطابق آج بھی ان کے آثار زندہ ہیں۔ نئی تحقیق کے مطابق اردن میں عمان شہر کے قریب ایک پہاڑ پر یہ غار دریافت ہو گیا ہے۔ یہ غار عمان شہر سے سات کلومیٹر جنوب میں واقع ہے اور اردن کی مرکزی شاہراہ جو عقبہ سے عمان تک گئی ہے اس سے اس کا فاصلہ تین کلومیٹر ہے۔

یہ حیرت انگیز واقعہ بجائے خود اس بات کی کتنی بڑی دلیل ہے کہ اللہ تعالیٰ اسباب کی اس دنیا میں اگر چاہے تو بغیر کسی سبب کے چند نوجوانوں کو صدیوں تک سلائے رکھ سکتا ہے اور پھر انھیں زندہ اٹھا کر لوگوں پر حجت تمام کر سکتا ہے اور یہ پورا واقعہ اسی شہر میں پیش آیا تھا جس شہر کے رہنے والے دوبارہ اٹھنے یا نہ اٹھنے یعنی قیامت کے

حق و باطل ہونے میں بری طرح جھگڑ رہے تھے اور اللہ تعالیٰ نے اس طریقے سے قیامت کے برحق ہونے کی پر ان پر ایک حجت تمام کر دی اور قرآن کریم نے اسے بیان فرما کر قیامت تک آنے والوں کے لیے قیامت کے سمجھنے کو آسان کر دیا۔

قرآن کریم کہتا ہے :

وَكَذٰلِكَ اَعْثَرْنَا عَلَيْهِمْ لِيَعْلَمُوْٓا اَنَّ وَعْدَ اللّٰهِ حَقٌّ وَّاَنَّ السَّاعَةَ لَا رَيْبَ فِيْهَا ج

(الکہف: 18۔ 12)

''اس واقعہ اصحاب کہف سے ہم نے انھیں صرف اس لیے آگاہ کیا تاکہ وہ جان لیں کہ اللہ کا وعدہ حق ہے اور قیامت کے آنے میں کوئی شبہ نہیں۔''

ا۔ قیامت کے وقوع پر اگر ہم ایک اور حوالے سے غور کریں تو پھر قیامت کے وجود کو تسلیم کرنا نہ صرف مذہبی فریضہ ٹھہرتا ہے، بلکہ عقل اور اخلاق کا تقاضا بھی بن جاتا ہے۔ کیونکہ انسان کی اجتماعی زندگی میں حسن عمل کا سرمایہ یا اخلاقی زندگی کا بیش بہا خزانہ صرف اس وقت تک موجود ہے اور رہے گا جب تک انسان میں ایک بات کا تصور زندہ رہے گا۔ وہ یہ کہ میں جو کچھ کر رہا ہوں یا جو کچھ کروں گا میرا ہر عمل اپنی مکافات بھی رکھتا ہے۔ جس طرح میں اس کائنات کا ایک حصہ ہوں، اسی طرح میرے اعمال بھی اس کائنات کے باقی حقائق کی طرح ان کا ایک حصہ ہیں۔ جس طرح اللہ کا قانون یہاں ہم کارفرما دیکھتے ہیں کہ ہر حالت کوئی نہ کوئی اثر رکھتی ہے اور ہر چیز کا

کوئی نہ کوئی خاصہ ہے۔ ممکن نہیں جہاں کوئی شے اپنا وجود رکھتی ہے وہ اثرات و نتائج کے سلسلہ سے باہر ہو۔ پس جس طرح خدا نے اجسام و مواد میں خواص و نتائج رکھے ہیں۔ یعنی آگ جلاتی ہے، پانی ٹھنڈک پیدا کرتا ہے، سنکھیا کھانے سے موت اور دودھ پینے سے طاقت آتی ہے۔ کونین سے بخار رک جاتا ہے۔ اسی طرح اعمال میں بھی خواص و نتائج ہیں اور جس طرح جسم انسانی کے قدرتی انفعالات ہیں اسی طرح روح انسانی کے لیے بھی قدرتی انفعالات ہیں۔ جسمانی موثرات جسم پر مرتب ہوتے ہیں اور معنوی موثرات میں روح متاثر ہوتی ہے۔ لیکن چونکہ ہم اجسام و مواد کے خواص و نتائج کو دیکھنے کے عادی ہو گئے ہیں تو ہمیں ان کے خواص و نتائج پر بھی شبہ نہیں ہوتا مثلاً ہم گیہوں بوتے ہیں تو ہمارے دل میں یہ خدشہ کبھی نہیں گزرتا کہ گیہوں پیدا نہ ہو گا اور اگر ہم سے کوئی کہے کہ ممکن ہے گیہوں کی جگہ جوار پیدا ہو جائے تو ہم اسے پاگل سمجھیں گے۔ اس لیے کہ فطرت کے قانون مکافات کا یقین ہماری طبیعت میں راسخ ہو چکا ہے اور ہمیں یہ کبھی وہم و گمان بھی نہیں گزرتا کہ فطرت گیہوں لے کر اس کے بدلے میں جوار دے گی۔ اتنا ہی نہیں بلکہ ہم یہ بھی ماننے کو تیار نہیں ہوتے کہ اچھی قسم کا گیہوں لے کر فطرت بری قسم کا گیہوں دے سکتی ہے۔ کیونکہ ہم جانتے ہیں کہ وہ بدلہ دینے میں قطعی اور شک و شبہ سے بالاتر ہے۔ لیکن اعمال کے قدرتی خواص و

نتائج جنھیں سزا و جزا سے تعبیر کیا گیا ہے یعنی اچھے اعمال کا نتیجہ اچھائی ہے، جس پر ثواب ملے گا اور برے اعمال کا نتیجہ برائی ہے، جس پر عذاب ملے گا اور پھر اچھے اعمال کے نتیجے میں اچھے اعمال برگ و بار لائیں گے تو انسانی معاشرت میں صحتمند توانائی بروئے کار آئے گی اور انسانی زندگی خوشحالی اور اعتدال سے ہم آہنگ ہوگی اور اگر برائی کریں گے تو اس کا نتیجہ برائی ہوگا اور اس کے رد عمل کے طور پر برائی پھیلے گی اور معاشرہ غیر صحت مند صورت حال کا شکار ہو کر تباہی اور بربادی کا راستہ اختیار کرے گا۔ یہ چیزیں چونکہ ہمیں آنکھ سے دکھائی نہیں دیتیں اور اس کے لیے گہرے غور و فکر کی ضرورت ہوتی ہے، اس لیے ہمیں ان باتوں کا یقین نہیں آتا۔ پروردگار ہمیں یہ بتاتا ہے کہ قیامت اصلاً ''یوم الدین'' ہے اور دین کا معنی ہے جزا اور سزا، بدلہ اور مکافات۔ یوم الدین کا معنی ہوگا ''جزا اور سزا اور بدلہ اور مکافات کا دن''۔ یعنی یہ دن ہم نے اس لیے رکھا ہے تاکہ تمہیں اس بات کا اندازہ ہو کہ تم دنیا میں اچھی زندگی گزارنے اچھائیوں کو سپورٹ کرنے، اچھائیوں کو فروغ دینے، اچھائیوں کو سربلند کرنے کے لیے بھیجے گئے ہو اور یہ تمہارے اعمال دنیا میں بھی اپنے اثرات و نتائج رکھتے ہیں۔ جس سے ایک صحت مند معاشرہ وجود میں آتا ہے اور آخرت میں انہی اعمال کے حوالے سے ہم تمہیں جزا و سزا دیں گے۔

نزول قرآن سے پہلے پیروان مذہب کا عالم گیر اعتقاد یہ تھا کہ جزا و سزا محض اللہ کی خوشنودی اور اس کے قہر و عذاب کا نتیجہ ہے۔ اعمال کے نتائج کا اس میں دخل نہیں۔ الوہیت اور شہنشاہیت کے تشابہ سے تمام مذاہب دیگر تصورات کی طرح اس معاملہ میں بھی گمراہی فکر کے مرتکب ہوئے تھے۔ لوگ دیکھتے تھے کہ ایک مطلق العنان بادشاہ کبھی خوش ہوکر انعام واکرام دینے لگتا ہے، کبھی بگڑکر سزائیں دینے لگتا ہے۔ اس لیے خیال کرتے تھے کہ خدا کا بھی ایسا ہی حال ہے۔ وہ کبھی ہم سے خوش ہوجاتا ہے کبھی غصہ و غضب میں آجاتا ہے۔ طرح طرح کی قربانیوں اورچڑھاووں کی رسم اسی اعتقاد سے پڑی لوگ دیوتاؤں کا جوش و غضب ٹھنڈا کرنے کے لیے قربانیاں کرتے اوران کی نظر التفات حاصل کرنے کے لیے نذریں چڑھاتے۔ لیکن قرآن کریم نے جزاء وسزا کا اعتقاد ایک دوسری ہی شکل و نوعیت کا پیش کیا ہے۔ وہ اسے خدا کا کوئی ایسا فعل قرار نہیں دیتا جو کائنات ہستی کے عام قانونی نظام سے الگ ہو۔ بلکہ اسی کا ایک قدرتی گوشہ قرار دیتا ہے۔ اب آپ اندازہ فرمایئے کہ اس حقیقت کو جو اوپر بیان کی گئی ہے اگر نظر انداز کردیا جائے اور جس کا نتیجہ بہ ہر صورت قیامت کا وجود ہے تو کیا دنیا میں نیکی اور بدی کا تصور امتیاز باقی رہ سکتا ہے پھر تو اچھائی اور برائی یکساں ہوجائیں گی اور نیک اور بد برابر ٹھہریں گے۔

اس کو قرآن کریم کہتا ہے :

اَمْ حَسِبَ الَّذِیْنَ اجْتَرَحُوْا السَّیِّاٰتِ اَنْ نَّجْعَلَهُمْ كَالَّذِیْنَ اٰمَنُوْا وَ عَمِلُو الصّٰلِحٰتِ لا سَوَآءً مَّحْیَاهُمْ وَ مَمَا تهُمْ ط سَآءَ مَا یَحْكُمُوْنَ۔ ع وَخَلَقَ اللّٰهُ السَّمٰوٰتِ وَالْاَرْضَ بِالْحَقِّ وَلِتُجْزٰی كُلُّ نَفْسٍم بِمَا كَسَبَتْ وَهُمْ لَا یُظْلَمُوْنَ۔ (الجاثیہ 45: 21۔22)

''جو لوگ برائیاں کرتے ہیں وہ سمجھتے ہیں ہم انھیں ایسے لوگوں جیسا کر دیں گے، جو ایمان رکھتے ہیں اور جن کے اعمال اچھے ہیں۔ دونوں برابر ہو جائیں گے۔ زندگی میں اور موت میں بھی؟ اگر ان لوگوں کی فہم و دانش کا یہی فیصلہ ہے تو افسوس ان کے اس فیصلے پر اور اللہ نے زمین اور آسمان کو بے کار اور عبث نہیں بنایا، بلکہ حکمت و مصلحت کے ساتھ بنایا ہے اور اس لیے بنایا ہے کہ ہر جان کو اس کی کمائی کے مطابق بدلہ ملے اور یہ بدلہ ٹھیک ملے گا، کسی پر ظلم نہیں کیا جائے گا۔''

یہ صحیح ہے کہ اسلامی زندگی کے برپا ہونے سے کسی حد تک دنیا میں بھی ایسا ہو گا۔ لیکن حقیقی جزا و سزا کی مکمل صورت صرف قیامت کی شکل میں وجود میں آئے گی۔ اسی حقیقت کی طرف اشارہ کرتے ہوئے قرآن کہتا ہے :

اِنَّ السَّاعَةَ اٰتِیَةٌ اَكَادُ اُخْفِیْهَا لِتُجْزٰی كُلُّ نَفْسٍ م بِمَا تَسْعٰی۔ (طٰہٰ: 20۔ 15)

"قیامت یقیناً آنے والی ہے میں نے اسے مخفی رکھا ہے تاکہ ہر نفس کو اس کی سعی و کاوش کا بدلہ دیا جائے۔"

مختصر یہ کہ جس طرح دنیا میں ہر چیز کی ایک خاصیت ہے اور جب وہ یہاں پر وجود پذیر ہوتی ہے تو اس کے ساتھ اس کے خواص و آثار بھی پیدا ہوتے ہیں۔ اسی طرح انسان کی اندرونی کیفیات و اعمال کے بھی کچھ آثار و لوازم ہیں، جو اس سے الگ نہیں ہو سکتے۔ غرور اور خاکساری، بخل اور فیاضی، انتقام اور عفو، شجاعت اور بزدلی، تقویٰ اور فسق، ایمان اور کفر، ہر ایک کا ایک نہ ایک اثر و نتیجہ ہے اور ہر ایک کے کچھ نہ کچھ خصائص و لوازم ہیں، جو اس سے کسی طرح الگ نہیں ہو سکتے۔ جس طرح سنکھیا سے سمیت، شکر سے مٹھاس اور آگ سے حرارت جدا نہیں ہو سکتی، اسی طرح ان معنوی روحانی اور نفسیاتی چیزوں میں بھی علت و معلول کا وہی لزوم ہے، جو جسمانی، مادی اور طبیعاتی اشیا میں ہے۔ اب کوئی وجہ نہیں کہ ہم جسمانی، مادی اور طبیعاتی اشیا کے علت و معلول کے رشتے کو جانیں اور اس پر یقین بھی کریں۔ لیکن قیامت جو اس کا منطقی نتیجہ اور عقلی تقاضا ہے اس کو سمجھنے سے انکار کر دیں اور اس پر اشتباہات وارد کریں۔

نفخ ثانیہ کے بعد کی تفصیلات

گزشتہ معروضات میں آپ نے قیامت کے احوال کی تفصیل اوراس کے واقع ہونے کے دلائل ملاحظہ فرمائے۔ اب میں چاہتا ہوں کہ قیامت کے دوسرے مرحلے کے وقوع پذیر ہونے کے بعد جب از سر نو زندگی کی ہما ہمی شروع ہوگی اس وقت کی کیفیت اوراس کی تفصیلات کا ذکر کروں۔ آپ نے یہ سنا ہو گا کہ انسان اپنی قبروں سے جسموں سمیت اٹھائے جائیں گے۔ اب سوال یہ ہے کہ کیا ان کے یہ جسم جن کے ساتھ وہ میدان حشر میں پہنچیں گے وہی ہوں گے، جو انھیں دنیا میں دیئے گئے تھے یا یہ اجسام اور ہوں گے؟ حقیقت یہ ہے کہ اجسام وہ نہیں ہوں گے، جو دنیا میں انھیں دیئے گئے تھے۔ بلکہ یہ اجسام ان کے اعمال کا ظل اور عکس ہوں گے۔ یعنی جیسے اعمال ہوں گے، ویسے ہی ان کو جسم عنایت ہوں گے۔ چنانچہ اس دنیا کے جسمانی رنگ کے لحاظ سے خواہ کوئی کالا ہو یا گورا مگر اس دنیا میں اس کا یہ کالا پن اور گورا پن اعمال کی سیاہی اور سفیدی کی صورت میں بدل جائے گا۔ قرآن کریم سورۃ عبس میں کہتا ہے:

وُجُوْهٌ يَّوْمَئِذٍمُّسْفِرَةٌ۔ لا ضَاحِكَةٌ مُّسْتَبْشِرَةٌ۔ ج وَوُجُوْهٌ يَّوْمَئِذٍ عَلَيْهَا غَبَرَةٌ۔ لا تَرْهَقُهَا قَتَرَةٌ۔ ط (عبس 80: 38۔ 41)

''کتنے چہرے اس دن روشن، ہنستے اور شاد ہوں گے اور کتنے چہروں پر کدورت ہوگی اوران پر سیاہی چھائی ہوگی۔''

سورۃ آل عمران آیت 11 میں فرمایا گیا :

يَّوْمَ تَبْيَضُّ وُجُوْهٌ وَّتَسْودُّ وُجُوْهٌ فَاَمَّا الَّذِيْنَ اسْوَدَّتْ وُجُوْهُمْ قف اَكْفَرْتُمْ بَعْدَ اِيْمَانِكُمْ فَذُوْقُوا الْعَذَابَ بِمَا كُنْتُمْ تَكْفُرُوْنَ۔ لا وَاَمَّا الَّذِيْنَ ابْيَضَّتْ وُجُوْهُهُمْ فَفِىْ رَحْمَةِ اللّٰهِ هُمْ فِيْهَا خٰلِدُوْنَ۔ (3: 106۔ 107)

''اس دن کتنے چہرے سفید ہوں گے اور کتنے کالے۔ لیکن جن کے چہرے کالے ہوئے (ان سے پوچھا جائے گا کیا تم وہ ہو جو ایمان کے بعد کافر ہو گئے تھے تو اپنے کفر کے بدلے عذاب کا مزا چکھو۔) جن کے چہرے سفید ہوئے وہ اللہ کی رحمت میں ہوں گے وہ اس میں ہمیشہ رہیں گے۔''

صحیح احادیث میں ہے کہ جنت میں سب لوگ جوان بن کر داخل ہوں گے ان کے جسم پر کبھی بڑھاپا نھیں آئے گا ان کا قد حضرت آدمؑ کے اولین بہشتی قد کے مطابق ہو گا۔ دوزخیوں میں سے کسی کا سر پہاڑ کے برابر ہو گا اور کسی کا ایک پہلو مفلوج ہو گا۔ کسی کے ہونٹ لٹکے ہوں گے، دل کے اندھے، آنکھوں کے اندھے بن کر اٹھیں گے۔ سزاؤں کے بعد جب ان کے جسم چور چور ہو جائیں گے تو پھر صحیح اور سالم نئے جسم نمودار ہوں گے اور پھر ان کی وہی کیفیت ہو گی یہ بھی حدیث میں آیا ہے کہ جو اپنے آپ کو بڑے سمجھتے ہیں وہ چیونٹی بن کر قیامت میں اٹھیں گے۔

ان تمام شواہد سے ظاہر ہوتا ہے کہ اس دنیا کے جسمانی قالب ہمارے اس دنیاوی جسم کے مطابق نہیں بلکہ ہمارے دنیاوی اعمال کے مطابق ہوں گے۔ اب انسانوں کو اس میدان میں لے جایا جائے گا جہاں اللہ کی عدالت ہوگی اور ان کے سامنے وہ مرحلہ درپیش ہوگا جس کے لیے قیامت برپا کی گئی یعنی ان کا حساب کتاب شروع ہوگا۔ نیک لوگ اپنے اچھے اعمال کی جزا پائیں گے اور برے لوگوں کو اپنے برے اعمال کی سزا ملے گی۔ اس حساب و کتاب کے سلسلہ میں جو باتیں قرآن و سنت سے واضح ہوتی ہیں ان میں سے پہلی بات یہ ہے کہ ہر آدمی کو اس کا نامہ عمل دیا جائے گا اور وہ نامہ عمل ایسا ہوگا جس میں کوئی چھوٹی بڑی بات چھوٹنے نہیں پائے گی بلکہ وہ اس کی زندگی کا روزنامچہ ہوگا جس میں ایک ایک لمحے کی تفصیل موجود ہوگی۔

قرآن کریم سورۃ کہف آیت چھ میں کہتا ہے :

وَوُضِعَ الْكِتٰبُ فَتَرَى الْمُجْرِمِيْنَ مُشْفِقِيْنَ مِمَّا فِيْهِ وَ يَقُوْلُوْنَ يٰوَيْلَتَنَا مَالِ هٰذَا الْكِتٰبِ لَا يُغَادِرُ صَغِيْرَةً وَّلَا كَبِيْرَةً اِلَّآ اَحْصٰهَا وَوَجَدُوْا مَاعَمِلُوْا حَاضِرًا ط وَلَا يَظْلِمُ رَبُّكَ اَحَدًا۔ ع (18۔ 49)

''اور نامہ اعمال رکھ دیا جائے گا پس تو گنہگاروں کو دیکھے گا کہ اس میں جو کچھ لکھا ہوگا اس سے وہ ڈر رہے ہوں گے اور کہیں گے کہ ہائے افسوس اس نامہ اعمال کو کیا ہے کہ

چھوٹی بڑی بات تک نہیں چھوڑتا۔ بلکہ اس کو شمار کرتا ہے اور جو کچھ انھوں نے زندگی میں کیا اس کو وہ سامنے پائیں گے اور تیرا پروردگار کسی پر ظلم نہیں کرے گا۔''

نامہ اعمال کی نوعیت

اب سوال پیدا ہوتا ہے کہ یہ نامہ عمل کیا ہے اور یہ کیسے ممکن ہے کہ زندگی میں گزارا ہوا ایک ایک لمحہ اپنی تفصیل سمیت زندہ رہے اور قیامت کے دن ہر آدمی کے حق میں یا اس کے خلاف پیش کیا جائے۔ اس کے بارے میں چند باتیں بالکل واضح ہیں۔

ا۔ ہمیں قرآن کریم یہ بتاتا ہے کہ انسان کی زبان سے جب کوئی لفظ نکلتا ہے یا جب وہ کوئی عمل کرتا ہے خواہ یہ قول یا عمل کتنا ہی تنہائی میں وقوع پذیر کیوں نہ ہوا ہو اللہ کے مقرر کردہ فرشتے ہر وقت موجود ہوتے ہیں جو اسے سن کر یا دیکھ کر محفوظ کر لیتے ہیں۔ سورۃ ق میں ارشاد ہوتا ہے :

اِذْ يَتَلَقَّى الْمُتَلَقِّيٰنِ عَنِ الْيَمِيْنِ وَعَنِ الشِّمَالِ قَعِيْدٌ۔ مَايَلْفِظُ مِنْ قَوْلٍ اِلاَّ لَدَيْهِ رَقِيْبٌ عَتِيْدٌ۔ (50: 17۔ 18)

''اس وقت کو یاد کرو کہ جب دو لینے والے دائیں اور بائیں بیٹھے محفوظ کر رہے ہوتے ہیں۔ اور بولنے والا کوئی بات نہیں بولتا مگر نگران اس کے پاس حاضر رہتا ہے۔''

یعنی اس طرح دو عینی گواہ جو ہر وقت ہمارے ساتھ موجود رہتے ہیں وہ قیامت کے دن اپنا نوشتہ اللہ کے سامنے اور اللہ کے حکم سے ہر ایک کو پیش کریں گے۔ یہ بھی قرآن کریم ہمیں بتاتا ہے کہ جن کو نامہ عمل دائیں ہاتھ میں دیا جائے گا وہ ان کی سعادت کی علامت ہوگا۔ اس لیے وہ اسے پا کر خوش و خرم ہوں گے۔ لیکن جن لوگوں کو یہ نامہ عمل بائیں ہاتھ میں دیا جائے گا وہ ان کی بدبختی اور شقاوت کی علامت ہوگا وہ اسے لے کر سر پیٹ لیں گے۔

سورۃ بنی اسرائیل میں کہا گیا:

وَكُلَّ اِنْسَانٍ اَلْزَمْنٰهُ طٰٓئِرَهٗ فِيْ عُنُقِهٖ وَنُخْرِجُ لَهٗ يَوْمَ الْقِيٰمَةِ كِتٰبًا يَّلْقٰهُ مَنْشُوْرًا۔ اِقْرَاْ كِتٰبَكَ ط كَفٰى بِنَفْسِكَ الْيَوْمَ عَلَيْكَ حَسِيْبًا۔ (17: 13۔ 14)

''ہم نے ہر انسان کا نتیجہ یعنی (اس کا نامہ عمل) اس کی گردن میں چپکا دیا ہے اور قیامت کے دن ہم اس کا رجسٹر نکالیں گے جس کو وہ کھلا ہوا پائے گا۔ (اسے یہ کہا جائے گا) کہ اپنا یہ نامہ عمل پڑھ لے آج تو خود ہی اپنے حساب کے لیے کافی ہے۔''

قرآن کریم کے اس بیان سے یہ بات تو واضح ہو گئی کہ ہمیں محفوظ حالت میں اللہ کی قدرت سے ایک نوشتہ اور نامہ عمل دیا جائے گا اور ہم اسے خود پڑھ سکیں گے۔

لیکن ہم اگر آج کی جدید دنیا میں نئی ایجادات کے حوالے سے دیکھیں جن میں سب سے نمایاں ٹیلی ویژن کی ایجاد ہے تو کیا ہم اس میں گزرے ہوئے لوگوں کو اپنی

آنکھوں سے چلتا پھرتا، بولتا چالتا نہیں دیکھتے؟ جو لوگ عرصہ دراز سے دنیا سے رخصت ہو چکے ہیں اور ان کی فلمیں محفوظ ہیں ہم جب چاہیں ٹیلی ویژن کی مدد سے ان کی آواز سن سکتے ہیں انھیں اپنی آنکھوں سے دیکھ سکتے ہیں۔ اگر انسانی ایجاد یہ کارنامہ انجام دے سکتی ہے تو قدرت کے لیے اس میں کیا مشکل ہے کہ وہ پوری فضا کو پردہ سکرین میں تبدیل کر دے اور ہماری کہی ہوئی باتیں اور کیے ہوئے اعمال کی اس محفوظ فلم کو جو اس کے پاس محفوظ ہے، پردہ سکرین پر جاری کر دے اور وہاں ہر دیکھنے والا اس پردہ سکرین پر اپنے اعمال کو دیکھے اور اپنے اقوال کو سنے۔ بلکہ اگر ہم مزید غور کریں تو سائنس ہمیں یہ بتاتی ہے کہ یہ فضا اس قدر حساس واقع ہوئی ہے کہ اس میں ہر کہا ہوا بول محفوظ ہے اور ہر کیا ہوا کام دیکھا جا سکتا ہے۔ ضرورت صرف اس بات کی ہے کہ کوئی موجد اپنی نئی ایجاد سے یہ کارنامہ انجام دے دے۔ ممکن ہے یہ بات انسان کی بساط سے باہر ہو اور دنیا میں کبھی ایسا نہ ہو سکے لیکن میں محض تسہیل و توضیح مدعا کے لیے ایک مثال عرض کرتا ہوں۔

اگر ایک پرسکون جھیل میں آپ ایک کنکر پھینکیں تو آپ دیکھیں گے کہ سطح آب پر ایک دائرہ سا بن جائے گا جو جھیل کے کنارے تک پھیلتا چلا جائے گا۔ یہ کائنات اس جھیل سے بھی زیادہ حساس ہے جہاں ہمارے ہر عمل سے ہر جنبش سے بلکہ

خیال تک سے لہریں اٹھتی اور پھیلتی چلی جاتی ہیں۔ چونکہ کائنات کا کوئی ساحل نہیں اس لیے یہ لہریں سدا باقی رہیں گی اگر ہم کوئی ایسا ٹیلی ویژن ایجاد کر لیں جو ان لہروں کو صوت و حرکت میں بدل سکے تو ہر شخص کا پورا اعمال نامہ ایک فلم کی طرح ہمارے سامنے آجائے گا۔ اس آیت کریمہ میں غالباً اس حقیقت کی طرف اشارہ ہے:

اَلْیَوْمَ نَخْتِمُ عَلٰی اَفْوَاهِهِمْ وَتُكَلِّمُنَآ اَیْدِیْهِمْ وَتَشْهَدُ اَرْجُلُهُمْ بِمَا كَانُوْا یَكْسِبُوْنَ (36۔65)

''قیامت کے دن ہم ان کے منہ بند کر دیں گے اور ان کے اعمال کی داستان ان کے ہاتھ اور پاؤں سنائیں گے۔ اس آیت سے یہ معلوم ہوتا ہے کہ اعضاء بھی ہمارے حق میں یا ہمارے خلاف گواہی دیں گے بلکہ ہماری کھال تک ہمارے اعمال بد پر گواہی دے گی۔ قرآن کریم میں سورۃ حم السجدہ میں کہا گیا:

وَیَوْمَ یُحْشَرُ اَعْدَآءُ اللهِ اِلَی النَّارِ فَهُمْ یُوْزَعُوْنَ۔ حَتّٰٓی اِذَا مَاجَآءُوْهَا شَهِدَ عَلَیْهِمْ سَمْعُهُمْ وَاَبْصَارُهُمْ وَجُلُوْدُهُمْ بِمَا كَانُوْا یَعْمَلُوْنَ وَقَالُوْا لِجُلُوْدِهِمْ لِمَ شَهِدْتُّمْ عَلَیْنَا قَالُوْٓا اَنْطَقَنَا اللهُ الَّذِیْٓ اَنْطَقَ كُلَّ شَیْءٍ۔ (41: 19۔ 21)

''جس دن خدا کے دشمن دوزخ کی طرف ہانکے جائیں گے اور وہ درجہ بدرجہ تقسیم کر دیئے جائیں گے یہاں تک کہ جب وہ اس کے پاس پہنچیں گے تو ان کے کان، آنکھیں اور ان کی کھالیں ان پر ان کے کرتوتوں کی گواہی دیں گی تو وہ اپنی کھالوں سے

کہیں گے کہ تم نے ہم پر گواہی کیوں دی؟ تو وہ بولیں گی کہ جس اللہ نے ہر چیز کو قوت گویائی بخشی ہے آج اسی نے ہمیں بھی بولنے کا حکم دیا ہے''

مزید ہمیں یہ معلوم ہوتا ہے کہ وہاں ہر عمل مخصوص شکل میں لایا جائے گا۔ جس کا ایک وزن ہوگا اب اس کی کمی بیشی کے لیے یا بوجھل اور ہلکے پن کو جاننے کے لیے میزان رکھا جائے گا۔ تو پھر جن کے وزن ہلکے ہوں گے وہ جہنم کا ایندھن بنیں گے اور جس کا وزن بھاری ہوگا وہ جنت کی نعمتوں سے سرفراز ہوگا۔

قرآن کریم سورۃ اعراف میں کہتا ہے :

وَالْوَزْنُ يَوْمَئِذِ نِ الْحَقُّ ج فَمَنْ ثَقُلَتْ مَوَازِيْنُهٗ فَاُوْلٰٓئِكَ هُمُ الْمُفْلِحُوْنَ۔ وَمَنْ خَفَّتْ مَوَازِيْنُهٗ فَاُوْلٰٓئِكَ الَّذِيْنَ خَسِرُوْا اَنْفُسَهُمْ۔ (الاعراف 7: 8۔ 9)

''اور اس دن وزن کرنا حق ہے پھر جس کی تولیں بھاری ہوئیں تو یہ وہ لوگ ہیں جو فلاح کو پہنچیں گے اور جن کی تولیں ہلکی ہوئیں یہ وہ ہیں جو اپنی جانوں کا نقصان کر بیٹھے ہیں۔''

سورۃ القارعہ میں فرمایا :

فَاَمَّا مَنْ ثَقُلَتْ مَوَازِيْنُهٗ فَهُوَ لا فِيْ عِيْشَةٍ رَّاضِيَةٍ۔ ط وَاَمَّا مَنْ خَفَّتْ مَوَازِيْنُهٗ۔ لا فَاُمُّهٗ هَاوِيَةٌ۔ ط (القارعہ 101: 6۔ 9)

''آج جس کا تول بھاری ہو تو وہ عیش کی زندگی میں ہوگا اور جس کا تول ہلکا ہوا اس کا ٹھکانہ دوزخ ہے۔''

تو حساب کتاب کے اس مرحلے سے گزرنے کے بعد لوگ اپنے اپنے اعمال کے مطابق جنت یا جہنم میں داخل کر دیئے جائیں گے۔ البتہ ان لوگوں میں سے جنھوں نے کفر اور شرک کا رویہ اختیار کیا ہوگا ان کو تفصیلی حساب کتاب کی ضرورت نہ ہوگی کیونکہ اس جرم کے بعد باقی کوئی نیکی اپنا اعتبار نہیں رکھتی اس لیے ان کو سیدھا جہنم میں بھیج دیا جائے گا اور وہ ہمیشہ کے لیے جہنم میں رہیں گے اور کبھی ان کو معافی نہیں ملے گی۔

قرآن کریم کہتا ہے:

اِنَّ اللہ لاَ یَغْفِرُ اَنْ یُّشْرَکَ بِہٖ وَیَغْفِرُ مَا دُوْنَ ذٰلِکَ لِمَنْ یَّشَآءُ۔ ج (النساء: 4۔ 48)'

''بیشک اللہ تعالیٰ اس آدمی کو کبھی نہیں بخشے گا جس نے اس کے ساتھ شرک کیا اس کے علاوہ جسے چاہے گا بخش دے گا''۔

سزا و جزا کا ہندوانہ نظریہ

لیکن یہ حساب کتاب جس میں نیکی کی جزا اور بدی کی سزا ہے اس طرح کا غیر معقول، غیر منطقی اور اللہ کی رحمت کے بالکل برعکس نہیں ہے جس طرح کا تصور بعض دیگر مذاہب میں پایا جاتا ہے۔ یہودیت اور عیسائیت نے بھی اس میں بہت کچھ

ٹھوکریں کھائی ہیں اور قدم قدم پر غلطیاں کی ہیں لیکن ہندومت نے تو اس کو نامعقولیت اور غیر منطقی انجام کی انتہا تک پہنچا دیا ہے۔ اس کی ہم تفصیل سید سلیمان ندوی (رح) کی سیرۃ النبی سے نقل کرتے ہیں۔

''در حقیقت مذاہب کا حقیقی تعلق اس عقیدہ سے ہے کہ انسان اپنے اعمال کا ذمہ دار ہے اور اچھا یا برا جیسا کام اس سے صادر ہوتا ہے اس کے مطابق اچھا یا برا بدلہ اس کو دوسری دنیا میں ضرور ملے گا۔ اس عقیدہ کا نشان مصر و بابل جیسی دنیا کی قدیم قوموں میں بھی ملتا ہے۔ ہندوستان کے مذاہب میں اس دوسری دنیا کو دوسرے جنم سے تعبیر کیا گیا ہے، ان کا خیال یہ ہے کہ انسان جب مرتا ہے تو اس کے اچھے یا برے کاموں کے مطابق اس کی روح کسی جانور گھاس پھوس یا درخت کے قالب میں جا کر اپنے عمل کا نتیجہ بھگتتی ہے اور پھر انسانوں کے قالب میں لائی جاتی ہے اور کام کرتی ہے اس کے بعد جس کے گناہ زیادہ ہوتے ہیں ان کو ہملوک میں جانا پڑتا ہے۔ جہاں نرک (دوزخ) ہیں وہاں وہ ہر قسم کی سزا بھگتتی ہے، بعد ازاں اپنے بعض اچھے کاموں کی بدولت چندرلوک (چاند کی دنیا) میں جاتی ہے، جس روح کے کچھ کام اب بھی باقی ہیں وہ اس دنیا میں ہوا، بادل اور بارش کے ذریعہ سے دوبارہ آتی ہے اور اپنے کام کے مطابق حیوانات یا نباتات کے روپ میں سزا پاتی ہے اور پھر چھوٹ کر انسان بنتی

ہے، یہاں تک کہ اس کے کام اتنے اچھے ہو جائیں کہ وہ سزا کے قابل نہ رہ جائے۔ اس وقت وہ مادی قالبوں کی قید سے نجات پا کر سورج لوک اور چندر لوگ وغیرہ اجرام سماوی کی دنیاؤں میں جا کر آرام کرتی ہے اور پھر اپنے علم و عمل کی کسی کمی کے سبب سے بادل، ہوا، اناج یا کسی دوسری مخلوقات کے قالب میں ہو کر اس کو اس دنیا میں پھر آنا پڑتا ہے اور پھر وہی عمل شروع ہوتا ہے یعنی وہ نئے نئے جنموں میں سزا بھگتتی ہے اور اس وقت تک آمدورفت اور آواگون کے چکروں میں پھنسی رہتی ہے جب تک اس سے اچھے یا برے کاموں کا صدور ہوتا رہتا ہے۔ اس لیے کامل اور دائمی نجات کی صورت صرف یہ ہے کہ انسان سے اچھا یا برا کوئی کام صادر نہ ہو، یہی ترک عمل روح کو مادہ کی قید سے آزاد کر کے ہمیشہ کے لیے چھٹکارا (موکش) دلاتا ہے۔ یہاں تک کہ یہ موجودہ مادی دنیا پرلے (قیامت) کے بعد پھر جب نئے سرے سے بنے گی تو پھر وہی عمل اور سزا یعنی آواگون کا چکر شروع ہوگا۔ اور پھر اس طرح چھٹکارا پائے گی اور پھر دوسری پرلے کے بعد نیا دور اسی طرح شروع ہوگا یہ چکر اسی طرح ہمیشہ رہے گا۔

یہ وہ چکر ہے جس سے انسان کو کبھی نکلنا نصیب نہ ہوگا۔ الا یہ کہ ہمالہ کی چوٹی یا غار میں بیٹھ کر ترک عمل کے ذریعہ سے خود اپنے وجود سے ہاتھ دھو لیا جائے لیکن اگر اس

اصول نجات پر دنیا عمل کرے تو یہ بہارستان ایک دم میں خارستان بن جائے۔ ہر قسم کا کاروبار بند ہو کر دنیا آپ سے آپ فنا کے قریب آجائے۔ بدی کے ساتھ نیکی کا وجود بھی صفحہ ہستی سے مٹ جائے اور بااین ہمہ دائمی وابدی نجات میسر نہ ہو کیونکہ ہر پرلے کے بعد وہی جنم اور کم اور آواگون پھر شروع ہوتا ہے۔''

سزا و جزا کا اسلامی نظریہ

لیکن اسلام نے اس جزا و سزا کے دن کا جو تصور دیا وہ عقل اور منطق کے انتہائی قریب اور اللہ کی رحمت کا عکاس ہے۔ اسلام نے اس بنیادی تصور کے ساتھ کہ ہر نیک عمل کی جزا اور ہر برائی کی ایک سزا ہے، رحمت کے ایسے مواقع سے بھی بہرور فرمایا ہے کہ اگر آدمی واقعی ان مواقع سے فائدہ اٹھانے کا فیصلہ کر لے اور اللہ کا خوف اس کو دامن گیر رہے تو کوئی وجہ نہیں ہے کہ وہ اللہ کی جنت کا مستحق نہ ٹھہرے۔ مثلاً سب سے پہلے پروردگار نے یہ کرم فرمایا کہ ایک اصول طے کر دیا کہ تم جو برائی کرو گے تو ہم ہر برائی کے بدلے میں ایک ہی برائی کی سزا دیں گے البتہ اگر تم نیکی کرو گے تو ہم نے یہ اصول بنا دیا ہے کہ مَنۡ جَآءَ بِالۡحَسَنَةِ فَلَهٗ عَشۡرُ اَمۡثَالِهَا۔ ج (الانعام : 6۔ 161)
''جو آدمی نیکی کرے گا تو ہم اس کو دس گناہ بدلہ دیں گے۔''

اب جہاں ایک اور دس کا تناسب ہو تو کیا وہ آدمی جو صراط مستقیم پر چلنا چاہتا ہو اور شریعت کے تقاضوں کو ملحوظ خاطر رکھتا ہو کوئی وجہ نہیں کہ وہ اس تناسب سے فائدہ نہ اٹھا سکے۔

۲۔ دوسرا اکرم یہ فرمایا کہ اگر تم نیکی کا ارادہ کرو لیکن اسے کسی وجہ سے کر نہ پاؤ تو ہم تمہیں ایک نیکی کا صلہ ضرور دیں گے لیکن اگر تم برائی کا ارادہ کرو اور اسے پھر کر نہ پاؤ تو ہم تم سے کوئی مواخذہ نہیں کریں گے۔

۳۔ پھر ہمارے لیے بعض ایسے مواقع رکھے کہ اگر ہم ان مواقع پر اور ان زمانوں میں اللہ کی بندگی بجا لائیں اور اس سے استغفار کریں تو بخشش خود آگے بڑھ کر قدم چومتی ہے۔ مثلاً رمضان کا مہینہ لیلۃ القدر، عیدین کی دونوں راتیں، یوم العرفہ، 15 شعبان کی رات، رات کا پچھلا پہر، ان میں کوئی گنہگار سے گنہگار بھی استغفار کے لیے اللہ کے سامنے ہاتھ پھیلائے تو کبھی اسے خالی ہاتھ واپس نہیں لوٹایا جاتا۔

۴۔ یہ صحیح ہے کہ آدمی بعض دفعہ بڑے سے بڑا گناہ بھی کر گزرتا ہے. جس کی بخشش کے لیے دوسرے مذاہب نے کوئی امکان نہیں چھوڑا۔ لیکن اللہ کا بے حد کرم ہے کہ اس نے ہمارے لیے توبہ کا دروازہ کھلا رکھا ہے بلکہ قرآن کریم میں بار بار تسلیاں دی گئیں کہ اے ہمارے وہ بندوں جو اپنے نفسوں پر زیادتی کر چکے ہو: لَا تَقْنَطُوْا مِنْ رَّحْمَةِ

اللہِ (53 : 39) ''اللہ کی رحمت سے کبھی مایوس نہ ہوں وہ سب گناہوں کو بخش دے گا صرف ایک دفعہ توبہ کر کے دیکھو''۔

حضور صلی اللہ علیہ وآلہ وسلم نے اس توبہ پر اس حد تک زور دیا کہ آپ کے اسمائے مبارکہ میں سے ایک اسم مبارک ''رسول التوبہ'' بھی ہے۔ یہ ایک ایسا امکان ہے کہ جس کے بعد سو سال کا مجرم بھی توبہ کے ذریعہ اپنی زندگی کو پاکیزہ بنا سکتا ہے اور اللہ کی رحمت کا استحقاق پیدا کر سکتا ہے اس قدر بخشش اور استغفار کے مواقع ملنے کے بعد بھی کوئی آدمی اللہ کی رحمت کا استحقاق پیدا نہ کر سکے تو اسے بدنصیب کے سوا اور کیا کہا جا سکتا ہے لیکن قربان جائیں اللہ کی رحمتوں کے کہ اس نے مرنے کے بعد بھی اور قیامت کے دن بھی اپنے بندوں کو اپنی رحمتوں سے محروم نہیں کیا۔

۵۔ مرنے کے بعد بھی اس نے ہمیں یہ حق دیا کہ اگر تم اپنے پیچھے کوئی صدقہ جاریہ چھوڑ جاؤ یا اپنی نیک اولاد چھوڑ جاؤ جو تمہارے لیے دعا کرتی رہے تو مرنے کے بعد بھی اس سے تمہاری برائیوں میں کمی ہوگی اور تم بخشش کے قریب ہوتے جاؤ گے۔

۶۔ اور اگر معاملہ اس سے بھی نہ بن سکے تو پھر اللہ کی رحمتوں نے ہمارے لیے ایک اور امکان بھی پیدا فرمایا وہ یہ کہ ہمیں بتایا گیا کہ آنحضرت صلی اللہ علیہ وآلہ وسلم ہمارے لیے شفاعت فرمائیں گے حضور کی ایک شفاعت تو شفاعت عامہ ہوگی جس کے نتیجے میں تمام امتوں

کے لوگ جو حساب کتاب کے انتظار میں نہایت کرب اور اضطراب سے وقت گزار رہے ہوں گے ان کا حساب کتاب شروع ہو جائے گا۔ پھر آنحضرتﷺ اپنی امت کے لیے بطور خاص سفارش فرمائیں گے حضرت انس ابن مالکؓ فرماتے ہیں کہ آنحضرتﷺ نے قیامت کی حالت بیان کرتے ہوئے بتایا کہ پھر میں سجدہ میں گر پڑوں گا، نہ جانے کب تک پڑا رہوں گا آخر آواز آئے گی اے محمدﷺ سر اٹھا، مانگ دیا جائے گا۔ تب میں سر اٹھاؤں گا اور اس حمد سے جو اس وقت خدا مجھے سکھائے گا اس کی حمد کروں گا اور سفارش کروں گا تو خدا ایک حد مقرر فرمائے گا تو میں ان کو دوزخ سے نکالوں گا اور جنت میں داخل کروں گا۔ پھر لوٹ آؤں گا اور سجدہ میں گر پڑوں گا پھر وہ کچھ لوگوں کو بخش دے گا اسی طرح تیسری بار پھر چوتھی بار کروں گا یہاں تک کہ دوزخ میں پھر وہی رہ جائے گا جس کو قرآن نے روک رکھا ہے۔

حضرت عمران ابن حصین سے روایت ہے کہ آنحضرتﷺ نے فرمایا کہ میری شفاعت سے کچھ ایسے لوگ بھی دوزخ سے نکلیں گے اور جنت میں داخل ہوں گے جن کا نام جہنم والے ہوگا۔ البتہ یہ بات ذہن میں رہنی چاہیے کہ آنحضرت کی سفارش ہر ایک کے لیے نہیں ہوگی بلکہ اس سفارش سے وہ خوش نصیب بہرہ ور ہوں گے جو اخلاص قلب سے توحید پر ایمان رکھتے ہوں گے اور جن کے سر صرف اور صرف اللہ

کے سامنے جھکتے ہوں گے۔ حضرت ابو ہریرہ سے روایت ہے کہ ان کے سوال پر آنحضرت ﷺ نے فرمایا کہ میری سفارش سے سرفراز ہونے کی خوش قسمتی اس کو حاصل ہوگی جس نے خلوص قلب سے اللہ کی توحید کا اقرار کیا ہوگا۔

حضرت ابو ہریرہؓ ہی سے روایت ہے کہ جب اللہ تعالیٰ اپنے بندوں کے فیصلے سے فراغت پائے گا اور چاہے گا کہ ان کو جنھوں نے اس کی توحید کی گواہی دی تھی دوزخ سے نکالے تو فرشتوں کو ان کے نکالنے کا حکم دے گا۔ فرشتے ان توحید والوں کو اس علامت سے نکالیں گے کہ ان کی پیشانیوں میں سجدے کے نشان ہوں گے۔ خدا نے آدمؑ کے بیٹے کی پیشانی کے نشان کو دوزخ کی آگ پر حرام کر دیا ہے وہ ان کو جلا کر خاکستر نہیں کر سکے گی۔ فرشتے جب ان کو نکالیں گے تو وہ جلے اور جھلسے ہوئے ہوں گے۔ پھر ان پر آب حیات چھڑکا جائے گا تو وہ اس طرح اگیں گے جس طرح سیلاب کے بہاؤ میں جنگلی دانہ اگتا ہے۔

ایسی متعدد روایات ہیں جن سے پتہ چلتا ہے کہ جس کا خاتمہ ایمان پر ہوا اور جس نے توحید پر جان دی اور جس نے کبھی بھی کوئی نیک عمل کیا ہوگا جہنم کی سزا بھگتنے کے بعد بالآخر اللہ تعالیٰ آنحضرت ﷺ کی شفاعت سے اس کو جہنم سے آزادی دے دیں

گے اور جنت میں اسے داخل کر دیا جائے گا۔ البتہ وہ بد نصیب کبھی جہنم سے چھٹکارا نہیں پا سکے گا جس نے شرک کا ارتکاب کیا ہوگا۔

اِیَّاکَ نَعْبُدُ وَ اِیَّاکَ نَسْتَعِیْنُ

ہم تیری ہی عبادت کرتے ہیں اور تجھ ہی سے مدد چاہتے ہیں

اِیَّاکَ : صرف تیری

نَعْبُدُ : ہم عبادت کرتے ہیں

وَ : اور

اِیَّاکَ : صرف تجھ سے

نَسْتَعِیْنُ : ہم مدد چاہتے ہیں

یہاں تک ہم نے اللہ تعالیٰ کی تین صفات کا مطالعہ کیا ہے جس سے ہمیں اندازہ ہوتا ہے کے ایک بندہ جب اپنے پروردگار کی حمد و ثناء کرنا چاہتا ہے تو اسے سب سے پہلے اپنے پروردگار کی صفت ربوبیت سے آگاہی ہوتی ہے وہ اپنے وجود کو دیکھتا ہے تو

اس کا بچپن لڑکپن، جوانی اور ڈھلتی ہوئی عمر، غرضیکہ زندگی کا ایک ایک لمحہ اسے اپنے رب کی ربوبیت کے فیضان سے گراں بار معلوم ہوتا ہے اس کی پیدائش کا پورا عمل ماں کے پیٹ کی زندگی دنیا میں آنے کے بعد کی بے بسی اور اس بے بسی میں قدم قدم پر تربیت کا سامان اور ہر تبدیلی کے ساتھ تربیت کے عمل کی تبدیلی، جسمانی تبدیلیوں کے ساتھ ساتھ اندرونی اور بیرونی صلاحیتوں کا فیضان اور وقت کے ساتھ ساتھ دماغی نشو و نما میں ترقی پھر ایک وقت میں پہنچ کر شعلہ عقل کی روشنی فعلی اور انفعالی جذبوں کی افزائش گرد و پیش کی موافقت اور اس کے مطابق ذوق اور مزاج کی تربیت ایک طویل داستان ہے جو ہر شخص کے گرد و پیش پھیلی ہوئی دکھائی دیتی ہے پھر وہ ایک قدم آگے بڑھ کر دیکھتا ہے کے مجھے میرے پروردگار نے صرف جسمانی ضرورتوں سے ہی مالا مال نہیں کیا بلکہ میرے اندر ایسے احساسات کو بھی فروغ بخشا ہے جو میرے دماغی نفسیاتی روحانی اور جمالیاتی ذوق کی تسکین کا باعث ہیں اور پھر اس مزاج اور ذوق کی ضرورت کی بجا آوری کے لیے جا بجا ایسے مناظر اٹھا دئے گئے ہیں جس سے اللہ کی صفت ربوبیت کے ساتھ ساتھ اس کی صفت رحمت کا بھی احساس توانا ہونے لگتا ہے پھر جب آدمی انسانی زندگی کا مطالعہ کرتا ہے تو اسے محسوس ہوتا ہے کے انسانی زندگی میں مختلف کرداروں سے واسطہ پڑتا ہے۔ جس کے نتیجہ میں مختلف

رویے جنم لیتے ہیں کہیں رحم دلی نظر آتی ہے تو کہیں سنگدلی کہیں مروت کا اظہار ہوتا ہے تو کہیں شقاوت کا اس رویے کے نتیجہ میں خود بخود ایک احتسابی عمل کی ضرورت محسوس ہونے لگتی ہے کیونکہ اگر زندگی میں رویوں کو کھلی چھوٹ دے دی جائے تو انسانی زندگی جنگل کا منظر پیش کرنے لگے گی جس میں صرف طاقت کی حکومت ہوگی لیکن جب وہ دیکھتا ہے کہ اللہ تعالیٰ کی ایک صفت عدالت بھی ہے جو یہاں عقیدے کی صورت میں کارفرما ہے اور قیامت میں نتیجے کی صورت میں کارفرما ہوگی تو اس کی روح جھوم اٹھتی ہے اور وہ بے ساختہ حریم قدس کی طرف عبادت کے تصورات لے کر بڑھتا ہے اور اس کی زبان پر بے ساختہ یہ نغمہ جاری ہو جاتا ہے۔

اِیَّاکَ نَعْبُدُ وَاِیَّاکَ نَستَعِیْنُ۔ ط

ہم تیری ہی عبادت کرتے ہیں اور تجھ ہی سے مدد چاہتے ہیں

یہ نغمہ اس کے دل کا سرجوش ہے جو از خود اس کے دل سے اچھل کر زبان پر آگیا ہے کیونکہ یہ بات انسان کے خمیر میں رکھی گئی ہے کہ وہ اپنے محسن کی احسان شناسی کے جذبے میں ڈوب کر اپنے محسن کے لیے کچھ کرنا چاہتا ہے پھر اگر وہ محسن اس کا ہم پایہ ہے اور اس کا احسان ایک عام سطح کا ہے تو یہ اس کی خدمت کر کے ایک تسکین محسوس کرتا ہے لیکن اگر وہ محسن ایک بڑی حیثیت کا مالک ہے تو یہ اس کی حیثیت کے مطابق اس کے آداب بجا لاتا ہے اور کوشش کرتا ہے کہ جو میرے

بس میں ہے میں اس کی خوشنودی کے لیے کر گزروں اور اگر وہ احسان کرنے والی ذات ایسی ہے جو محبت، عقیدت اور بندگی کا مرجع ہے تو یہ احسان میں ڈوبا ہوا شخص اپنی زندگی کا سارا سرمایہ اور بندگی کا سارا خزانہ اور حمد و ثناء کی ساری پونجی اس کے قدموں میں ڈھیر کر کے خود بھی اس کے سامنے ڈھیر ہو جاتا ہے یہ طرز عمل فطرت کا وہ رویہ ہے جو انسان کے خمیر میں گوندھ دیا گیا ہے اسی جذبے سے سرشار انسان جب اپنے رب کے احسانات کو دیکھتا ہے کہ اس کا وجود اس کے دل و دماغ کی رعنائیاں، اس کے احساسات کی سرگرمیاں، اس کے جذبوں کی فراوانیاں، اس کی ذہانت کی جولانیاں، اس کے عزائم کی بلندیاں، اس کی محبت کی گہرائیاں، اس کے جذبۂ ایجاد کی ہمہ گیریاں، اس کے انفعالی جذبوں کی خوبصورتیاں اور اس کی شخصیت کی تہ در تہ کرم فرمائیاں سب پروردگار کی عطاء اور بخشش ہے تو وہ بے ساختہ اس کے سامنے سجدہ ریز ہو کر اپنی ذات کی نفی کر کے اسی کی عبادت کا اقرار و اعتراف کرنے لگتا ہے اور پھر جب عبادت کی وسعتوں اور اپنی ناتوانیوں کو دیکھتا ہے تو اسی سے مدد کا طلب گار ہوتا ہے لیکن یہ سب کچھ وہ اس عاجزی اور سر افگندگی کے ساتھ کرتا ہے جس سے ایک طرف دعا کا آہنگ جنم لیتا ہے اور دوسری طرف بندے اور اس کے رب کے درمیان ایک عہد و پیمان کی کیفیت پیدا ہو جاتی ہے کہ بندہ اپنی بندگی کا

سرمایہ لے کر جب حضور حق میں حاضر ہوتا ہے تو ادھر سے اسے آواز سنائی دیتی ہے کہ تم نے اپنا سب کچھ ہمارے حوالے کر دیا تو ہم نے بھی تمہیں وہ سب کچھ دے دیا جو تم نے ہم سے مانگا اور جب تک تم اپنی بندگی کے اس عہد پر قائم رہو گے تو ہماری عنایات میں کبھی کمی نہیں دیکھو گے چنانچہ تاریخ اس بات کی شاہد ہے کہ مسلمان وسائل کی کمی کے باوجود محض بندگی رب کے باعث اس سرزمین پر سرفراز رہے لیکن جب انھوں نے طاغوت کی بندگی شروع کر دی تو وہ ٹھوکروں کی نذر ہو کر رہ گئے یہی وہ عہد ہے جو آنحضرت ﷺ نے جنگ بدر شروع ہونے سے پہلے اپنے پروردگار سے کیا تھا آپ ﷺ رات بھر اللہ کے حضور کھڑے دعائیں مانگتے رہے آخر آپ کی زبان پر یہ جملہ آیا کہ یا اللہ یہ زمین انسانوں سے معمور ہے لیکن آج کی پوری نوع انسانی میں یہ چند گنتی کے لوگ ہیں جو آپ کی توحید کے پرستار ہیں اگر اس جنگ میں یہ لوگ مارے گئے تو پھر دنیا میں تیری پوجا کرنے والا کوئی نہیں رہے گا اگر آپ چاہتے ہیں کہ دنیا میں آپ کی عبادت کی جائے تو پھر ان چند گنتی کے لوگوں کو اپنی تائید و نصرت سے نواز دیں تاکہ یہ آپ کی زمین پر آپ کے نام اور آپ کے دین کو بلند کر سکیں پروردگار نے فرمایا کہ ہم تمہارے اس وعدے پر تمہاری مدد کے لیے فرشتے بھیج رہے ہیں اور آئندہ بھی یہی فیصلہ ہو گا کہ تم اللہ کی بندگی میں کمی نہیں آنے دو گے اور

اللہ تعالیٰ کبھی تمہیں اپنی تائید و نصرت سے محروم نہیں کرے گا اسی وعدے اور عہد کا اعادہ روزانہ ایک بندہ اپنے رب کے حضور کھڑا ہو کر کرتا ہے اب اس سے پہلے کہ ہم اس عبادت اور استعانت کی لفظی اور معنوی وضاحت کریں اس کی اہمیت اور افادیت کے حوالے سے چند بنیادی باتیں عرض کرتے ہیں :

اللہ تعالیٰ نے قرآن پاک میں جن و انس کا مقصد تخلیق عبادت ٹھہرایا ہے ارشاد خداوندی ہے :

وَماَ خَلَقْتُ الْجِنَّ وَالْاِنْسَ اِلاَّ لِيَعْبُدُوْنِ۔ (الذاریات 51: 56)

کہ میں نے جنوں اور انسانوں کو صرف اس لیے پیدا کیا ہے کہ وہ میری عبادت کریں۔

انسانوں کی ہدایت کے لیے اللہ نے انبیا اور رسول مبعوث فرمائے اور قرآن کریم کی صراحت کے مطابق تمام انبیا اور رسولوں کی دعوت کا عنوان صرف عبادت رہا۔

پروردگار کا ارشاد ہے :

وَلَقَدْ بَعَثْنَا فِيْ كُلِّ اُمَّةٍ رَّسُوْلاً اَنِ اعْبُدُو اللّٰه (النحل 16: 36)

ہم نے ہر امت کی طرف رسول بھیجا (انھوں نے آ کر انھیں اللہ کا پیغام پہنچایا) کہ لوگو اللہ کی عبادت کرو۔

رسول اللہ ﷺ سب پیغمبروں کے آخر میں خاتم النبین بن کر تشریف لائے اور آپ ﷺ کے بعد نبوت اور رسالت کا دروازہ بند ہوگیا اور آپ کے واسطے سے اللہ تعالیٰ قیامت تک کے آنے والے انسانوں کو جو ہدایت دینا چاہتا تھا اسے تکمیلی انداز میں انتہائی جامعیت کے ساتھ عطا فرما دیا گیا۔ چنانچہ قرآن کریم میں اس دعوت کا جب آغاز فرمایا گیا اس کا عنوان بھی یہی عبادت رکھا گیا۔ ارشاد ہوا:

يٰٓاَيُّهَا النَّاسُ اعْبُدُوْا رَبَّكُمُ الَّذِىْ خَلَقَكُمْ وَالَّذِيْنَ مِنْ قَبْلِكُمْ (البقرۃ 2: 21)

اے لوگو! عبادت کرو اپنے اس رب کی جس نے تمہیں پیدا کیا اور تم سے پہلے لوگوں کو پیدا کیا۔

مندرجہ بالا تفصیلات سے اندازہ ہوتا ہے کہ اللہ تعالیٰ کی نگاہ میں عبادت کی کیا اہمیت ہے کیونکہ یہی جن و انس کا مقصد تخلیق ہے، یہی تمام انبیا کی دعوت تھی اور یہی دعوت رسول اللہ ﷺ نے انتہائی جامعیت کے ساتھ جن و انس تک پہنچائی۔ اب سوال یہ ہے کہ اس عبادت کا مفہوم کیا ہے؟ رسول اللہ ﷺ جب مبعوث ہوئے تو آپ ﷺ کی تشریف آوری سے پہلے دنیا میں عبادت کے حوالے سے چار تصورات پائے جاتے تھے۔

حضور صلی اللہ علیہ وآلہٖ وسلم کی بعثت سے قبل عبادت کے چار تصورات

ا۔ مشرکین مکہ کی عبادت کا تصور: ان کے نزدیک خالق کائنات کی حیثیت ایسے تھی جیسے ایک سلطنت کا بادشاہ ان کا خیال یہ تھا کہ سلطنت کا قانون صرف بادشاہ کی زبان ہوتی ہے وہ جو کہہ دے اور جس بات کا حکم دے دے وہ قانون بن جاتا ہے اور اس سلطنت میں محفوظ زندگی کی ضمانت بادشاہ کی رضامندی ہے۔ وہ جب تک رعایا سے خوش ہے تو رعایا کو انعام و کرام سے نوازتا ہے اور جب وہ ان سے ناراض ہوتا ہے تو انھیں سزائیں دیتا ہے۔ اور اس کی رضامندی کا حصول اس کی تعریف و ستائش اور اس کے سامنے ہاتھ باندھ کر کھڑے ہونا، اس کی چاکری کرنا اور ہر ممکن طریقے سے اس کو خوش رکھنے میں ہے۔ ظاہر ہے یہ سارے اعمال صرف بادشاہ کے سامنے کے ہیں، جب رعایا کا کوئی فرد بادشاہ کے سامنے ہوتا ہے تو یہ سارے اعمال بجا لاتا ہے اور جب بادشاہ کی نگاہوں سے اوجھل ہوتا ہے تو اب وہ اپنی مرضی کا مالک ہے کیونکہ وہ جانتا ہے کہ بادشاہ اس کے حال سے واقف نہیں ہے۔ اب اس کے سامنے بادشاہ کی رضامندی کی صرف ایک صورت ہے کہ مقامی طور پر جن لوگوں کو اس نے اپنے نمائندے مقرر کر رکھا ہے انھیں خوش رکھا جائے اور انھیں کوئی شکایت کا موقع نہ دیا جائے چنانچہ انہی تصورات کے تحت وہ اللہ تعالیٰ کو بادشاہ سمجھ کر اس کے چند

لگے بندھے رسم و رواج اور پوجا پاٹ کر طریقوں کو بجالاتے تھے۔ بیت اللہ کا طواف کرتے سال بہ سال حج کر لیتے، اس کے غصے کو بھڑکنے سے روکنے کے لیے قربانیاں کرتے اور ان بتوں کی پوجا کرتے تھے جن کو یہ سمجھتے تھے کہ اللہ کی مرضی میں انھیں بھی دخل ہے۔

۲۔ عبادت کا دوسرا تصور ہمارے قریبی ہمسائے ہندوؤں اور انہی سے نکلنے والے بدھ مت کا تھا ان کے تصور کے دو پہلو ہیں۔ ایک پہلو تو وہ ہے جو مشرکین مکہ کے یہاں پایا جاتا ہے اور ان کے نزدیک بھی اللہ تعالیٰ ایک بادشاہ ہے جسے لگی بندھی رسموں کو ادا کرنے اور بعض قربانیاں پیش کرنے سے خوش کیا جا سکتا ہے۔ زندگی کے معاملات سے اس کا کوئی تعلق نہیں اور دوسری طرف وہ اللہ کی بندگی کو اس قدر بلند اور عظیم سمجھتے تھے کہ اس کا حق دنیا میں رہ کر، دنیا کے معاملات میں شریک ہو کر ادا ہی نہیں کیا جا سکتا اس لیے ترک دنیا یعنی دنیا کو چھوڑ دینا ضروری ہے دنیا ان کے نزدیک ایک آلودگی اور گندگی کا نام ہے۔ جس میں آلودہ ہو کر اللہ کو پکارا نہیں جا سکتا چنانچہ اس لیے ان کے یہاں عبادات کا عظیم تر تصور جوگی ازم کی شکل میں ظاہر ہوا۔ چنانچہ ان کے مذہبی لوگ جب گیان حاصل کرنے کی کوشش کرتے تھے تو وہ تارک الدّنیا ہو کر پہاڑوں یا جنگلوں میں جا بیٹھتے، اپنے آپ کو زیادہ سے زیادہ جسمانی راحتوں

سے دور رکھتے، شادی بیاہ کا تصور ان کے یہاں ممنوع ٹھہر تا اور کم سے کم کھانے پر اکتفا کر کے وہ اپنے نفس کی پاکیزگی کا سامان کرتے اور اس کو وہ عبادت سمجھتے تھے۔

۳۔ عبادت کا تیسرا تصور ہم عیسائیوں میں دیکھتے ہیں عیسائیت پر بھی بعض محققین کے نزدیک ہندوازم کا اثر ہے، اس لیے انھوں نے اسی جوگیانہ تصور کو رہبانیت کے نام سے اختیار کیا اور ترک دنیا کو انتہائے بندگی کی علامت سمجھ کر اختیار کر لیا بلکہ ان کے نزدیک تو ہندہ ازم سے زیادہ ترک دنیا کا رجحان پایا جاتا ہے جس کو انھوں نے رہبانیت کا نام دیا ہے اس لیے ان کے یہاں جو خدا رسیدہ لوگ سمجھے جاتے تھے ان کا تارک الدنیا ہونا یعنی راہب ہونا ضروری تھا اور ایسے ہی لوگوں کی ان کے یہاں قدر و منزلت تھی اور دوسری بات ان کے یہاں ہندوؤں کی طرح ہی یہ بھی نظر آتی ہے کہ وہ اللہ کو دوسرے مشرکین کی طرح انسانی دسترس سے بہت بلند سمجھتے تھے اس لیے وہ یہ ناممکن جانتے تھے کہ انسانوں کی بندگی اور ان کی دعائیں براہ راست بھی اللہ تعالیٰ تک پہنچ سکتی ہیں اس لیے وہ خدا اور بندے کے درمیان واسطوں کے تصور کو ضروری خیال کرتے تھے مشرکین مکہ کے یہاں کاہنوں کا تصور، ہندوؤں کے یہاں برہمنوں کا تصور اور عیسائیوں اور یہودیوں کے یہاں مذہبی رہنماؤں کا تصور اسی تصور کا نتیجہ ہے؟ انھیں اس بات کا یقین تھا کہ جب تک درمیان کے واسطوں کو خوش نہیں

رکھا جائے گا اور انہی کے حوالے سے جب تک اللہ تعالیٰ سے رابطہ نہ کیا جائے گا اس وقت تک اللہ تعالیٰ خوش ہو سکتا ہے اور نہ ہماری بندگی اس تک پہنچ سکتی ہے۔

۴۔ چوتھا تصور یہود کا ہے وہ اگرچہ نسبتاً اللہ تعالیٰ کی معرفت اور اس کی صفات کے فہم میں ان تمام اہل مذاہب سے بہتر تھے لیکن درمیانی رابطوں کے تصور ان کے یہاں بھی پایا جاتا ہے اور یہ بھی تابوتِ سکینہ اور اولادِ ہارونؑ کو واسطہ بنائے بغیر اللہ تعالیٰ کے تشریعی اور تعبدی تعلق کو ناممکن سمجھتے تھے حتی کہ حلت و حرمت کا اختیار بھی انھوں نے اپنے مذہبی راہنماؤں کو دے رکھا تھا۔ اس لیے قرآن کریم نے واضح طور پر یہ ارشاد فرمایا کہ انھوں نے اپنے احبار اور اپنے رہبان کو رب بنا رکھا ہے۔

یہ تھے عبادت کے وہ تصورات جو حضور ﷺ کی بعثت کے وقت دنیا میں موجود تھے جنھیں خلاصے کے طور پر یوں کہا جا سکتا ہے کہ عبادت ان کے یہاں مندرجہ ذیل نکات پر مشتمل تھی۔

۱۔ اللہ تعالیٰ کو ایک بادشاہ تصور کر کے چند وقتی مراسم بجا لانا۔

۲۔ دنیوی معاملات میں اللہ تعالیٰ کو دخیل نہ سمجھنا۔

۳۔ اللہ تعالیٰ اور بندے کے تعلق کو دونوں کے درمیان ایک پرائیویٹ معاملہ سمجھنا۔

۴۔ انسان براہ راست اللہ تعالیٰ سے تعلق پیدا نہیں کر سکتا اس لیے درمیانی واسطوں کو ضروری سمجھنا۔

۵۔ خدا رسیدہ بننے کے لیے ترک دنیا یعنی رہبانیت اختیار کرنا کیونکہ دنیا ایک آلودگی ہے۔ اس آلودگی میں مبتلا شخص اللہ تعالیٰ سے قرب کا دعویٰ نہیں کر سکتا۔

اسلام میں عبادت کا تصور

اسلام نے آ کر ان تمام تصورات کی اصلاح فرمائی اس نے سب سے پہلے اس بات کو واضح کیا کہ عبادت صرف بندگی کے چند مراسم بجا لانے کا نام نہیں۔ بلکہ اس نے عبادات کے نام سے بندگی کے جن طریقوں کو اپنے ماننے والوں کے لیے لازم ٹھہرایا ہے اس کے بارے میں واضح طور پر ارشاد فرمایا کہ یہ اسلام کی بنیادیں ہیں یہ اسلام کی مکمل عمارت نہیں ہے۔ ان کی حیثیت یہ ہے کہ کوئی آدمی ان سے صرف نظر اور انکار کر کے مسلمان ہونے کا دعویٰ نہیں کر سکتا لیکن صرف انہی کو بجا لانا مکمل عبادت نہیں ہے۔ کیونکہ صرف بنیادیں بھر دینے سے عمارت وجود میں نہیں آ جاتی البتہ یہ ضرور ہے کہ جب بھی عمارت بنے گی انہی بنیادوں پر بنے گی۔ چنانچہ حضور صلی اللہ علیہ وآلہ وسلم کا ارشاد ہے:

بُنِیَ الاِسلَامُ عَلیٰ خمسٍ

''اسلام کی بنیاد پانچ چیزوں پر ہے۔''

نماز کو عبادت میں سب سے اہم حیثیت حاصل ہے یہاں تک فرمایا گیا کہ نماز قائم کرو اور مشرکین میں سے نہ ہو جاؤ۔ اس کا مطلب یہ ہے کہ جو نماز نہیں پڑھتا وہ مسلمان کہاں وہ تو مشرک ہے۔ اور یہ بھی فرمایا گیا کہ قیامت کے دن جس عمل کے بارے میں سب سے پہلا سوال ہوگا وہ نماز ہے۔ لیکن اس کے ساتھ ساتھ ہم قرآن کریم میں دیکھتے ہیں کہ صاف طور پر فرمایا گیا:

اَقِمِ الصَّلٰوۃَ لِذِکۡرِیۡ (طٰہٰ 20: 14)

کہ نماز میری یاد کے لیے قائم کرو اس کا مطلب یہ کہ نماز اپنی تمام تر اہمیت کے باوجود اصل مقصود نہیں۔ بلکہ مقصد پوری زندگی میں اللہ کی یاد ہے کہ وہ کسی کام میں بھی دل سے اوجھل نہ ہونے پائے۔ مزید ارشاد فرمایا:

اِنَّ الصّلٰوۃَ تَنۡھٰی عَنِ الفَحۡشَآءِ وَالۡمُنۡکَرِ ط (عنکبوت 29: 45)

کہ نماز تو بے حیائی اور برے کاموں سے روکتی ہے۔

اس سے معلوم ہوتا ہے کہ جہاں نماز مثبت حیثیت سے اللہ کی یاد کا ذریعہ ہے وہاں اس کا منفی پہلو یہ ہے کہ وہ بے حیائی اور منکرات سے روکتی ہے اس کا مطلب یہ ہے کہ اگر کوئی نماز آدمی کو بے حیائی اور بری باتوں سے نہیں روکتی تو وہ نماز مقصد نہیں ہے

بلکہ اصل مقصد یہ ہے کہ نماز یعنی عبادت ایسی ہونی چاہیے جس کے نتیجے میں پوری زندگی کی فکری اور عملی تطہیر ہو جائے اس لیے اسلام نے سب سے پہلا کام یہ کیا کہ اس نے عبادت کو اللہ اور بندے کے درمیان پرائیویٹ معاملہ کی بجائے اس کو پوری زندگی کا دستور اور وظیفہ ٹھہرایا اور دوسرا تصور اس نے یہ دیا کہ اللہ تعالیٰ اپنی تمام عظمتوں کے باوجود انسان کے اس قدر قریب ہے کہ شہ رگ بھی انسان کے اس قدر و قریب نہیں۔ یعنی شہ رگ حیات زندگی کی بقا کی ضامن ہے اس کے کٹ جانے سے زندگی کٹ جاتی ہے ظاہر ہے کہ اس سے بڑھ کر اور کوئی چیز انسان کے قرب نہیں ہو سکتی۔ مگر اللہ تعالیٰ کا ارشاد ہے کہ میں انسان کی شہ رگ سے بھی زیادہ قریب ہوں اور دوسرا اس نے اپنی کتاب میں بار بار فرمایا کہ میں سمیع ہوں، بصیر ہوں، علیم ہوں، تمہارا کوئی عمل حتیٰ کہ تمہاری کوئی احساس اور خیال بھی میرے علم سے باہر نہیں۔ اور تمہاری کوئی حرکت میری نگاہوں سے اوجھل نہیں۔ تو جو ذات اس قدر قریب ہے اور اس قدر انسان سے آگاہ ہے اس کے اور بندے کے درمیان کسی اور واسطے کا کیا معنی۔ اس لیے اس نے بار بار ارشاد فرمایا کہ تم مجھ پر ایمان لائے ہو تو پھر مجھی کو پکارو، میں تمہاری ہر پکار کو سنتا ہوں اور اسے قبول کرتا ہوں۔ اسی طرح اس نے درمیانی واسطے کا تصور ختم کر دیا مزید اس نے یہ اصلاح فرمائی کہ عبادت کا تعلق چونکہ

191

تمہاری پوری زندگی سے ہے اور تم اپنی زندگی دنیا اور اہل دنیا میں رہ کر گذارو گے اس لیے دنیا اور اہل دنیا سے تعلقات تمہاری عبادت سے کیسے خارج ہو سکتے ہیں اور تم دنیا سے لاتعلق ہو کر عبادت کے تقاضوں کو کیسے پورا کر سکتے ہو۔ اس لیے عبادت یہ نہیں کہ تم دنیا سے ترک تعلق کر کے صرف اللہ کا نام پکارتے رہو بلکہ عبادت یہ ہے کہ دنیا میں رہ کر دنیا کو برت کر اس طرح دکھاؤ کہ نہ تمہارا دل کبھی اللہ کے تصور سے غافل ہو اور نہ تمہارا قدم کبھی اس کی عائد کردہ حدود سے باہر نکلے۔ نہ تمہارا ہاتھ کبھی اس کے حکم کو توڑے اور نہ تمہارے دل و دماغ کی قوتیں کبھی اس سے بغاوت کریں۔ جس طرح تم بھوکے رہ کر اس کی بندگی کے پابند ہو اسی طرح پیٹ بھر کر بھی دولت مند ہو کر بھی حتیٰ کہ تخت و تاج کے مالک ہو کر بھی اسی کے بندے ہو اس طرح تمام تصورات کا ابطال فرما کر اور غلط خیالات کو رد کر کے اسلام کا صحیح تصور عبادت پیش کیا۔ لیکن اسلام کا کامل تر تصور عبادت اس وقت تک سمجھ نہیں آئے گا جب تک کہ عبادت کے معنی اور اس کے مصداق کو اچھی طرح نہ سمجھ لیا جائے۔

عبادت کا مفہوم

عربی زبان میں عبودۃ، عبادت اور عبودیت عَبَدَ سے مصدر ہے۔ اس کے اصل معانی خضوع اور تذلل کے ہیں یعنی تابع ہو جانا، رام ہو جانا۔ کسی کے سامنے اس طرح سپر انداز ہو جانا کہ اس کے مقابلہ میں کوئی مزاحمت یا انحراف و سر تابی نہ ہو اور وہ اپنی منشا کے مطابق جس طرح چاہے خدمت لے۔ اسی اعتبار سے عرب اس اونٹ کو بعیر معبد کہتے ہیں جو سواری کے لیے پوری طرح رام ہو چکا ہو اور اس راستے کو طریق معبد کہتے ہیں جو کثرت سے پامال ہو کر ہموار ہو گیا ہو پھر اسی اثر سے اس مادہ میں غلامی، اطاعت، پوجا، ملازمت اور قید کے مفہومات پیدا ہوئے۔ چنانچہ اسی مادہ عَبَدَ سے بننے والا ایک مشہور لفظ جو عربی اور اردو دونوں زبانوں میں اکثر مستعمل ہے وہ عبد ہے عبد کا معنی ہے غلام اور یہ اردو اور عربی دونوں میں اسی معنی میں مستعمل ہے اور قرآن کریم نے بھی اس کو اسی معنی میں استعمال کیا ہے۔ مثلاً ایک جگہ فرمایا:

اَلْحُرُّ بِالْحُرِّ وَالْعَبْدُ بِالْعَبْدِ (البقرۃ 2: 178)

یہاں دیکھئے کہ حر کے بعد جس کا معنی آزاد ہے لفظ عبد غلام کے معنوں میں استعمال کیا گیا ہے اسی طرح ایک جگہ غلاموں اور لونڈیوں کے نکاح کرنے کا حکم دیا گیا تو فرمایا:

وَاَنْكِحُوا الْاَيَامٰى مِنْكُمْ وَالصّٰلِحِيْنَ مِنْ عِبَادِكُمْ وَاِمَآئِكُمْ (النور 24: 32)

اس آیت میں دیکھیے لونڈیوں کے ساتھ عباد کا لفظ استعمال کیا گیا ہے جو عبد کی جمع ہے اسی طرح کائنات کی تمام مخلوق کے بارے میں جن میں نمایاں خود حضرت انسان ہے ارشاد فرمایا گیا:

اِنْ كُلُّ مَنْ فِي السَّمٰوٰتِ وَالْاَرْضِ اِلَّآ اٰتِي الرَّحْمٰنِ عَبْدًا۔ ط (النور 24: 93)

یہاں بھی دیکھیے عبد کا لفظ غلام کے معنی میں استعمال ہوا ہے اسی طرح قرآن پاک میں اور بھی کیے مواقع پر آپ کو عبد یا عباد کا لفظ غلام کے معنی میں مستعمل نظر آئے گا۔ اسی طرح عبد کو باب تفصیل میں لے جا کر غلام بنانے کے معنی میں قرآن کریم میں ذکر کیا گیا ہے۔ حضرت موسیٰؑ کے حوالے سے بیان کیا گیا:

وَتِلْكَ نِعْمَةٌ تَمُنُّهَا عَلَيَّ اَنْ عَبَّدْتَّ بَنِيْٓ اِسْرَآئِيْلَ۔ ط (الشعراء 29۔ 22)

یہاں دیکھیے عُبَّدتَّ غلام بنانے کے معنوں میں استعمال ہوا ہے۔

مختصر یہ کہ عبد کا معنی ہے غلام اور عبادت، عبودیت، عبد سے مصدر ہے اس کا معنی ہے غلامی۔ یعنی کسی کی بالا دستی و برتری تسلیم کر کے اس کے مقابلے میں اپنی آزادی اور خود مختاری سے دستبردار ہو جانا سر تابی اور مزاحمت چھوڑ دینا اور اس کے لیے رام ہو جانا۔ یہی حقیقت بندگی اور غلامی کی ہے۔ لہٰذا اس لفظ سے اولین تصور جو ایک عرب کے ذہن میں پیدا ہوتا ہے وہ بندگی اور غلامی ہی کا تصور ہے۔ پھر چونکہ غلام کا اصلی کام اپنے آقا کی اطاعت و فرمانبرداری ہے اس لیے لازماً اس کے ساتھ

ہی اطاعت کا تصور پیدا ہوتا ہے اور جب غلام اپنے آقا کی بندگی و اطاعت میں محض اپنے آپ کو سپرد ہی نہ کر چکا ہو بلکہ اعتقاداً اس کی برتری کا قائل اور اس کی بزرگی کا معترف بھی ہو اور اس کی مہربانیوں پر شکر و احسان مندی کے جذبہ سے سرشار بھی ہو تو وہ اس کی تعظیم و تکریم میں مبالغہ بھی کرتا ہے۔ مختلف طریقوں سے اعتراف نعمت کا اظہار بھی کرتا ہے اور طرح طرح سے مراسم بندگی بھی بجا لاتا ہے اسی کا نام پرستش ہے۔ اور یہ تصور عبدیت کے مفہوم میں صرف اس وقت شامل ہوتا ہے جبکہ غلام کا محض سر ہی آقا کے سامنے جھکا ہوا نہ ہو بلکہ اس کا دل بھی جھکا ہوا ہو۔ چنانچہ قرآن کریم میں ان تینوں معنوں میں عبادت کے لفظ کو استعمال کیا گیا ہے۔ لیکن تینوں حوالوں سے اصل مقصود غلامی ہے اور یہ دونوں تصورات اس سے پھوٹنے والے اجزا ہیں۔ اس لیے اگر غلامی کی حقیقت کو سمجھ لیا جائے تو خود بخود یہ بات واضح ہو جاتی ہے کہ اسلام میں عبادت کا صحیح مفہوم کیا ہے۔

اسلام میں غلامی کا مفہوم

اس غلامی کے حوالے سے قرآن و سنت اور اسلامی تاریخ میں ہمیں دو متضاد تصورات پہلو بہ پہلو سفر کرتے دکھائی دیتے ہیں۔ پہلا تصور یہ ہے کہ غلامی اسلام کی

نگاہ میں انتہائی مکروہ اور ناقابل قبول ہے بلکہ یہ ایک ایسی برائی ہے جس کے تصور کو بھی قبول کرنے سے اسلام انکار کرتا ہے یہی وجہ ہے کہ پورے قرآن پاک میں ہمیں اس کا کہیں ذکر نہیں ملتا کہ اگر امت غلام بنا لی جائے تو پھر اسے زندگی کس طرح گزارنی چاہیے بلکہ ہم پورے قرآن کریم میں ایک آزاد قوم کے تصور حیات کو جا بجا پھیلا ہوا دیکھتے ہیں بلکہ قرآن پاک میں متعدد مرتبہ اس بات کو دہرایا گیا کہ تمہاری زندگی کے مقاصد میں نمایاں ترین مقصد یہ ہے کہ تم طاغوت سے اجتناب کرو۔ چنانچہ جس آیت شریفہ میں انبیا کی دعوت کے حوالے سے عبادت کا ذکر کیا گیا ہے اس کے ساتھ یہ بھی فرمایا گیا: ''واجتنبوالطاغوت''

اور تاریخ اسلامی میں ایسے متعدد واقعات ہمیں ملتے ہیں جن سے ہمیں معلوم ہوتا ہے کہ مسلمان جن اصولوں کی بنیاد پر حالات بدلنے کے لیے اٹھے تھے ان میں سب سے بڑی بات انسان کو غیر اللہ کی غلامی سے آزاد کرانا تھا۔ یہی وجہ ہے کہ اہل عجم سے جو پہلی بڑی جنگ لڑی گئی ہے وہ جنگ قادسیہ ہے۔ اس میں حضرت ربعی بن عامرؓ جب مسلمانوں کی طرف سے سفیر بن کر رستم کے دربار میں گئے تو رستم نے پوچھا کہ تم کس مقصد کے لیے آئے ہو تو انھوں نے فرمایا تھا کہ ہم اس لیے آئے ہیں تاکہ انسان کو انسان کی غلامی سے آزاد کرائیں۔ اس سے آپ اندازہ فرما سکتے ہیں کہ غلامی کا تصور

اسلام کی نگاہ میں کس قدر ناپسندیدہ اور کس قدر ناقابل قبول ہے لیکن دوسری طرف ہم یہ دیکھتے ہیں کہ یہ تصور بھی قرآن پاک اور اس کی تعلیمات میں پوری طرح سرایت کیے ہوئے ہے اور جا بجا ہمیں پھیلا ہوا ملتا ہے کہ قرآنی تعلیمات کا حقیقی مقصد انسان کو اللہ کا غلام بنانا ہے اور جو لوگ اللہ کے حکم کی اطاعت اور اس کے راستے میں سرفروشی کی وجہ سے اس کے قرب کا مقام پا لیتے ہیں تو انھیں اس راستے میں جو بڑے سے بڑا اعزاز مل سکتا ہے وہ یہی لفظ عبد ہے جس کا معنی غلام ہے۔ فرشتے اللہ کے حکم اور اس کی اطاعت سے کبھی سرتابی نہیں کرتے۔ ان کی تعریف کرتے ہوتے پروردگار نے فرمایا: بَلْ عِبَادٌ مُّكْرَمُوْنَ ''وہ معزز غلام ہیں۔'' (الانبیآء : 21۔ 26) انبیا کرام کا گروہ انسانیت کا گل سرسبد ہے۔ ان کی تعریف میں جا بجا یہ لفظ استعمال ہوا ہے۔ حضرت سلیمانؑ کے بارہ فرمایا گیا: وَوَهَبْنَا لِدَاوٗدَ سُلَيْمٰنَ ط نِعْمَ الْعَبْدُ ط ''کہ ہم نے حضرت داوٗدؑ کو حضرت سلیمانؑ جیسا بیٹا عطا فرمایا تھا وہ کتنا اچھا غلام تھا۔'' (ص : 38۔ 30) رسول اللہ صلی اللہ علیہ وآلہ وسلم جو مقصود کائنات اور سید المرسلین ہیں، ان کا بھی سب سے بڑا اعزاز یہی لفظ عبد ہے۔ معراج شریف کا تذکرہ کرتے ہوئے فرمایا گیا:

سُبْحٰنَ الَّذِيْٓ اَسْرٰى بِعَبْدِهٖ لَيْلًا مِّنَ الْمَسْجِدِ الْحَرَامِ اِلَى الْمَسْجِدِ الْاَقْصَى (بنی اسرائیل : 17۔ 1)

''پاک ہے وہ ذات جو لے گئی اپنے عبد یعنی اپنے غلام کو ایک ہی رات میں مسجد حرام

سے مسجد اقصیٰ تک'' یہاں دیکھئے حضور ﷺ کو عبد سے یاد کیا گیا حالانکہ حسی معجزات میں سے معراج حضور کا سب سے بڑا معجزہ ہے۔ اس معجزے کے حوالے سے جب حضور کا ذکر کیا جائے گا تو یقیناً اس اعزاز کے ساتھ کیا جائے گا جو اللہ کی نگاہ میں انتہائی قدر و منزلت کا حامل ہو گا۔ مگر ہم یہاں دیکھتے ہیں کہ حضور ﷺ کو عبد کے لفظ سے یاد کیا جا رہا ہے اس کا مطلب یہ ہے کہ عبدیت اللہ کی نگاہ میں ایک انسان کے لیے سب سے بڑا اعزاز ہے۔ شاید اسی وجہ سے کلمہ شہادت میں بھی ''اشھد ان محمداً عبدہ ورسولہ'' فرمایا گیا یعنی میں گواہی دیتا ہوں کہ محمد ﷺ اس کے بندے اس کے غلام اور اس کے رسول ﷺ ہیں۔

اب دیکھئے یہ متضاد تصورات کہ ایک طرف غلامی سے نفرت اور دوسری طرف غلامی ہی منزل مقصود ہے اس تضاد کو سمجھنے کے لیے ایک بات ذہن میں رکھنی چاہیے وہ یہ کہ انسان کو جو خصوصیات دے کر پیدا کیا گیا ہے اس کو دیکھتے ہوئے یوں معلوم ہوتا ہے کہ غلامی اور عبدیت انسان کی فطرت ہے وہ اس سے بے نیاز نہیں رہ سکتا۔ وہ ہزار یہ دعویٰ کرے کہ میں ایک آزاد زندگی اختیار کرنا چاہتا ہوں جس میں کوئی پابندی کسی اطاعت اور کسی بندگی کا شائبہ تک نہ ہو مگر عملاً اس کے لیے یہ ممکن نہیں کیونکہ وہ غذا کا محتاج ہے اس احتیاج سے بچ نہیں سکتا وہ آرام کے حصول کا خوگر ہے اس

سے بے نیاز نہیں ہو سکتا وہ نہ جانے کتنے ماؤف لمحوں میں کبھی خوف اور کبھی امید کی گرفت میں آ جاتا ہے اس سے وہ آزاد نہیں ہو سکتا۔ محبت اور نفرت اس کے ایسے لاحقے ہیں جو اس سے الگ نہیں کیے جا سکتے بڑا بن کر رہنا اور دوسروں پر برتری ظاہر کرنا یہ اس کی وہ اندرونی خواہشیں ہیں کہ جن کی زنجیروں کو وہ توڑ نہیں سکتا۔ ممکن ہے کہ وہ بادشاہت کی غلامی سے بچ جائے وہ کسی نظام کو ماننے سے انکار کر دے۔ وہ برادری کی برتری سے بغاوت کر دے۔ لیکن سٹیٹس اور پر یسٹیج کی پوجا اور خواہشات کی پیروی سے وہ کبھی آزاد نہیں رہ سکتا۔ یہ غلامی کی کہ وہ چند در چند صورتیں ہیں جس کی کسی نہ کسی صورت میں وہ ضرور مقید رہتا ہے اور یہی وہ قیود ہیں جو اس کی صلاحیتوں کے لیے سمِّ قاتل ثابت ہوتی ہیں وہ جتنا جتنا ان غلامیوں سے آزاد ہوتا جاتا ہے ویسے ویسے اس کی شخصیت میں قوت کے سوتے پھوٹتے جاتے ہیں اور جتنا ان غلامیوں کا شکار ہوتا جاتا ہے ویسے ویسے اس کی صلاحیتیں دھیمی پڑتی جاتی ہیں۔ بقول اقبال:

بندگی میں گھٹ کے رہ جاتی ہے اک جوئے کم آب
اور آزادی میں بحرِ بے کراں ہے زندگی

چنانچہ انسانیت کا مستقبل، انسان کی صلاحیتوں اور اس کے آزاد ارادوں کو بروئے کار لانے اور اس کے ولولوں ہمہموں اور اس کی امنگوں کے پھلنے پھولنے میں مضمر ہے اس لیے پروردگار نے ہر قسم کی غلامی کو انسان کے لیے حرام قرار دے دیا۔ لیکن دوسری طرف چونکہ غلامی اس کی فطرت میں داخل ہے۔جس سے وہ کسی صورت بچ نہیں سکتا اس لیے ایک ایسی غلامی اس کی منزل مقصود بنا دی گئی کہ جس غلامی کو قبول کرنے کے بعد آدمی باقی ساری غلامیوں سے نجات پا سکتا ہے۔ یہ بات بالکل واضح ہے کہ اگر مخلوق کی غلامیوں سے کسی غلامی کو مشروع قرار دیا جاتا تو پھر مخلوق کی غلامی سے بچنا ممکن نہ ہوتا اس لیے مخلوق کی ہر غلامی سے آزادی کا حکم دیا گیا اور صرف ایک غلامی کا جواز بخشا گیا بلکہ اس کا حکم دیا گیا وہ ہے ہمارے آقا صلی اللہ علیہ وآلہ وسلم اور خالق کی غلامی کیونکہ خالق کی پرستش، اور خالق کی اطاعت اس کی غلامی کے بغیر ممکن نہیں اور پھر یہ وہ غلامی ہے جو باقی تمام غلامیوں سے خلاصی اور نجات کا ذریعہ ہے۔ بقول اقبال:

یہ ایک سجدہ جسے تو گراں سمجھتا ہے
ہزار سجدے سے دیتا ہے آدمی کو نجات

یہی وہ غلامی ہے جس سے مخلوق کی ہر طرح کی غلامی کی جڑ کٹ جاتی ہے اور اس کے نتیجے میں آدمی آزادی کے اس تصور کو پا سکتا ہے جس کے سائے میں اس کی صلاحیتیں پروان چڑھتی ہیں خواہشیں صحیح حدود میں محدود رہتیں اور اس کے ولولے پوری طرح بروئے کار آتے ہیں۔ چنانچہ ہم آنحضرت ﷺ کی بعثت سے پہلے عرب و عجم میں جس بری طرح سے انسان کو بگڑا ہوا دیکھتے ہیں اس کی اگر حقیقت کو سمجھا جائے تو اس کے سوا کچھ نہیں کہ اس دور کا انسان پوری طرح اپنی خواہشوں کی گرفت میں تھا۔ وہ صرف اپنے مفادات کے لیے جیتا اور اپنے مفادات کے لیے مرتا تھا۔ خواہشات اور مفادات میں اجتماعی تصادم سے اللہ تعالیٰ کی یہ زمین فساد سے بھر گئی تھی اور انسانیت کا مستقبل تاریک ہو کر رہ گیا تھا۔ جیسے ہی اس پر اللہ کی غلامی کی سحر طلوع ہوئی اس نے رفتہ رفتہ انسان کو اس کی خود عائد کردہ زنجیروں سے آزاد کیا تو وہ انسان تیار ہوا جس کی نظیر نہ اس سے پہلے کبھی چشم فلک نے دیکھی تھی اور نہ آج پوری طرح دکھائی دیتی ہے۔ لیکن صدیوں سے وقت اس کی راہ تک رہا تھا۔ وہ بالآخر صحابہ کی شکل میں نظر آئی۔ بقول اقبال :۔

طلب جس کی صدیوں سے تھی زندگی کو
وہ سوز اس نے پایا انہی کے جگر میں

اور پھر دعا کرتا ہے کہ : -

دلِ مردِ مومن میں پھر زندہ کر دے
وہ بجلی کہ تھی نعرۂ لاتذرمیں
عزائم کو سینوں میں بیدار کر دے
نگاہِ مسلماں کو تلوار کر دے

اب صرف ایک سوال باقی رہ جاتا ہے کہ اس غلامی کا صحیح مفہوم کیا ہے۔ ہم نہایت اختصار سے عرض کریں گے کہ غلامی کے اس مفہوم میں چار تصورات داخل ہیں۔

۱۔ غلام اسے کہتے ہیں جسے حق ملکیت حاصل نہ ہو اس کے پاس جو کچھ ہے چاہے وہ جسم ہے یا جان، اس کی صلاحیتیں ہیں یا اس کی امنگیں اس کا مال و دولت ہے یا اس کے تعلقات ان میں سے وہ کسی چیز کا مالک نہیں۔ ان تمام چیزوں کا مالک اس کا وہ آقا ہے جس کا وہ غلام ہے۔

۲۔ چونکہ وہ کسی چیز کا مالک نہیں اس لیے وہ یہ دعویٰ نہیں کر سکتا کہ میں اپنے زیر تصرف چیزوں میں اپنی مرضی کرنے کا حق رکھتا ہوں۔ یعنی مجھے آزادانہ تصرف کا حق حاصل ہے کہ جیسے چاہوں اور جہاں چاہوں استعمال کروں۔ اس لیے کہ آزادانہ

تصرف کا حق اور من مرضی کا اختیار وہاں ہوتا ہے جہاں آدمی کو حق ملکیت حاصل ہو۔ کیونکہ اسی حق سے باقی حقوق پیدا ہوتے ہیں۔

۳۔ غلام وہ ہوتا ہے جو اپنی زندگی کا نصب العین اور زندگی کا مقصد ازخود متعین نہیں کر سکتا، وہ خود یہ فیصلہ کرنے کا حق نہیں رکھتا کہ مجھے زندگی کس طرح گزارنا ہے۔ میں ایک عالم بن کر زندگی گذاروں یا ایک استاد بن کر۔ مجھے انجینئر بننا ہے یا ایک تاجر بننا ہے۔ میں زندگی اپنے لیے گزاروں یا لوگوں کی خدمت کے لیے صرف کروں۔ ان میں سے اسے کسی بات کا حق نہیں ہوتا اس کی ان باتوں کا اختیار اس کے آقا کو ہے۔ وہ جو اس کا مقصد زندگی متعین کر دے اسے اسی مقصد کے مطابق زندگی گزارنا ہوگی۔

۴۔ اس غلام کا آقا اسے جس حال میں رکھے اسے اس بات کا حق نہیں ہوتا کہ وہ حرف شکایت زبان پر لائے وہ ادب اور احترام سے اپنی ضرورتیں اپنے آقا کی خدمت میں پیش کر سکتا ہے بلکہ شاید آقا کو یہ بات اچھی لگے کہ اس کا غلام اس سے مانگے بلکہ مانگتا رہے۔ لیکن اگر وہ اسے دینا پسند نہ کرے یا اس کی مرضی کے مطابق دینا پسند نہ کرے تو اسے یہ حق نہیں ہے کہ وہ اس کے خلاف سوچے، زبان کھولی یا دوسروں سے شکایت کرے۔

تاریخ میں آتا ہے کہ حضرت عبداللہ ابن مبارک ایک دن اپنے گھر میں بیٹھے تھے کھڑکیوں کے شیشوں سے انھوں نے گلی میں دیکھا کہ ایک نوجوان بار بار کسی کام کے لیے اس یخ بستہ رات میں آ جا رہا ہے۔ انھوں نے اسے غور سے دیکھا تو یہ دیکھ کر حیران رہ گئے کہ اس نے اکہرا لباس پہن رکھا ہے اور اوپر کوئی گرم چادر تک نہیں بہت حیران ہوئے۔ نہ رہ سکے، اس نوجوان کو اندر طلب کیا پوچھا صاحبزادے تمھیں سردی نہیں لگتی؟ اس نے عرض کیا جی لگتی ہے۔ کہا تم نے گرم کپڑے کیوں نہیں پہنے؟ عرض کیا کہ گرم کپڑے میرے پاس نہیں ہیں۔ فرمایا تم کون ہو؟ عرض کیا کہ میں غلام ہوں۔ پوچھا تم نے اپنے آقا سے گرم کپڑے نہ ہونے کی شکایت نہیں کی۔ اس نے حیران ہو کر حضرت عبداللہ ابن مبارک کی طرف دیکھا اور ادب سے عرض کیا کہ حضرت میں غلام ہوں میرے آقا جانتے ہیں کہ میرے پاس گرم کپڑے نہیں ہیں۔ یہ بھی جانتے ہیں کہ یہ سردیوں کا موسم ہے۔ اور رات بہت ٹھنڈی ہے اس کے باوجود وہ باہر مجھے کام کے لیے اس حالت میں بھیج رہے ہیں۔ تو اس کا مطلب یہ ہے کہ وہ مجھے اسی حال میں دیکھ کر خوش ہیں۔ اب میری غلامی کا یہ تقاضا ہے کہ جس حال میں میرا آقا خوش رہے میں اس کی خوشی میں خوش رہوں اور اس کے خلاف حرف شکایت زبان پر نہ لاؤں کیونکہ اگر میں نے ایسا کیا تو یہ میری غلامی کے آداب

کے خلاف ہو گا۔ یہ جواب سن کر حضرت عبد اللہ ابن مبارک پھڑک اٹھے۔ فرمایا نوجوان تم نے میری آنکھیں کھول دیں۔ اور آج مجھے معلوم ہوا کہ غلامی کا حقیقی مفہوم کیا ہے؟ حیرت ہوتی ہے کہ صحابہ کرامؓ زیادہ پڑھے لکھے لوگ نہیں تھے لیکن آنحضرت صلی اللہ علیہ وآلہٖ وسلم کی صحبت نے ان میں وہ چیزیں پیدا کر دی تھیں کہ برس ہا برس کے مطالعہ کے بعد بھی آدمی بصد مشکل سمجھ پاتا ہے۔ روایات میں آتا ہے کہ آنحضرت صلی اللہ علیہ وآلہٖ وسلم نے ایک صاحب کو مغرب کی نماز پڑھ کر سلام پھیرتے ہی فوراً مسجد سے نکلتے دیکھا تو آپ کو حیرت ہوئی۔ دوسرے تیسرے چوتھے روز بھی آپ نے اسی طرح اسے نکلتے دیکھا تو آپ نے آواز دے کر اسے بلایا اور پوچھا کہ بھئی تم نماز کے فوراً بعد کیوں چلے جاتے ہو؟ اس نے عرض کی کہ حضور کوئی اور پوچھتا تو میں کبھی نہ بتاتا لیکن آپ سے کیسے چھپاؤں؟ بات یہ ہے کہ یہ جو میں اپنے اوپر چادر لے کر آیا ہوں یہی میرے گھر کا کل اثاثہ ہے۔ گھر میں میری بیوی منتظر ہیں کہ میں گھر پہنچوں تاکہ وہ بھی اول وقت میں نماز ادا کر سکیں کیونکہ ان کے پاس کوئی اور چادر نہیں ہے۔ اس لیے میں جلدی چلا جاتا ہوں۔ حضور صلی اللہ علیہ وآلہٖ وسلم یہ سن کر آبدیدہ ہو گئے اور آپ نے ان کے لیے فراخیِ رزق کی دعا فرمائی۔ وہ صاحب جب گھر پہنچے تو بیوی نے پوچھا کہ آج آپ کچھ تاخیر سے تشریف لائے ہیں۔ انھوں نے کہا کہ حضور صلی اللہ علیہ وآلہٖ وسلم نے روک لیا تھا۔

بیوی نے پریشانی سے پوچھا کہیں آپ نے بتا تو نہیں دیا۔ انھوں نے کہا کہ بتا آیا ہوں۔ بیوی نے انتہائی پریشانی کے عالم میں کہا کہ آپ نے اچھا نہیں کیا۔ اللہ تعالیٰ نے ہمیں جس حال میں رکھا تھا ہم اس کے بندے ہیں ہمیں کوئی حق نہیں پہنچتا کہ ہم اس کے خلاف حرف شکایت زبان پر لائیں۔ آپ نے جو آنحضرت ﷺ سے ذکر کیا کہیں اس کا مطلب یہ نہ سمجھ لیا جائے کہ ہم اپنے اس حال پر صابر و شاکر نہیں ہیں۔

یہ ہے غلامی کا وہ حقیقی مفہوم کہ ہر مسلمان اپنے اللہ کا غلام ہے۔ نہ اس کا جسم اپنا ہے نہ جان نہ اس کی صلاحیتیں اور توانائیاں اپنی ہیں نہ جسمانی قوتیں، نہ اولاد پر اسے حق ملکیت حاصل ہے نہ مال و دولت پر، یہ سب کچھ اللہ کی دین ہے۔ وہی ان سب کا مالک ہے۔ مسلمانوں کے پاس یہ اس کی دی ہوئی امانت ہے۔ امانت میں ان حدود سے تجاوز کرنا جو امانت رکھنے والے عائد کر دی ہیں یا اپنی مرضی اس طرح استعمال کرنا جو امانت کو ملکیت بنا دے تو یہ امانت داری نہیں بلکہ خیانت ہے۔ ہم اپنی ان چیزوں میں اپنی مرضی کرنے کے ہر گز مجاز نہیں۔ زندگی اس نے ہمیں گذارنے کے لیے دی ہے تو گزارنے کے طریقے بھی عطا فرمائے ہیں۔ اس میں اپنی مرضی سے لکیریں کھینچنا، اپنی مرضی سے نقشے بنانا، اپنی مرضی سے اس کے اصول و ضوابط اور آداب وضع کرنا یہ بندگی اور غلامی کے آداب کے خلاف ہے اور پھر اس زندگی کے

لیے از خود نصب العین اور مقصد زندگی متعین کرنا یہ سراسر حدود سے تجاوز ہے۔ اور پھر زندگی کے ہر شعبے کے لیے جو احکام دیے گئے ہیں انھیں کامل بندگی کے تصور کے ساتھ بجا لانے کی بجائے ان کے خلاف دل و دماغ کی قوتیں صرف کرنا، اس کے خلاف اپنے اعضاء و جوارح کو حرکت میں لانا بلکہ کھلم کھلا اس کے احکام کے خلاف زندگی کا فیصلہ کرنا یہ سراسر اس کی بندگی اور غلامی سے بغاوت ہے اور پھر وہ تنگی و ترشی، عسر و یسر اور امن اور خوف، جس حال میں بھی رکھے اس کے خلاف حرف شکایت زبان پر لانا یا اس کے سوا کسی اور کے سامنے دست سوال دراز کرنا اور کسی اور سے امیدیں باندھنا، محبت کسی اور سے کرنا، نفرت کا حوالہ کسی اور کو بنانا، دل کی دینا کسی اور سے آباد کرنا، زندگی کے الجھے ہوئے مسائل میں اس کی دی ہوئی ہدایت کے بر عکس کوئی اور ہدایت قبول کرنا یہ سب وہ باتیں ہیں جو اس بندگی اور غلامی کے خلاف ہیں۔

یہ غلامی کا وہ حقیقی مفہوم ہے جس میں کائنات کا ذرہ ذرہ جکڑا ہوا ہے۔ خالق حقیقی وہ غالب و قادر آقا ہے کہ اس کی کائنات کی ہر مخلوق اس کے سامنے سراپا تسلیم و انقیاد ہے جس مخلوق کو جس کام میں لگا دیا گیا ہے اس کی مجال نہیں کہ وہ اس سے سر تابی کر سکے۔ ایک چھوٹے سے چھوٹے ذرے سے لے کر بڑے سے بڑے کُرّے تک ہر

مخلوق اپنی اپنی مفوضہ ذمہ داری ادا کرنے میں سرتاپا مصروف عمل ہے۔ ارشاد خداوندی ہے:

اللّٰہ یَسْجُدُ لَہٗ مَنْ فِی السَّمٰوٰتِ وَالْاَرْضِ وَالشَّمْسُ وَالْقَمَرُ وَالنُّجُوْمُ وَالْجِبَالُ والشَّجَرُ وَالدَّوَآبُّ وَکَثِیْرٌ مِّنَ النَّاسِ ط (الحج: 22۔ 18)

(اللہ ہی کے لیے جھکے ہوئے ہیں جو آسمانوں اور زمین میں ہیں اور سورج اور چاند اور ستارے اور پہاڑ اور درخت اور چارپائے اور بہت سے لوگ (سب اسی کے سامنے سجدہ ریز ہیں)

وَلِلّٰہِ یَسجُدُ مَا فِی السَّمٰوٰتِ وَ مَا فِی الْاَرْضِ مِنْ دَآبَّۃٍ وَّالْمَلٰٓئِکَۃُ وَھُمْ لاَ یَسْتَکْبِرُوْنَ۔ یَخَافُوْنَ رَبَّھُمْ مِّنْ فَوْقِھِمْ وَیَفْعَلُوْنَ مَایُؤْمَرُوْنَ۔ ع السجدۃ

(اور اللہ ہی کے لیے سجدہ کر رہے ہیں جو کوئی آسمانوں میں ہیں اور جو کوئی زمین میں ہیں چارپایوں میں سے اور فرشتوں میں سے اور وہ تکبر نہیں کرتے وہ اپنے اوپر اپنے رب سے ڈرتے ہیں اور وہ کرتے رہتے ہیں جس کا انھیں حکم دیا جاتا ہے)

وَاِنْ مِّنْ شَیْءٍ اِلَّا یُسَبِّحُ بِحَمْدِہٖ وَلٰکِنْ لاَّ تَفْقَہُوْنَ تَسْبِیْحَھُمْ ط (بنی اسرائیل: 17۔ 44)

(ہر چیز اس کی تسبیح میں لگی ہوئی ہے مگر تم ان کی تسبیح کو سمجھتے نہیں ہو)

اِنْ کُلُّ مَنْ فِی السَّمٰوٰتِ وَالْاَرْضِ اِلآَ اٰتِی الرَّحْمٰنِ عَبْدًا ط (مریم: 19۔ 93)

(آسمانوں اور زمین میں جو کوئی ہے وہ اللہ کے پاس غلام بن کے آنے والا ہے) سورج اس کی غلامی میں چمک رہا ہے ۔ چاند اس کی بندگی میں دمک رہا ہے ہر سیارہ اس کی چاکری میں محو حرکت ہے ۔ پہاڑ اس کے حکم کی تعمیل میں ایستادہ ہیں ۔ زمین اس کی اطاعت میں بچھی ہوئی اپنا فرض انجام دے رہی ہے ۔ فرشتے اس کے احکام کی بجا آوری میں ہمہ وقت اور ہمہ تن مصروف عمل ہیں کائنات کی ہر مخلوق سراپا خدمت و اطاعت ہے اور ایک لمحے کے لیے بھی اپنی ڈیوٹی سے غفلت یا سرکشی کا شکار نہیں ہوتی ۔

مسلمانوں میں عبادت کا غلط تصور

لمحۂ فکریہ، یہ ہے کہ یہ تمام مخلوقات جو اپنی تمام تر قوت و شوکت کے باوجود حضرت انسان کے لیے مسخر و مطیع اور تابع فرمان بنا دی گئی ہیں اور انسان کو نہ صرف ان سے خدمت لینے کا حق دیا گیا ہے بلکہ کائنات کی پاکیزہ ترین مخلوق یعنی فرشتوں کا اسے مسجود بنا دیا گیا ہے اور اشرف المخلوقات کا طغرہ اس کے سر پر سجایا گیا ہے ۔ وہ مخلوقات تو اپنے خالق و مالک کی ہمہ وقت اور ہمہ نوع بندگی و غلامی میں مصروف ہیں اور یہ اشرف و اعلیٰ کہلانے والا بندگی و غلامی تو رہی ایک طرف بالعموم معصیت و

نافرمانی بلکہ سرکشی و بغاوت پر تلا رہتا ہے۔ اس کی شرافت و فضیلت کا تقاضہ تو یہ تھا کہ یہ بندگی و اطاعت میں باقی تمام مخلوقات سے بڑھ جاتا بلکہ پروردگار کی طرف سے بھی اس پر دوسری مخلوقات سے بڑھ کر بندگی و غلامی کی ذمہ داریوں کا بار ڈالا جاتا جبکہ ہمارے یہاں عام طور پر یہ سمجھا جاتا ہے کہ نماز، روزہ، حج اور زکوٰۃ صرف یہی عبادات ہیں ان پر عمل کر لینے سے عبادت کا حق ادا ہو جاتا ہے یعنی زندگی کے شب و روز میں سے نماز کے چند اوقات بارہ مہینوں میں رمضان کا ایک مہینہ پوری زندگی میں حرمین کی بقصد حج ایک دفعہ کی حاضری اور دولت کی بہتات میں بھی سال بہ سال اڑھائی فیصد زکوٰۃ کی ادائیگی یہ وہ پروردگار کے حقوق ہیں جن کے ادا کرنے سے عبادت کی ذمہ داری ساقط ہو جاتی ہے۔ یہی وہ غلط فہمی ہے جس نے ہماری اجتماعی زندگی کو عبادت کے ہمہ نوعی اثرات سے محروم کر دیا ہے حالانکہ امر واقعہ یہ ہے کہ ہماری زندگی مہد سے لحد تک عبادت کی ذمہ داریاں رکھتی ہے۔ قبل از بلوغ ماں باپ کے واسطے سے یہ ذمہ داریاں ادا ہوتی ہیں اور بعد از بلوغ ہر مرد و عورت کی مکلف زندگی شروع ہو جاتی ہے۔ جس میں جوانی کی جولانیاں بھی ہیں، صلاحیتوں اور توانائیوں کا امتحان بھی ہے۔ قلب و ذہن کی رعنائیوں کا نشیب و فراز بھی ہے۔ محبتوں کی ہماہمی بھی ہے، تنہائیوں کا سوز و گداز بھی ہے۔ ذمہ داریوں کے بار بھی ہیں۔ اور فارغ البالیوں کی

سرمستیاں بھی ہیں۔ ڈھلتی ہوئی عمر کا سوز و گداز بھی ہے اور دم توڑتی ہوئی صلاحیتوں کا خمار بھی ہے ان تمام حوالوں سے عبادت اپنا مفہوم رکھتی ہے اور ان تمام بدلتے ہوئے حالات میں پروردگار کے احکام کی اطاعت فی الحقیقت وہ عبادت ہے۔جس کے بارے میں کل کو سوال ہوگا آنحضرت صلی اللہ علیہ وآلہ وسلم کا ارشاد ہے کہ قیامت کے دن جب ہم میں سے ہر فرد بارگہ حق میں حاضر ہوگا تو زمین ہمارے پاؤں جکڑلے گی اور اس وقت تک نہیں چھوڑے گی تاوقتیکہ پانچ باتوں کا جواب نہیں دے دیا جائے گا۔ پوچھا جائے گا زندگی کیسے گذار کے آئے ہو جوانی کس طرح کے کاموں میں صرف کی۔ مال کس طرح کمایا اور کہاں خرچ کیا اور علم حاصل کیا یا نہیں اگر کیا تو اس کا کیا حق ادا کیا۔ یعنی زندگی کے ایک ایک لمحے، نعمتوں میں سے ایک ایک نعمت اور توانائیوں اور صلاحیتوں سے ایک ایک توانائی اور صلاحیت اور عہدہ و مناصب میں سے ایک ایک منصب کا حساب ہوگا۔

دست درازیوں کا بھی حساب ہوگا اور کوتاہیوں کا بھی دل و دماغ کی کج اندیشیوں کے کے بارے میں بھی پوچھا جائے گا اور نگاہوں کی خیانتوں کے بارے میں بھی قدموں کے حدود سے تجاوز کا بھی حساب ہوگا اور تساہل و تغافل اور لغزش قدم کا بھی مال و دولت کے حوالے سے حرام ذرائع اختیار کرنے پر بھی باز پرس ہوگی اور بخل و

اسراف پر گرفت بھی جھونپڑے والا اگر احتساب سے گذرے گا تو تخت و تاج کا مالک بھی اس سے بچ نہ سکے گا۔ رند و مست اگر پکڑا جائے گا تو عابد و زاہد بھی خشوع و خضوع کا حساب دیے گا۔ غرضیکہ انسان کو ہمہ وقتی اور ہمہ نوعی عبادت کا مکلف بنایا گیا ہے جس میں زندگی کا ہر شعبہ اور ہر ذمہ داری شامل ہے۔

نماز، روزہ، حج اور زکوٰۃ کو عبادت کہنے سے اسلام کی مراد

اسلام نے اگرچہ نماز روزہ حج اور زکوٰۃ کو عبادت کا نام دیا ہے مگر اس کا یہ مطلب نہیں کہ صرف یہی عبادات ہیں۔ ان کو عبادت کہنے کا مطلب تو یہ ہے کہ یہ اس طرح کی عبادات ہیں کہ ان کو فہم و شعور سے ادا کرنے والا باقی زندگی کو بھی اسی ڈھب پر لے آتا ہے اور دوسرا مطلب یہ ہے کہ یہ ایسے افعال ہیں جو از اول تا آخر خالصتاً تسلیم و انقیاد اور حضوریِ حق سے عبارت ہیں جبکہ باقی زندگی کا ہر کام اطاعت خداوندی سے عبادت بنتا ہے۔ یہی وہ غلط فہمی ہے جو بعض صحابہ کو بھی ہوئی انھوں نے صرف انھیں افعال و اعمال کو دینداری اور عبادت سمجھ کر اور باقی معاملات کو دنیاداری جان کر یہ فیصلہ کیا کہ ہم راتیں نمازمیں گزاریں گے اور دن روزے میں۔ اور بیویوں سے کوئی تعلق نہیں رکھیں گے۔ آنحضرت صلی اللہ علیہ وآلہ وسلم نے انھیں سرزنش کرتے ہوئے فرمایا کہ

مجھے دیکھو میں رات کو نماز بھی پڑھتا ہوں اور سوتا بھی ہوں میں روزے بھی رکھتا ہوں اور چھوڑتا بھی ہوں میں نکاح بھی کرتا ہوں اور بیویوں سے تعلق بھی رکھتا ہوں یہ میرا طریقہ یعنی میری سنت ہے جس نے میرے طریقے کی پیروی کی وہ مجھ سے ہے اور جس نے ایسا نہ کیا اس کا مجھ سے کوئی رشتہ نہیں عجیب بات تو یہ ہے کہ کھانا پینا جو سراسر ایک دنیاداری ہے قرآن کریم نے اسے بھی دینداری اور عبادت قرار دیا۔

ارشاد خداوندی ہے :

يَآيُّهَا الَّذِيْنَ اٰمَنُوْا كُلُوْا مِنْ طَيِّبٰتِ مَا رَزَقْنٰكُمْ وَاشْكُرُوْا لِلّٰهِ اِنْ كُنْتُمْ اِيَّاهُ تَعْبُدُوْنَ۔

(البقرة 2: 172)

(اے مومنو! کھاؤ ان پاکیزہ نعمتوں میں سے جو اللہ نے تمہیں عطا فرمائی ہیں اور اللہ کا شکر بجالاؤ اگر تم اسی کی عبادت کرنا چاہتے ہو)

تو غور فرمائیے اس آیت میں پاکیزہ نعمتوں کے کھانے اور ان پر شکر بجا لانے کو عبادت قرار دیا ہے۔

مندرجہ بالا گزارشات سے یہ بات واضح ہو گئی ہے کہ ہمیں جس عبادت کا حکم دیا گیا ہے اور وہی ہماری تخلیق کا مقصد بھی ہے وہ ایک ہمہ وقتی عبادت ہے جو پوری زندگی پر حاوی ہے اور جس میں زندگی کا ہر شعبہ داخل ہے۔ اس پوری زندگی کی عبادت سے

انسان باقی تمام مخلوقات بالخصوص ملائکہ کا ہم پلہ ہو جاتا ہے مگر انسان کے اشرف المخلوقات ہونے کا تقاضہ تو اس سے کچھ سوا کا تقاضہ کرتا ہے کیونکہ :

جن کے رتبے ہیں سوا ان کی سوا مشکل ہے

اس کی شرافت و فضلیت کا تقاضا تو یہ ہے کہ اس کی عبادت میں کوئی ایسی حقیقت کار فرمائی ہونی چاہیے جو باقی مخلوقات پر اس کا افضل ہونا مبرہن کر دے۔

انسان کے اشرف المخلوقات ہونے کی دو بنیادی وجوہات

اس حوالے سے جب غور کرتے ہیں تو دو حقائق ہمارے سامنے کھلتے ہیں جو انسان کے افضل و اعلیٰ ہونے پر دلالت کرتے ہیں۔ ان میں سے پہلی حقیقت یہ ہے کہ اللہ تعالیٰ کی تمام مخلوقات جن و انس کے علاوہ ایسی ہیں جن کے بارہ یہ بات مسلم ہے کہ قدرت نے انھیں ارادہ و اختیار کی آزمائش میں بتلا نہیں کیا۔ ان کی اطاعت و عبارت جیسی کچھ بھی ہے اس میں ان کے اختیار کا کوئی دخل ہیں۔ انھیں انکار کی صلاحیت سے بہرہ ور نہیں کیا گیا بلکہ وہ اپنی فطرت اور جبلت کے اعتبار سے اللہ تعالیٰ کی عبادت و اطاعت اور تسلیم و انقیاد پر مجبور ہیں۔ مگر اس کے برعکس انسان کا حال یہ ہے کہ اسے اس بات کی آزادی دی گئی ہے اور حق و باطل کے اختیار اور خیر و شر کے امتیاز

میں اسے آزاد چھوڑا گیا ہے کہ دونوں میں جسے چاہو اختیار کرو۔ اسی طرح احکام کی اطاعت میں بھی کوئی اضطرار نہیں بلکہ یہ اختیار دیا گیا کہ چاہو تو اطاعت کا راستہ اختیار کرو چاہو تو معصیت کا۔ اس قوت تمیز اور اختیار کی آزادی کے صحیح استعمال پر اجرو ثواب کی امید دلائی گئی اور غلط استعمال پر سزا اور عذاب کی تہدید سنائی گئی۔ پھر اسی پر بس نہیں بلکہ اس اختیار اور آزادی کے مزید امتحان کے لیے انسان کے اندر مکروہات و منکرات اور فواحش کی خواہش اور ہوس کو بھی پیدا کیا گیا۔ اب جو آدمی خواہشات و مرغوبات اور امیدوں اور آرزوؤں کے کانٹوں سے دامن بچا کر ارادہ و اختیار کے صحیح استعمال سے معصیت و نافرمانی اور سرکشی و بغاوت کا راستہ اختیار کرنے کی بجائے عبادت و بندگی کا راستہ اختیار کرتا ہے تو اس کے افضل و اعلیٰ ہونے میں کیا شبہ ہے؟ فرشتہ کبھی گناہ نہیں کرتا۔ اس لیے کہ اس میں گناہ کے لیے رغبت ہی نہیں وہ کبھی انحراف اور سرکشی کا رویہ اختیار نہیں کرتا اس لیے کہ اس میں اس کی طاقت و صلاحیت ہی نہیں وہ شرم و حیا کا پیکر بن کر پاکدامنی کی علامت بن جاتا ہے اس لیے کہ اس میں خواہش نفس کا وجود ہی نہیں۔ مگر جب یہی صفات انسان اختیار کرتا ہے تو بجا طور پر یہ اس کے لیے باعث شرف ہے کیونکہ وہ خواہش نفس کا شکار رہے وہ معصیت

کی طرف رغبت رکھتا ہے وہ حُبِّ دنیا اور ہوس زر کا اسیر ہے۔ وہ طاقت اور گھمنڈ کا رسیا ہے۔ وہ عہدہ و منصب کا نخچیر ہے۔

دوسری حقیقت جس نے انسان کو شرافت و فضیلت کے تخت پر فائز کیا ہے وہ یہ ہے کہ کائنات کی ہر مخلوق نے صرف عبادت کی ہے یعنی احکام کی اطاعت کی ہے۔ زندگی بھر اس سے انحراف نہیں کیا۔ سجدہ و قیام اور رکوع و قعود میں رہ کر بندگی کا حق ادا کیا ہے اور یہ بھی بلاشبہ متاع بے بہا ہے مگر انسان نے صرف بندگی نہیں کی بلکہ کچھ اور بھی کیا ہے۔ اس نے صرف اطاعت و بندگی میں میں سر ہی نہیں جھکایا بلکہ برگشتہ سروں اور تنی ہوئی گردنوں کو اپنے مالک کے سامنے جھکنے پر مجبور بھی کیا ہے۔ اس کے لیے وطن چھوڑا ہے گھر سے بے گھر ہوا ہے اولاد کی قربانی دی ہے۔ دنیا بھر سے لڑائی لڑی ہے۔ دنیا کے ہر خطے کو اپنی سرفروشی و جانفشانی سے زندگی بخشتی ہے۔ اور اس شمع کو لے کر ہر اس جگہ پہنچا ہے جہاں دھرتی پانی دیتی ہے اور جہاں انسان کی اولاد بستی ہے پھر کبھی اس راستے میں مال لٹایا ہے کبھی پسینہ بہایا ہے اور کبھی خون دیا ہے بقول اقبال :

مقامِ بندگی دیگر مقام عاشقی دیگر
زنوری سجدہ مے خواہی زخاکی بیش ازاں خواہی

ازاں خودرانگہ داری کہ باایں بے نیازی ہا
شہادت بروجودِ خودزخون دوستاں خواہی

یہ عبادت کی اعلی اور برترین صورت ہے جو حضرت انسان کے لیے ودیعت کی گئی اور جس کا نام عاشقی اور شہادت رکھا گیا۔ اس میں ایک طرف انسان اپنے جسم و جان قوت و صلاحیت عقل و دانش، مال و دولت اور ارادہ و اختیار سے اپنے مالک حقیقی کے لیے دستبردار ہوتا ہے۔ اپنی زندگی کے لیے فیصلوں کا حق انفرادی اور اجتماعی سطح پر اسی کو تفویض کرتا ہے اور بندگی و عبودیت کی تصویر بن کر راضی بہ رضا ہو جاتا ہے۔ دوسری طرف اگر ضرورت پڑتی ہے تو ہدیۂ جان لے کر اس کی بارگاہ میں پیش کر دیتا ہے اور اگر یہ ہدیہ قبول کر لیا جاتا ہے تو پکار اٹھتا ہے ''فُزْتُ وَرَبِّ الْكَعْبَةِ'' اور اس کامل تر بندگی و عبادت کو وہ حقیقی زندگی سمجھتا اور کامیابی و کامرانی کی ضمانت جانتا ہے۔ بقول اقبال :ؔ

برتر از اندیشۂ سودو زیاں ہے زندگی
ہے کبھی جاں اور کبھی تسلیمِ جاں ہے زندگی

حاصل کلام یہ کہ عبادت اپنی بندگی و عبودیت کا نذرانہ حضورحق میں صرف اسی کی رضا و خوشنودی کے حصول کے لیے پیش کرنے کا نام ہے مگر اس میں مدارج اور مراتب

ہیں، جن و انس کے علاوہ باقی مخلوقات کی عبادت اضطراری عبودیت یا بے اختیار غلامی ہے اور جنوں کی عبادت اگرچہ بالاختیار عبودیت ہے یعنی وہ اپنے اختیار اور ارادہ سے اللہ تعالیٰ کی بندگی بجالاتے ہیں اور اس میں انسانوں ہی کی طرح کامل فدویت امتثال امر انکساری اور فدائیت کی روح کارفرما ہوتی ہے۔ مگر انسانوں کو اپنی عبادت میں ایک اختصاص اور امتیاز حاصل ہے وہ یہ کہ حضرت انسان ایک طرف تو اللہ تعالیٰ کا غلام بے دام غلام اور بندۂ حقیر ہے مگر دوسری طرف وہ زمین پر اپنے مالک و آقا کا خلیفہ بھی ہے۔ اس لیے اس کے اندر عبودیت و فدائیت اور عشق و سر مستی کے ساتھ ساتھ حق خلافت کی ادائیگی کے لیے ایک اولوالعزمی بھی پائی جاتی ہے۔ جس کا حق وہ نوع بہ نوع ایثار و قربانی اور بالآخر راہ حق میں اپنے خون کا آخری قطرہ بہا کر ادا کرتا ہے اور اسی وجہ سے جنوں اور فرشتوں سمیت تمام مخلوقات سے اشرف و اعلیٰ ہونے کا شرف پاتا ہے۔ (علیہ السلام) حاصل کلام! ہماری اب تک کی گزارشات سے یہ بات واضح ہو گئی ہو گی کہ عبادت زندگی کا ایک ایسا مجموعی اور ہمہ گیر عمل ہے جس کا تعلق انسان کی انفرادی زندگی سے بھی ہے اور اس کی اجتماعی زندگی سے بھی۔ زندگی کا کوئی دائرہ اس سے باہر نہیں۔ اسی طرح زندگی کا کوئی شعبہ اور زندگی کا کوئی ہدف اس سے آزاد نہیں۔ افراد انسانی تمام تر تنوعات کے باوجود عبادت کے پابند ہیں۔ اور

مزید یہ بات کہ جس طرح عبادت پوری انسانی زندگی پر محیط ہے اسی طرح وہ زندگی کا سب سے مشکل کام بھی ہے اس میں جسمانی صلاحیتیں بھی صرف ہوتی ہیں اور دماغی رعنائیاں بھی کام میں لانا پڑتی ہیں۔ خواہشات کی قربانی بھی دینا پڑتی ہے اور حوصلوں کی آزمائش بھی ہوتی ہے۔ حتیٰ کے بعض دفعہ نقد جان بھی پیش کرنا پڑتا ہے۔ اور انفرادی اور اجتماعی زندگی سے گزر کر قومی اور ملی زندگی کو بھی اس میں شریک ہونا پڑتا ہے کیونکہ عبادت کا عمل جس طرح شہادت کے راستے سے گزرتا ہے اسی طرح خلافت کی گراں باریاں بھی رکھتا ہے سوچنے کی بات یہ ہے کہ جس عمل کی وسعتوں کا یہ عالم ہو اور جس کی گراں باریوں اور مشکلات بے نہایت اور بے اندازہ ہوں کیا یہ ممکن ہے کہ انسان اپنی صلاحیتوں کے بل بوتے پر اور اپنی ہمتوں پر اعتماد کرتا ہوا اس گھاٹی کو سر کرلے۔ یقیناً ایسا نہیں ہو سکتا۔ لازمی بات ہے کہ اس کی ذمہ داریوں سے عہدہ برآ ہونے اور اس کے حقوق کی ادائیگی کے لیے اسی ذات کو پکارا جائے اور اسی سے مدد مانگی جائے۔ جس کی عبادت کا جذبہ اور جس کی بندگی کی وارفتگی اس دروازے تک کھینچ لائی ہے۔ اس لیے جب ایک بندہ بندگی کے جذبے سے سرشار ہوکر ایاک نعبد کہتا ہے تو عبادت کی حقیقت اور وسعت کو محسوس کرتے ہوئے بے ساختہ پکار اٹھتا ہے۔ وَاِیَّاکَ نَسْتَعِیْنُ

ایک اور بات بھی قابل توجہ ہے کہ ہماری محولہ بالا گزارشات سے یہ بات بھی واضح ہو گئی ہوگی کہ عبادت فی الحقیقت اللہ کی بندگی اور غلامی کا نام ہے اور غلامی بھی ایسی جس کے بعد ہر آستانے کا راستہ بند ہو جاتا ہے۔ اور ہر چوکھٹ سے گردن آزاد ہو جاتی ہے۔ لمحہ فکریہ یہ ہے کہ جب ایک بندہ ہر غلامی سے آزاد ہو کر صرف اللہ ہی کی غلامی کا قلادہ گلے میں ڈال لیتا ہے اور وہ ہر ایک سے تعلق توڑ کر اللہ کا ہو جاتا ہے تو کیا ایسے غلام کے لیے یہ ممکن ہے کہ وہ اپنے آقا کے علاوہ استعانت کے لیے کسی اور دروازے پر دستک دے۔ وہ ضرورت مند ہو تو ضرورتیں کسی اور آقا کے پاس لے کر جائے۔ اسے دکھ اور غم گھیر لیں تو مدد کے لیے کسی اور کو پکارے۔ جب اس کے سب ظاہری سہارے جواب دے جائیں تو وہ کسی اور کو آواز دے۔ ایسا کرنا یقیناً اس کی غلامی کے تصور کے خلاف ہے اور اس کے آقا کی توہین ہے۔ اس لیے جب بندہ ایک اللہ کی غلامی کا اعتراف کرتا ہے تو پھر وہ اپنا کشکول بھی توڑ دیتا ہے اس کے ارادوں کی کمزوری قوت میں تبدیل ہو جاتی ہے۔ اس کی غلامی کو ایسی سر بلندی ملتی ہے کہ بادشاہوں کی رعونتیں بھی اس کے سامنے دم توڑنے لگتی ہیں۔ وہ بڑی سے بڑی قوت سے بھی مرعوب ہونے سے انکار کر دیتا ہے کیونکہ وہ سمجھتا ہے کہ میری غلامی کا رشتہ اس ذات سے ہے جو شہنشاہ کائنات اور آقائے کل ہے۔ جہاں تک

اسباب کی دنیا کا تعلق ہے وہ لین دین تکافل و تعاون اور اعانت و استعانت میں بالکل دوسرے انسانوں کی طرح ہوتا ہے لیکن ماورائے اسباب کسی طاقت کے سامنے اللہ کے سوا کبھی ہاتھ نہیں پھیلاتا اگر اسباب ٹوٹنے لگیں اور ظاہری سہارے جواب دینے لگیں تو وہ پریشان ہونے کی بجائے مسبب الاسباب کو پکارتا ہے۔ کیونکہ وہ جانتا ہے کہ کائنات میں سب سے بڑی ذات اللہ کے بعد محمد رسول اللہ ﷺ کی ہے۔ لیکن وہ بھی جنگ بدر میں رات بھر اللہ سے مانگتے رہے اور پھر جب اس کی طرف سے مدد اور نصرت کا پیغام پہنچ گیا تو پھر اسی کی مدد سے مسلح ہو کر ریت سے مٹھی بھر کر پھینکی اور دشمن کی فوج کے پاؤں اکھڑ گئے۔ اور قرآن کریم نے اس خیال سے کہ کہیں لوگوں کو یہ غلط فہمی نہ ہو جائے کہ جس مٹھی بھر ریت نے فوج کے قدم اکھاڑے ہیں اس کے پیچھے شاید اللہ کے رسول ﷺ کی قوت کارفرما تھی ارشاد فرمایا:

وَمَا رَمَيْتَ إِذْ رَمَيْتَ وَلَٰكِنَّ اللَّهَ رَمَىٰ ج (الانفال: 8۔ 17)

(اے پیغمبر آپ نے جو مٹھی پھینکی وہ آپ نے نہیں پھینکی وہ تو اللہ نے پھینکی)

اللہ کے ولیوں سے دعا کروانا اور برکت حاصل کرنا

اس سے معلوم ہوتا ہے کہ اللہ تعالیٰ کے نبیوں کے معجزات اور اللہ تعالیٰ کے ولیوں کی کرامات در حقیقت انبیا اور اولیاء کے ذاتی اعمال نہیں ہوتے۔ بلکہ ان کے ذریعے سے اللہ کی قوت کا اظہار ہوتا ہے ان کے ہاتھ کو اس لیے استعمال کیا جاتا ہے تاکہ لوگوں کی نگاہوں میں ان کی حیثیت اور عظمت واضح ہو جائے ورنہ ہر مشکل وقت میں اللہ کے نبی اور ولی اللہ ہی کے سامنے ہاتھ پھیلاتے اور مدد کے طلب گار ہوتے ہیں اللہ کے ولیوں سے دعا کے لیے کہنا اور ان سے برکت حاصل کرنا یہ قرآن و سنت سے ثابت ہے۔ کیونکہ اس سے مقصود اللہ ہی سے مدد حاصل کرنا ہوتا ہے۔ لیکن اگر کوئی اس لیے کسی اللہ کے بندے کے پاس جائے کہ وہ ذاتی طور پر اللہ تعالیٰ کے اختیارات کا مالک ہے تو اس کی اسلام میں کوئی گنجائش نہیں۔ جس طرح اِیَّاکَ نَعۡبُدُ سے ہر طرح کی غلامی اور بندگی کا جواز ختم ہو گیا اسی طرح وَاِیَّاکَ نَسۡتَعِیۡنُ سے ماورائے اسباب ہر طرح کی مدد طلب کرنا ناجائز ٹھہرا اور اس تصور نے جس طرح انسان کو ہر آستانے سے بے نیاز کر دیا اور اس کے اندر وہ فکری توانائی پیدا کی جو ایک مرد مومن کی علامت ٹھہری اسی طرح اس کی ہر کمزوری کا علاج کر دیا وہ تمام سہاروں سے بے نیاز ہو کر محض اللہ کے سہارے پر اس طرح زندگی گزارتا ہے کہ مشکل سے مشکل

ماؤف لمحوں میں بھی کبھی مایوسی کا شکار نہیں ہوتا۔ اسے موت بھی آئے تو وہ اسے اللہ کا پیغام سمجھ کر مسکراتا ہوا قبول کرتا ہے۔

اعتراف سے دعا تک کا سفر

سورۃ الفاتحہ کے آغاز سے وَاِیَّاکَ نَسْتَعِیْنُ تک پورا سفر ایک بندے کے اقرار و اعتراف کا سفر ہے وہ اللہ تعالیٰ کی بے پایاں نعمت اور اس کے مسلسل نظام ربوبیت کے ساتھ ساتھ جب اس کی رحمت کو اپنے اندر باہر دائیں بائیں بلکہ پوری کائنات میں پھوار کی طرح برستا ہوا دیکھتا ہے تو بے ساختہ اس کی زبان سے حمد و ثنا کا نغمہ جاری ہو جاتا ہے۔ پھر اسی کیفیت میں جب وہ اپنی اور مخلوقات کی زندگیوں میں قانون مکافات کو جاری و ساری پاتا ہے تو اللہ کی صفت عدالت اور اس کی ہمہ گیر حاکمیت کا تصور اس کے ذہن میں ابھرنے لگتا ہے یہ دونوں تصورات جب اس کی شخصیت کا حصہ بن جاتے ہیں کہ ایک طرف وہ اللہ کی حمد و ثنا میں ڈوبا ہوا ہے اور دوسری طرف قانون مکافات اس کی فکر مندیوں میں اضافہ کر رہا ہے تو وہ بے ساختہ اللہ کے آستانے پر ڈھیر ہو جاتا ہے۔ اسی کی بندگی اور غلامی اور اسی سے استعانت اس کی زندگی کا سرمایہ بن جاتی ہے۔ یہی اس کے لیے پناہ گاہ بھی ہے اور اس کے

قلب و ضمیر کے لیے فرحت بخش بھی۔ وہ بندگی کے اعتراف سے سرشار ہوتا ہے تو توکل و اعتماد اس کی شخصیت میں پختگی پیدا کر دیتے ہیں۔ لیکن جب ان احساسات کے ساتھ وہ اللہ کی بندگی کے لیے زندگی کے کٹھن راستوں پر سفر کرنا چاہتا ہے تو اسے سب سے پہلے اپنی فکری شخصیت کی تعمیر کی طرف متوجہ ہونا پڑتا ہے وہ دیکھتا ہے کہ یہاں قیاسی فلسفوں نے اس قدر دھول اڑائی ہے کہ حقیقت نفس الامری کا سراغ لگانا بہت مشکل ہو گیا ہے پھر وہ انسانی زندگی کے درو بست کو سمجھنا چاہتا ہے تو اسے یہ دیکھ کر پریشانی ہوتی ہے کہ صحیح نظام اخلاق کی بنیادیں تلاش کرنا ہی ایک مشکل کام ہو گیا ہے چہ جائیکہ اس پورے نظام کو تلاش کیا جائے۔ پھر وہ انسانی احساسات، انفعالات، خواہشات اور مزعومات کی دنیا کو سنوارنا چاہتا ہے۔ لیکن اس کے لیے اسے بیشمار پگڈنڈیوں سے واسطہ پڑتا ہے وہ پریشانیوں میں الجھ کر رہ جاتا ہے۔ ایک طرف اس کے اندر کا بے پناہ جذبہ ہے جو اسے بندگی کے سفر پر رواں دواں رکھنا چاہتا ہے اور دوسری طرف متذکرہ بالا سفر کی دشواریاں ہیں جو اسے ایک ایک قدم اٹھانے سے روکتی ہیں۔ اب تک تو اقرار و اعتراف کے جذبات نے اسے یہاں تک پہنچایا تھا لیکن اب جب وہ اپنے سامنے کوئی راستہ کھلتا ہوا نہیں دیکھتا تو مجبوراً یا بے ساختہ اقرار و اعتراف کے اسلوب سے ہٹ کر وہ دعا کا اسلوب اختیار کرتا ہے اور

اپنے پروردگار سے وہ دولت مانگتا ہے جو اس کی زندگی کے لیے کلید کی حیثیت رکھتی ہے۔ اس کے دل سے آواز اٹھتی ہے۔

اهْدِنَا الصِّرَاطَ الْمُسْتَقِيْمَ۔ لا (الفاتحۃ 1: 6)

(یا اللہ ہمیں وہ سیدھی راہ دکھا جو ہمیں تیری رضا تک پہنچا دے)

اهدِنَا الصِّرَاطَ الْمُسْتَقِيمَ

یہاں پہنچ کر جب ہم پلٹ کر سورۃ فاتحہ میں بیان کردہ اللہ تعالیٰ کی پہلی صفت ربوبیت کو دیکھتے ہیں۔ تو فوراً ذہن کے افق پر اس کی صفت ربوبیت کی وہ وسعتیں روشن ہو جاتی ہیں جس کا ذکر پروردگار نے کتاب پاک میں تفصیل سے کیا ہے۔ ان ساری تفصیلات کو سمیٹنا تو ہم جیسے عاجز لوگوں کے بس کا کام نہیں البتہ اسے سمجھنے کے لیے مختصر گزارشات پیش خدمت ہیں۔

تکوین وجود کے چار مراتب

خالق کائنات نے اپنی آخری کتاب میں تکوین وجود کے چار مراتب بیان فرمائے ہیں۔ خلق، تسویہ، تقدیر اور ہدایت۔ کائنات کی ہر مخلوق کا عدم سے وجود میں آنا اس کی صفت خلق کا اظہار ہے۔ مگر ہر مخلوق کا اس طرح پیدا کیا جانا جس طرح اسے ہونا چاہیے تھا اور اس کے نک سک کا درست ہونا اور اس میں انتہا درجہ کا تناسب پایا جانا اور ہر طرح سے اپنے ماحول سے اس کا مناسبت رکھنا اور ماحول کا اس کے ساتھ

مناسب ہونا یہ وہ چیز ہے جو کو تسویہ کہا گیا ہے۔ چنانچہ ہم دیکھتے ہیں کہ کائنات کی ہر مخلوق اپنے وجود کے اعتبار سے اس طرح واقع ہوئی ہے کہ اس کا جسم اور اس کا ماحول باہم دگر ایک دوسرے کے لیے معاون و مددگار بن گئے ہیں۔ پرند ہوا میں اڑتے ہیں تو انھیں پر عطا کیے گئے۔ مچھلیاں پانی میں پیدا ہوتی ہیں تو انھیں تیرنا سکھایا گیا۔ حشرات الارض کوڑا کرکٹ میں پیدا ہوتے ہیں تو انھیں رینگنا سکھایا۔ مچھلی خشکی میں پیدا نہیں کی گئی۔ پرندے پانی میں پیدا نہیں کیے گئے اس لیے کہ ان کا جسمانی تناسب اس کی اجازت نہیں دیتا۔ پھر اسی پر اکتفا نہیں بلکہ ہم یہ بھی دیکھتے ہیں کہ ہر مخلوق کے لیے یہ پہلے سے طے کر دیا گیا کہ اسے کس طرح کا کام انجام دینا ہے؟ اس کی حدود کار کیا ہوں گی؟ اس کی قوت عمل کس طرح کی ہوگی؟ اسے کب تک کس حال میں رہنا ہے؟ اور کس حد تک اپنے کام کو انجام دینا ہے؟ اس کی زندگی کا مقصد کیا ہے؟ اور اس مقصد کو بروئے کار لانے کے لیے اسے کون سی صلاحیت درکار رہے؟ یہ وہ چیز ہے جسے قرآن کریم میں تقدیر کا نام دیا گیا ہے۔ چنانچہ سورج کو پیدا کیا گیا تو اس کا مقصد وجود مقرر کر دیا گیا۔ چاند کو پیدا کیا گیا تو اس کے عمل کا ایک دائرہ ٹھہرا دیا گیا۔ ستارے بنائے گئے تو انھیں ان کی ڈیوٹیاں سمجھا دی گئیں۔ نباتات سے لے کر آسمان کی ہر مخلوق تک ہر ایک کے لیے ایک تقدیر بنا دی گئی۔ چنانچہ یہ ممکن نہیں

ہے کہ سورج اپنے دائرۂ کار سے باہر نکل جائے اپنے مقصد وجود یعنی کائنات کو روشنی دینے اور گرمی پہچانے سے رک جائے۔ یہ ممکن نہیں کہ چاند اپنی حلاوت سے اہل زمین کو محروم کردے۔ یہ نہیں ہو سکتا کہ ستارے جھلملانا چھوڑ دیں۔ یہ ناممکن ہے کہ پھول خوشبو دینے اور پانی پیاس بجھانے سے انکار کردے۔ ہر ایک اپنے اپنے کام پر لگا ہوا ہے اور انھیں اپنا مقصد وجود اور دائرۂ کار اچھی طرح معلوم ہے اور اگر شعور کی آنکھ سے مزید کام لیا جائے تو صاف نظر آتا ہے کہ تمام مخلوقات کو یہ بھی بتا دیا گیا ہے کہ تمھیں اپنے اپنے فرائض کس طرح انجام دینا ہیں۔ مچھلی کو اگر پانی میں تیرنے کا حکم دیا گیا تو ایسا نہیں کہ اسے تیرنا نہ سکھایا گیا ہو۔ پرندکے لیے اگر ہوا میں اڑنا مقدر کیا گیا تو ایسا نہیں ہے کہ اسے اڑنے کی تعلیم نہ دی گئی ہو۔ سورج، چاند اور ستاروں کو جس کام پر لگا دیا گیا ہے ایسا نہیں ہے کہ انھیں اس کی ہدایت نہ دی گئی ہو۔ قرآن کریم کہتا ہے :

لَاالشَّمْسُ يَنْۢبَغِيْ لَهَآ اَنْ تُدْرِكَ الْقَمَرَ وَلَا الَّيْلُ سَابِقُ النَّهَارِ ط (یٰسٓ 40: 36)

(سورج کی مجال نہیں کہ وہ چاند کو جا پکڑے اور رات کو اس کی اجازت نہیں ہے کہ وہ دن سے آگے بڑھ جائے، ہر ایک کا اپنا دائرہ کار ہے اور اپنے دائرے میں مصروفِ عمل ہے) اس کی ہدایت کی ہمہ گیری کا عالم یہ ہے کہ کائنات کی کوئی چیز ایسی دکھائی

نہیں دیتی کہ اسے وجود ملا ہو اور وہ غایت وجود سے بےخبر ہو اور پھر اس کو رو بعمل لانے سے وہ بے بہرہ ہو۔ اس نے کلیوں کو پیدا کیا ہے تو انھیں چٹکنا بھی سکھایا۔ اس نے پھول کو پیدا کیا تو اس کو مہکنا بھی سکھایا۔ اس نے درختوں کو پیدا کیا تو انھیں لہکنا بھی سکھایا۔ اس نے ستاروں کو پیدا کیا تو انھیں جھلملانا اور ٹمٹمانا بھی سکھایا ہے۔ اس نے بادل کو پیدا کیا تو اسے کڑکنا بھی سکھایا۔ اس نے رعد کو گرجنا اور بجلی کو کوندنا بھی سکھایا۔ اس نے پرندے کو چہکنا اور ہوا کو چلنا سکھایا۔ اس نے آگ کو جلانا اور پانی کو بہنا سکھایا۔ اس نے حسن کو مچلنا اور عشق کو پگھلنا سکھایا۔ غرضیکہ کائنات کی کوئی چیز ایسی نہیں جسے اس نے تقدیر اور ہدایت سے نہ نوازا ہو۔ حتیٰ کے غور و فکر کے اگرچند اور اوراق الٹے جائیں تو بعض چیزیں ایسی سامنے آتی ہیں کہ آدمی حیرت میں ڈوب جاتا ہے۔ کہا جاتا ہے کہ مچھلیوں میں سے دو کا سفر بہت حیرت انگیز ہے۔

1۔ سامن مچھلی

یہ اگر کسی ندی میں پیدا ہو تو جوان ہونے کے بعد یہ پہلے دریا میں اور وہاں سے سمندر میں چلی جاتی ہے اور وہاں مدتوں رہتی ہے اور جب اسے محسوس ہوتا ہے کہ اس کی موت قریب آگئی ہے تو وہ واپس چل پڑتی ہے۔ یہ سمندر اور دریا سے ہوتی ہوئی ندی

کے اس مقام پر جا رکتی ہے جہاں وہ پیدا ہوئی تھی۔ اگر وہ دوران سفر کسی غلط ندی کی طرف مڑ جائے تو اسے فوراً اپنی غلطی کا احساس ہو جاتا ہے اور وہ واپس آ جاتی ہے۔

2۔ ایل مچھلی

یہ کسی ندی میں ہو یا دریا میں جوان ہونے کے بعد اپنے وطن سے چل پڑتی ہے اور ہزاروں میل دور جزائر برمودہ (اوقیانوس) میں چلی جاتی ہے۔ وہاں بچے دے کر مر جاتی ہے یہ بچے وہاں سے چل کر اپنی ماں کے وطن میں آ جاتے ہیں اور وہاں سے پھر جزائر برمودہ میں پہنچ کر پہلے بچے دیتے ہیں بعد ازاں مر جاتے ہیں۔

ہدایت کے چار مراحل

تکوین وجود اور تکمیل وجود کے یہ چار مراحل ہیں کہ اللہ تعالیٰ نے ہر مخلوق کو پیدا فرمایا پھر اس کا تسویہ کیا، پھر اس کی ایک تقدیر مقرر کر دی اور پھر اسے اس کی تقدیر کے مطابق زندگی اور معیشت کی راہ پر چلنے کا طریقہ سکھایا۔ یعنی ہدایت عطا فرمائی۔

ہدایت الہام

ا۔ اس ہدایت پر اگر غور کیا جائے تو اس کے چار طریقے معلوم ہوتے ہیں۔ نباتات میں یہ ہدایت فطری رہنمائی کا درجہ رکھتی ہے جس کے نتیجے میں بیلیں زمین پر پھیلتی، پودے سر اٹھاتے، درخت تن کر کھڑے ہوتے ہیں پھر ان میں سے ہر ایک اپنی اپنی ہدایت کے مطابق برگ و بار لاتا اور پھل اور پھول دیتا ہے۔ لیکن حیوانات میں ہم اس فطری ہدایت کو اندرونی الہام کی شکل میں دیکھتے ہیں کہ ہر حیوان کا بچہ ادھر پیدا ہوتا ہے ادھر کوئی الہام کرنے والا اسے یہ الہام کرتا ہے کہ تیری غذا ماں کے سینے میں یا تیرے قریب ہی رکھ دی گئی ہے وہاں سے تجھے اس طرح حاصل کرنا ہے۔ چنانچہ ہم بلی کے بچے کو دیکھتے ہیں کہ ابھی اس نے آنکھیں کھولی نہیں اور خارج کے موثرات نے اسے چھوا تک نہیں مگر وہ اپنی ماں کی چھاتی کو ٹٹولتا ہے اس پر منہ مارتا ہے اور پستان کو منہ میں لے کر چوسنے لگتا ہے اور بلی فرط محبت سے اسے چاٹ رہی ہے۔ آپ نے بلی کو دیکھا ہو گا جس سے اس سے پہلے بچے کو جننے کا کوئی تجربہ نہیں ہے مگر جیسے ہی اس کے وضع حمل کے دن قریب آتے ہیں وہ الگ تھلگ کونے کی تلاش میں ماری ماری پھرتی ہے اور پھر کسی الگ کونے کو عافیت کی جگہ سمجھتے ہوئے بیٹھ جاتی ہے اور بچے جن دیتی ہے اور پھر وہ جس طرح اپنے بچوں کی نگہداشت کرتی ہے اور

ایک موہوم خطرہ محسوس کرتے ہوئے مختلف جگہیں بدلتی ہے یہ اس کے سوا اور کیا ہے کہ کوئی اندرونی الہام ہے جو اسے ہر معاملہ کی ہدایت دے رہا ہے۔ خود انسان کا بچہ جو جانوروں کے بچوں سے بھی زیادہ بے بس ہوتا ہے. جس کے بارے میں قرآن کریم کہتا ہے کہ :

وَاللّٰهُ اَخْرَجَكُمْ مِّنْ ۢ بُطُوْنِ اُمَّهٰتِكُمْ لَا تَعْلَمُوْنَ شَيْئًا لا (النحل 16: 78)

''وہ ذات ہے. جس نے تمہیں تمہاری ماؤں کے پیٹوں سے نکالا اس حال میں کہ تم کچھ نہیں جانتے تھے۔''

لیکن ہم دیکھتے ہیں کہ بچے کے پیدا ہوتے ہی ماں کی ممتا بے تاب ہو کر اسے سینے سے لگاتی ہے اور وہ ماں کی چھاتی کے ساتھ منہ مارنے لگتا ہے اور پستان منہ میں لے کر چوسنے لگتا ہے تاکہ اپنی غذا حاصل کر سکے۔ سوال یہ ہے کہ آخر اس بچے کو یہ کون سکھاتا ہے کہ تیری غذا ماں کی چھاتی میں ہے اور تجھے اس طرح اسے چوسنا ہے یہ وہ اندرونی الہام ہے. جس کے ذریعے انسان کو سب سے پہلی ہدایت دی جاتی ہے۔

ہدایت حواس

۲۔ ہدایت کا دوسرا مرتبہ حواس اور مدرکات ذہنی کی ہدایت ہے۔ ہم دیکھتے ہیں کہ اگرچہ حیوانات اس جوہرِ دماغ سے محروم ہیں جسے عقل و فکر سے تعبیر کیا جاتا ہے تاہم فطرت نے انھیں ادراک واحساس کی کی وہ تمام قوتیں دے دی ہیں جن کی زندگی و معیشت کے لیے ضرورت تھی اور ان کی مدد سے وہ اپنے رہنے سہنے، کھانے پینے، توالد و تناسل اور ہدایت و نگرانی کے تمام فرائض حسن و خوبی کے ساتھ انجام دیتے رہتے ہیں۔ پھر حواس وادراک کی یہ ہدایت ہر حیوان کے لیے ایک ہی طرح کی نہیں بلکہ ہر وجود کو اتنی ہی اور ویسی ہی استعداد دی گئی جیسی استعداد اس کے احوال فطرت کے لیے ضروری تھی۔ چیونٹی کی قوت شامہ نہایت دور رس ہوتی ہے اس لیے کہ اسی قوت کے ذریعے وہ اپنی غذا حاصل کرتی ہے، چیل اور عقاب کی نگاہ تیز ہوتی ہے کیونکہ اگر ان کی نگاہ تیز نہ ہو تو بلندی میں اڑتے ہوئے اپنا شکار نہ دیکھ سکیں یہی وہ ہدایت ہے جس کی طرف حضرت موسیٰؑ کی زبانی ارشاد کیا گیا ہے فرعون نے جب پوچھا: فَمَنۡ رَّبُّكُمَا يَامُوۡسٰى (طٰہٰ 20 : 49) (اے موسیٰ تمہارا پروردگار کون ہے؟) حضرت موسیٰؑ نے فرمایا: قَالَ رَبُّنَا الَّذِىۡۤ اَعۡطٰى كُلَّ شَىۡءٍ خَلۡقَهٗ ثُمَّ هَدٰى (طٰہٰ 20 : 50)

(ہمارا پروردگار وہ ہے جس نے ہر چیز کو پیدا کیا، پھر اسے ہدایت دی) یعنی اس پر زندگی اور معیشت کی راہ کھول دی۔ پھر یہی وہ ہدایت ہے جسے دوسری جگہ راہ عمل آسان کر دینے سے بھی تعبیر کیا گیا ہے۔ فرمایا:

مِنْ اَیِّ شَیْئٍ خَلَقَہٗ ط مِنْ نُطْفَۃٍ ط خَلَقَہٗ فَقَدَّرَہٗ۔ لا ثُمَّ السَّبِیْلَ یَسَّرَہٗ۔ لا (عبس 80: 18۔ 20)

(اس نے انسان کو کس چیز سے پیدا کیا۔ نطفہ سے پیدا کیا پھر اس کی تمام ظاہری اور باطنی قوتوں کے لیے ایک اندازہ ٹھہرادیا پھر اس پر زندگی اور عمل کی راہ آسان کر دی) ہدایت کے یہ دو مرتبے ہوئے جسے ہم ہدایتِ الہام اور ہدایتِ حواس کے نام سے جانتے ہیں۔ یہ دونوں مرتبے انسان اور حیوان سب کے لیے ہیں۔ الہام کی ہدایت انسان اور حیوان میں سعی و طلب کا ولولہ پیدا کرتی ہے۔ حواس کی ہدایت کا مرتبہ اس سے بلند تر ہے۔ یہ ہمیں دیکھنے، سننے، چکھنے، چھونے اور سونگھنے کی قوتیں بخشتی ہیں اور انہی کے ذریعے ہم خارج کا علم حاصل کرتے ہیں۔ اور یہ ہدایت ہمارے لیے معلومات بہم پہنچاتی ہے۔

جوہر عقل

۳۔ حیوان کے لیے تو ہدایت کے یہ دونوں مرتبے کافی ہیں۔ کیونکہ اسے زندگی کا جو طریقہ اور جو نصب العین سکھایا گیا ہے اس کے لیے کسی تیسرے مرتبہ ہدایت کی ضرورت نہیں ہے۔ لیکن انسان کے حیوان کے لیے تو ہدایت کے یہ دونوں مرتبے کافی ہیں کیونکہ اسے زندگی کا جو طریقہ اور جو نصب العین سکھایا گیا ہے اس کے لیے کسی تیسرے مرتبہ ہدایت کی ضرورت نہیں ہے۔ لیکن انسان کے لیے ایک تیسرے مرتبہ ہدایت کی بھی ضرورت ہے۔ کیونکہ اس کے لیے مجرد احساس کافی نہیں اور نہ صرف محسوسات کا علم اس کے لیے کفایت کرتا ہے۔ انسان کو تو استنباط اور استنتاج کی بھی ضرورت ہے۔ احکام کی بھی ضرورت ہے اور کلیات کی بھی ضرورت ہے۔ اور یہ کام صرف حواس کی ہدایت سے ممکن نہیں۔ اس لیے انسان کو ایک تیسرے مرتبۂ ہدایت سے نوازا گیا۔ یہ وہ ہے جسے جوہرِ عقل کے نام سے یاد کیا جاتا ہے جوہرِ عقل دراصل اسی قوت کی ایک ترقی یافتہ حالت ہے جس نے حیوانات میں الہام و وجدان اور حواس کی روشنی پیدا کر دی ہے۔ جس طرح انسان کا جسم اجسام ارضی کی سب سے اعلیٰ کڑی ہے اسی طرح اس کی معنوی قوت بھی تمام معنوی قوتوں کا برترین جوہر ہے۔ روح حیوانی کا وہ جوہرِ ادراک جو نباتات میں مخفی اور حیوانات کے وجدان و مشاعر میں نمایاں تھا انسان کے مرتبہ میں پہنچ کر درجہ کمال تک پہنچ گیا اور جوہر

عقل کے نام سے پکارا گیا۔ پھر ہم دیکھتے ہیں کہ ہدایتِ فطرت کے ان تینوں مرتبوں میں سے ہر مرتبہ اپنی قوت و عمل کا ایک خاص دائرہ رکھتا ہے۔ اس سے آگے نہیں بڑھ سکتا اور اگر اس مرتبہ سے ایک بلند تر مرتبہ موجود نہ ہوتا تو ہماری معنوی قوتیں اس حد تک ترقی نہ کر سکتیں جس حد تک فطرت کی رہنمائی سے ترقی کر رہی ہیں۔ الہام کی ہدایت ہم میں طلب و سعی کا جوش پیدا کرتی ہے۔ مطلوبات زندگی کی راہ پر لگاتی ہے۔ لیکن ہمارے وجود سے باہر جو کچھ موجود ہے اس کا ادراک حاصل نہیں کر سکتی۔ یہ کام حواس کی ہدایت کا ہے۔ وجدان کی راہنمائی جب درماندہ ہو جاتی ہے تو حواس کی دستگیری نمایاں ہوتی ہے۔ آنکھ دیکھتی ہے، کان سنتے ہیں، زبان چکھتی ہے، ہاتھ چھوتا ہے، ناک سونگھتی ہے۔ اور اس طرح ہم اپنے وجود کے باہر کی تمام محسوس اشیا کا ادراک حاصل کر لیتے ہیں۔ لیکن حواس کی ہدایت بھی ایک خاص حد تک ہی کام دے سکتی ہے۔ اس سے آگے نہیں بڑھ سکتی۔ آنکھ دیکھتی ہے مگر صرف اسی حالت میں جبکہ دیکھنے کی تمام شرطیں موجود ہوں اور اگر کوئی ایک شرط بھی نہ پائی جائے۔ مثلاً روشنی نہ ہو یا فاصلہ زیادہ ہو تو ہم آنکھ رکھتے ہوئے بھی ایک موجود چیز کو براہ راست نہیں دیکھ سکتے۔ علاوہ بریں حواس کی ہدایت صرف اتنا ہی کر سکتی ہے کہ اشیا کا احساس پیدا کر دے لیکن مجرد احساس کافی نہیں ہے ہمیں استنباط و استنتاج کی

بھی ضرورت ہے۔ جس کے نتیجے میں ہم کلیات وضع کرتے ہیں اور کلیات سے احکام نکالتے ہیں۔ اور یہ کام عقل کی ہدایت کا ہے۔

اسے مثال سے یوں واضح کیا جاسکتا ہے کہ حواس تعمیر کے کام میں مزدوروں کی طرح ہیں۔ جن کا کام خام مواد مہیا کرنا، بکھری ہوئی چیزیں فراہم کرنا اور مسالہ بہم پہچانا ہے اور عقل کی حیثیت ایک معمار کی ہے جس کا کام بکھرے ہوئے مواد کو جوڑ کر ایک عمارت کی تشکیل دینا ہے۔ ظاہر ہے کہ اگر حواس کے بعد عقل کا جوہر عطا نہ کیا جاتا تو ہماری بکھری ہوئی معلومات، ہمارے منتشر محسوسات، ہماری زندگی کے کسی شعبہ کے لیے معاون ثابت نہ ہوتے کیونکہ ان سے کام لینا، انھیں ترتیب دینا اور ان سے کلیات وضع کرنا اور پھر ان سے احکام استنباط کرنا۔ عقل کا کام ہے اور عقل کی عدم موجودگی میں ظاہر ہے یہ کام نہیں ہو سکتا تھا اور ہم زندگی کے میدان میں ناکام ہو جاتے۔ پھر ایک اور پہلو بھی قابل غور ہے وہ یہ کہ جس طرح ہم دیکھتے ہیں کہ وجدان اور فطری الہام کی نگرانی کے لیے حواس کی راہنمائی کی ضرورت ہے کیونکہ وجدان اور احساس غلطیوں سے مبرا نہیں۔ ان کی تصحیح و نگرانی کے لیے ہمیں حواس کی راہنمائی کی ضرورت ہے اس طرح ہم دیکھتے ہیں کہ حواس کی راہنمائی بھی نارسائی کا شکار ہوتی ہے اور غلطیوں سے محفوظ بھی نہیں۔ مثلاً ہم دور سے ایک چیز دیکھتے ہیں اور محسوس

کرتے ہیں ایک سیاہ نقطے سے زیادہ حجم نہیں رکھتی۔ حالانکہ وہ ایک عظیم الشان گنبد ہوتی ہے۔ ہم بیماری کی حالت میں شہد جیسی میٹھی چیز چکھتے ہیں لیکن ہماری قوت ذائقہ ہمیں یقین دلاتی ہے کہ اس کا مزا کڑوا ہے۔ ہم تالاب میں لکڑی کا عکس دیکھتے ہیں لکڑی بالکل سیدھی ہوتی ہے۔ لیکن عکس میں ٹیڑھی دکھائی دیتی ہے۔ بارہا ایسا ہوتا ہے کہ کسی عارضے کی وجہ سے کان بجنے لگتے ہیں اور ہمیں ایسی آوازیں سنائی دینے لگتی ہیں۔ جن کا خارج میں کوئی وجود نہیں اب اگر مرتبۂ حواس سے ایک بلند تر مرتبۂ ہدایت کا وجود نہ ہوتا تو ممکن نہیں تھا کہ ہم حواس کی درماندگیوں میں حقیقت کا سراغ پا سکتے لیکن ان تمام حالتوں میں عقل کی ہدایت نمودار ہوتی ہے۔ وہ حواس کی درماندگیوں میں ہماری راہنمائی کرتی ہے وہ ہمیں بتلاتی ہے کہ سورج ایک عظیم الشان کرہ ہے۔ اگرچہ ہماری آنکھ اسے ایک سنہری تھال سے زیادہ محسوس نہیں کرتی ہے۔ وہ ہمیں بتاتی ہے کہ شہد کا مزا ہر حال میں میٹھا ہے اور اگر ہمیں کڑوا محسوس ہوتا ہے تو یہ اس لیے ہے کہ ہمارے منہ کا مزا بگڑ گیا ہے۔ وہ ہمیں بتلاتی ہے کہ بعض اوقات خشکی بڑھ جانے سے کان بجنے لگتے ہیں۔ اور ایسی حالت میں جو صدائیں سنائی دیتی ہیں۔ وہ خارج کی صدائیں نہیں خود ہمارے دماغ کی گونج ہوتی ہے۔

عقل کو مکمل ہدایت تسلیم کرنے کے نقصانات

گزشتہ معروضات میں آپ نے دیکھا کہ وجدان اور الہام کی ہدایت کے بعد حواس کی ہدایت نمودار ہوئی کیونکہ وجدان کی ہدایت ایک خاص حد سے نہیں بڑھ سکتی تھی۔ اور پھر حواس کے بعد عقل کی ہدایت نمودار ہوئی۔ کیونکہ حواس کی ہدایت بھی ایک خاص حد سے آگے نہیں بڑھ سکتی تھی۔ اور اس کے ساتھ یہ بات بھی کہ وہ غلطیوں اور نارسائیوں سے محفوظ بھی نہیں تھی۔ ٹھیک اسی طرح ہم محسوس کرتے ہیں کہ یہ دونوں کمزوریاں عقل کے ساتھ بھی لگی ہوئی ہیں۔ کیونکہ عقل زندگی کے ہر شعبہ میں نہ تو مکمل رہنما ہے اور نہ بالکل صحیح رہنما ہے۔ اس کا بھی ایک محدود دائرۂ عمل ہے۔جس سے یہ آگے نہیں بڑھ سکتی۔ اور اس کی کارفرمائی بھی غلطیوں سے مبرا نہیں۔ کیونکہ اس کا دائرہ عمل جیسا کچھ بھی ہے وہ محسوسات کے دائرے میں محدود ہے۔ یعنی وہ صرف اس حد تک کام دے سکتا ہے۔ جس حد تک ہمارے حواس خمسہ معلومات بہم پہنچاتے رہتے ہیں۔ لیکن محسوسات کی سرحد سے آگے کیا ہے؟ اس پردے کے پیچھے کیا ہے؟ جس سے آگے ہماری چشم حواس نہیں بڑھ سکتی۔ یہاں پہنچ کر عقل یک قلم درماندہ ہو جاتی ہے اور اس کی ہدایت ہمیں کوئی روشنی نہیں دے سکتی۔ بقول اقبال :

خرد سے راہ رو روشن بصر ہے

خرد کیا ہے چراغ رہگذر ہے

درونِ خانہ ہنگامے ہیں کیا کیا

چراغِ رہگذر کو کیا خبر ہے

یوں کہنا چاہیے کہ عقل ایک صحیح راہنما ہے۔ لیکن مکمل نہیں۔ غلطی ہماری ہے کہ ہم اسے ایک مکمل راہنما سمجھ کر زندگی کے ہر دائرہ عمل میں اس سے راہنمائی کے طالب ہوتے ہیں۔ یہ بالکل ایسے ہی ہے کہ جیسے کسی آدمی نے کسی صراف سے یہ پوچھا کہ صراف میاں تمہارا میزان کیسا ہے؟ اس نے کہا بالکل صحیح ہے۔ بالکل صحیح تولتا ہے۔ ذرہ بھر کمی بیشی نہیں ہونے دیتا۔ اس نے کہا اگر تمہاری بات صحیح ہے تو پھر اس میں اپنی دکان تول کر دکھاؤ۔ اس نے حیرت سے اس کی طرف دیکھا اور کہا بھلے آدمی یہ دکانیں تولنے کے لیے تھوڑے بنایا گیا ہے۔ اس میں تو سونا چاندی تولتے ہیں۔ اس نے کہا کہ تم نے تو کہا تھا کہ تمہارا میزان صحیح ہے۔ اس نے کہا میں نے صحیح کہا تھا۔ یہ غلطی میزان کی نہیں تمہاری ہے کہ تم اس میں وہ چیز تلوانا چاہتے ہو جو اس کے دائرۂ کار سے باہر ہے۔ ہم بھی عقل سے وہ کام لینا چاہتے ہیں جو اس کے دائرہ کار میں نہیں آتا۔ اس کا دائرۂ کار محسوسات تک محدود ہے۔ طبیعات تک محدود ہے رہی یہ بات کہ محسوسات کے دائرہ کے پیچھے کیا ہے اور مابعد الطبیعات کیا

ہے عالم لاہوت اور عالم الٰہیات کیا ہے، عالم ملکوت کا کیا حال ہے؟ عالم برزخ میں کیا ہو رہا ہے؟ عالم آخرت میں کیا ہوگا؟ موت اور زندگی کی حقیقت کیا ہے؟ روح کس چیز کا نام ہے کائنات کی ابتدا کیا ہے اور انتہا کیا ہے؟ اللہ کی صفات کیا ہیں؟ اخلاقی مسلمات کی حقیقت کیا ہے؟ قوموں کے عروج و زوال کے اصل اسباب کیا ہیں؟ وہ اخلاقی نقطہ کیا ہے جس سے انسانیت کا آغاز ہوتا ہے اور پھر انسانیت پروان چڑھتی ہے؟ انسانیت کے مسلّمہ مسائل کا اجتماعی حل کیا ہے؟ انسان کے اندر بیٹھا ہوا انسان کس چیز سے مرتا اور کس چیز سے جیتا ہے؟ یہ وہ زندگی اور کائنات کے حقائق ہیں جس سے پردہ اٹھانا عقل کی بساط سے باہر ہے۔ لیکن جب ہم انھی چیزوں کا جواب عقل سے مانگتے ہیں تو ہم اس پر ایک ایسا بوجھ لاد دیتے ہیں جس کا تحمل اس میں نہیں ہے۔ بلکہ بعض دفعہ ہم دیکھتے ہیں کہ زندگی کے بالکل پیش پا افتادہ حقائق بھی انسانی عقل کی گرفت سے باہر معلوم ہوتے ہیں۔ مثلاً آپ غور فرمایئے کہ نفس انسانی طرح طرح کی خواہشوں اور جذبوں میں کچھ اس طرح گھرا ہوا ہے بلکہ اس طرح مقہور واقع ہوا ہے کہ جب بھی عقل اور جذبات میں کشمکش ہوتی ہے تو اکثر حالتوں میں فتح جذبات ہی کی ہوتی ہے۔ بسا اوقات عقل ہمیں یقین دلاتی ہے کہ فلاں فعل مضر اور مہلک ہے لیکن جذبات ہمیں ترغیب دیتے ہیں اور ہم اس کے ارتکاب سے اپنے

آپ کو روک نہیں سکتے۔ عقل کی بڑی سے بڑی دلیل بھی ہمیں ایسا نہیں بنا دے سکتی کہ غصے کی حالت میں بے قابو نہ ہو جائیں اور بھوک کی حالت میں مضر غذا کی طرف ہاتھ نہ بڑھائیں۔

جذبات تو پھر بھی ایک زوردار شے ہے

وہم تو انسانی احساسات میں سے ایک کمزور حس کا درجہ رکھتا ہے۔ مگر ہم دیکھتے ہیں کہ بسا اوقات وہم جیسا کمزور جذبہ بھی عقل انسانی پر غالب آجاتا ہے۔ عقل جانتی ہے کہ ایک انسان کو گزرنے کے لیے ایک فٹ یا زیادہ سے زیادہ دو تین فٹ چوڑی گزرگاہ کافی ہے۔ اگر کسی عقل کے پرستار سے یہ پوچھا جائے کہ دریا کے اوپر گزرگاہ بنانے کے لیے کتنا چوڑا پل ہونا چاہیے تو وہ عقل کے مطابق اتنی ہی چوڑائی تجویز کرے گا۔ لیکن اگر کسی عقل کے پرستار سے کسی ایسے پل پر سے گزرنے کو کہا جائے جو تین فٹ چوڑا ہو لیکن اس کے نیچے سے گزرنے والا دریا طغیانی پر آیا ہوا ہو جس کی موجیں اچھل کر دریا کے پل کو چھو رہی ہوں تو یہی عقل کا پرستار کبھی اس پل پر سے گزرنے کی جرات نہیں کرے گا۔ بلکہ اندیشہ ہائے دور دراز کا شکار ہو کر گزرنے سے صاف انکار کر دے گا۔ غور فرمائیے کہ جس عقل کو جذبات اپنا اسیر بنا لیں اور وہم اسے شکست دے

دے وہ زندگی کے معاملات حل کرنے میں کہاں تک مؤثر ہو سکتی ہے۔ حقیقت تو یہ ہے جیسا کہ پہلے بھی کہا جا چکا ہے کہ عقل کے میزان ہونے اور موثر رہنما ہونے میں کوئی شبہ نہیں۔ مشکل اس وقت پیش آتی ہے جب اس کے دائرہ کار سے باہر اس کو استعمال کرنے کی کوشش کی جاتی ہے اور اسے ایک مکمل رہنما سمجھ لیا جاتا ہے۔ حالانکہ اس کی کمزوری کا عالم بھی آپ نے دیکھا کہ وہ اپنے آپ کو جذبات اور وہم کی زنجیروں سے آزاد کرنے سے بھی عاجز ہے۔ یہاں تک تو معاملہ پھر بھی عقل کے موثر نہ ہونے کا ہے لیکن اس وقت تو معاملہ بہت خطرناک ہو جاتا ہے جب عقل نہ صرف یہ کہ موثر نہیں رہتی بلکہ بعض دفعہ اپنی رہنمائی میں وہ غلط نتائج پیدا کرتی ہے جس کے نتیجے میں اخلاقی زندگی تباہ و برباد ہو کر رہ جاتی ہے۔ یہ موقع وہ ہے جب عقل کو خواہشات کا غلام بنا دیا جاتا ہے انسان عجیب واقع ہوا ہے کہ وہ اصلاً ان خواہشات کی پیروی کرنا چاہتا ہے لیکن اسے بروئے کار لاتے ہوئے نام عقل کا رکھتا ہے۔ حالانکہ اگر دیانت داری سے غور کیا جائے تو وہاں عمل دخل عقل کا نہیں بلکہ سراسر خواہشات کا ہوتا ہے۔ یہی وہ بات ہے جو قرآن کریم نے ایک جگہ ارشاد فرمائی :

وَلَوِاتَّبَعَ الحَقُّ اھوَآءَھُمْ لَفَسَدَتِ السَّمٰوٰتُ وَالْاَرْضُ وَمَنْ فِیْهِنَّ (المومنون: 23۔17)

(کہ اگر حق ہوائے نفس کی پیروی کرنے لگے تو زمین و آسمان اور اس میں جو کچھ ہے وہ تباہ ہو جائے)

اور یہ کوئی مفروضہ نہیں بلکہ امر واقعہ ہے کہ فلسفہ قانون میں فلاسفہ کا ایک گروہ پایا جاتا ہے جن کا نمایاں نمائندہ مشہور ماہر قانون ڈاکٹر فرائیڈمین ہے۔ انھوں نے اپنے نظریہ کی وضاحت کے لیے ''دی لیگل تھیوری'' کے نام سے ایک کتاب لکھی اس میں ایک جگہ وہ لکھتے ہیں:

''عقل صرف انسانی جذبات و خواہشات کی غلام ہے اور اس کو انہی کا غلام ہونا بھی چاہیے۔ عقل کا اس کے سوا اور کوئی کام ہو ہی نہیں سکتا کہ وہ ان جذبات کی بندگی اور ان کی اطاعت کرے۔''

پھر اس نظریئے سے جو نتیجہ نکلنا چاہیے وہ ڈاکٹر فرائیڈمین کے الفاظ میں یہ ہے کہ:

''اس کے سوا ہر چیز یہاں تک کہ اچھے برے کے تصورات اور یہ الفاظ کہ فلاں کام ہونا چاہیے اور فلاں کام ہونے کے لائق ہے کلی طور پر جذباتی باتیں ہیں اور دنیا میں اخلاق نام کی کوئی چیز موجود نہیں ہے۔''

ممکن ہے کہ آپ اسے محض ایک فلسفی کی بڑ سمجھیں لیکن امر واقعہ یہ ہے کہ دنیا میں جہاں جہاں عقل کی برتری کا دعویٰ کیا جاتا ہے بلکہ عقل کی غلامی کی جا رہی ہے وہاں

عملی زندگی میں یہی فلسفہ ہمیں حاکم دکھائی دیتا ہے ۔ جس کے نتیجے میں اخلاق کی ہر قدر رفتہ رفتہ شکست و ریخت کا شکار ہے ۔ رحم اتنی بڑی اخلاقی قدر ہے کہ شاید کوئی اس کا انکار نہ کر سکے ۔ ہیروشیما اور ناگاساکی پر گرائے جانے والے بموں سے انسانیت پر جو ظلم ہوا انسانیت کی پیشانی آج بھی اس سے عرق آلود ہے ۔ لیکن اندازہ فرمائیے کہ جب اس واقعہ کو خالصتاً عقل کی نگاہ سے دیکھا گیا تو اسے ظلم کی بجائے رحم بنا دیا گیا ہے ۔ انسائیکلوپیڈیا برٹانیکا جیسی علمی اور عالمی کتاب میں ان تباہ کاریوں کا ذکر بعد میں کیا گیا جو ایٹم بم کی بدولت ہیروشیما اور ناگاساکی میں برپا ہوئیں لیکن ایٹم بم کے تعارف میں یہ جملہ سب سے پہلے لکھا گیا ہے :

"سابق وزیر اعظم ونسٹن چرچل نے یہ اندازہ لگایا ہے کہ ایٹم بم نے جنگ کو مختصر کر کے دس لاکھ امریکی سپاہیوں اور اڑھائی لاکھ برطانوی سپاہیوں کی جانیں بچائیں ۔"

اندازہ فرمائیے کہ اس قسم کی منطق میں کون سے ظلم و ستم اور کون سی سفاکی ایسی ہے جسے عقل کے خلاف کہا جا سکے ۔ اسی طرح شرم و حیا انسان کا سب سے بڑا جوہر ہے لیکن خالص عقل کے پیروکاروں نے جس طرح اس کی مٹی پلید کی ہے اور اس بنیادی قدر کو جس طرح انسانی زندگی سے خارج کر دیا ہے اس کو سمجھنے کے لیے میں شرم و حیاء سے معذرت کے ساتھ آٹھ سو سالہ پرانی ایک مثال پیش کر رہا ہوں ۔

تاریخ اسلام میں ایک فرقہ ''باطنیہ'' کے نام سے گزرا ہے۔ اس کا ایک مشہور لیڈر عبیداللہ القیروانی اپنے ایک مکتوب میں لکھتا ہے:

وما العجب من شئی کالعجب من رجل یدعی العقل ثم یکون لہ اخت او بنت حسناء ولیست لہ زوجۃ فی حسنھا فیحرمھا علی نفس وینکحھا من اجنبی ولو عقل الجاھل لعلم انہ احق باختہ وبنتہ من الاجنبی وماوجہ ذلک الا ان صاحبھم حرم علیھما الطیبات (الفرق بین الفرق لعبد القاہر البغدادی)

اس سے زیادہ تعجب کی بات کیا ہو سکتی ہے کہ ایک شخص عقل کا دعویدار ہونے کے باوجود ایسی حماقتیں کرتا ہے کہ اس کے پاس نہایت خوبصورت بہن یا بیٹی موجود ہوتی ہے اور خود اس کی بیوی اتنی حسین نہیں ہوتی مگر وہ اس خوبصورت بہن یا بیٹی کو اپنے اوپر حرام قرار دے کر اسے کسی اجنبی سے بیاہ دیتا ہے حالانکہ ان جاہلوں کو اگر عقل ہوتی تو وہ یہ سمجھتے کہ ایک اجنبی شخص کے مقابلے میں اپنی بہن اور بیٹی کے وہ خود زیادہ حق دار ہیں۔ اس بے عقلی کی وجہ دراصل صرف یہ ہے ان کے آقا نے ان پر عمدہ چیزوں کو حرام کر دیا ہے۔

آپ ممکن ہے کہ اسے آٹھ سو سالہ پرانی غیر ترقی یافتہ حالت کی عکاس سمجھ کر نظر انداز کر دیں۔ لیکن امر واقعہ یہ ہے کہ اس ترقی یافتہ دور میں جس طرح عقل خالص کی پیروی میں اضافہ ہوا ہے اسی طرح اس کے نتیجے میں اخلاقی اقدار کی پامالی میں بھی اضافہ ہوا

ہے۔ آج کے دور میں بہن سے نکاح باقاعدہ ایک نعرہ بن چکا ہے اور امریکہ کی بعض ریاستوں میں باقاعدہ اس کے حق میں جلوس نکالے گئے ہیں۔ کچھ عرصہ پہلے اس بد اخلاقی کو روکنے کے لیے میڈیکل سائنس کے حوالے سے یہ دلیل دی جاتی رہی ہے کہ استلذاذ بالاقارب سے طبی نقصانات ہوتے ہیں۔ لیکن آج مغربی دنیا میں اس موضوع پر کتابیں آ رہی ہیں انھوں نے نہ صرف ان طبی نقصانات کی توجیہ کو غلط ثابت کر دیا ہے بلکہ استلذاذ بالاقارب کو انھوں نے انسان کی فطری خواہش یعنی ہیومن ارج (Human Urge) قرار دے کر انسان کا بنیادی حق تسلیم کرانے کی کوشش کی ہے اور اس پر باقاعدہ کتابیں لکھی جا رہی ہیں۔ اور اسی رویہ کا نتیجہ یہ ہے کہ برطانیہ کی پارلیمنٹ ہم جنس پرستی کے جواز کا بل تالیوں کی گونج میں منظور کر چکی ہے اور یہ اخلاقی اعتبار سے انتہائی قابل نفرت خصلت جس کی وجہ سے قوم لوط پر اللہ کا عذاب نازل ہو چکا ہے۔ نہ صرف کوئی برائی نہیں رہی بلکہ اسے باقاعدہ ایک علم بنا دیا گیا ہے۔ آپ امریکہ کی لائبریریوں میں جائیں تو وہاں آپ کو اس برائی کے حق میں لکھی ہوئی کتابوں پر مشتمل علیحدہ سیکشن ملے گا۔ جس کا عنوان ہوگا۔ ''گے اسٹائل آف لائف'' (Gay Style of life)

چند سال پیشتر امریکی رسالے ٹائم نے لکھا کہ خلیج کی جنگ میں حصہ لینے والے فوجیوں میں سے تقریباً ایک ہزار افراد کو صرف اس لیے فوج سے نکال دیا گیا کہ وہ ہم جنس پرست تھے۔ لیکن اس اقدام کے خلاف امریکہ میں شور مچ رہا ہے۔ مظاہرے ہو رہے ہیں اور چاروں طرف سے آوازیں اٹھ رہی ہیں کہ آپ نے جن لوگوں کو ہم جنس پرست ہونے کی وجہ سے فوج کے عہدوں سے برخاست کیا ہے یہ آپ نے ایک خلاف عقل حرکت کی ہے۔ اس لیے ان کو دوبارہ بحال ہونا چاہیے اور اس کے حق میں دلیل یہ دی جا رہی ہے کہ یہ ایک ہیومن ارج ہے اور ہیومین ارج کو دبایا نہیں جا سکتا اور یہ سب کچھ عقل کی بنیاد پر ہو رہا ہے اور اب تو یہ معاملہ یہاں تک بڑھ گیا ہے کہ بات صرف جنس انسانی کی نہیں رہی بلکہ اب تو جانوروں کتوں، گدھوں اور گھوڑوں تک نوبت پہنچ گئی ہے اور اس کو بھی باقاعدہ فخریہ بیان کیا جا رہا ہے۔

وحی نبوت کی ہدایت

اس تمام بحث سے یہ بات سمجھ میں آتی ہے کہ انسان اور حیوان کی زندگی کے تحفظ اور اس کو معیشت کی راہ پر لگانے کے لیے سب سے پہلے فطری رہنمائی کی ضرورت پڑتی ہے۔ وہ ایک خاص حد تک اپنا کام کرتی ہے۔ اس کے بعد باہر کی زندگی کی راہنمائی کے لیے اللہ تعالیٰ نے حواس خمسہ کی راہنمائی مہیا فرمائی۔ حواس خمسہ نے محسوسات کے دائرے میں رہ کر انسانی زندگی کو آگے بڑھایا۔ پھر جب انسان کے قدم محسوسات سے آگے بڑھے تو اسے عقل کی راہنمائی عطا فرمائی گئی۔ اب ہم نے تفصیل سے دیکھا کہ عقل انسان کی راہنمائی کے لیے بہت موثر رہنما ہونے کے باوجود اعمال کی درستگی اور انضباط کے لیے کافی نہیں۔ وہ قدم قدم پر جذبات کی اسیر ہو جاتی ہے اور بعض دفعہ قوت واہمہ سے شکست کھا جاتی ہے اور اگر یہ جذبات ہوائے نفس کی لپیٹ میں آجائیں تو پھر عقل نہ صرف اس کے سامنے بے دست و پا ہو جاتی ہے بلکہ عموماً وہ ہوائے نفس کی وکالت کرنے لگتی ہے۔ جس کے نتیجے میں اخلاقی قدریں تباہ و برباد ہو جاتی ہیں۔ عقلی مسلمات شکست و ریخت کا شکار ہونے لگتے ہیں۔ اب جس پروردگار نے قدم قدم پر حیوان اور انسان کی راہنمائی فرمائی کیا یہ ممکن ہے کہ وہ انسان کو غلطاں

و پیچاں چھوڑ دے کہ وہ ہوائے نفس کا شکار ہو کر اپنی زندگی اور آخرت کو تباہ کر لے۔ قرآن کہتا ہے کہ اس پروردگار کی رحمت سے یہ بات یقیناً بعید ہے کہ وہ عقل کے بعد انسان کو کسی اور راہنمائی سے محروم فرما دے بلکہ قرآن ہمیں یہ بتاتا ہے کہ جس طرح وجدان کے بعد حواس کی رہنمائی پروردگار نے عطا فرمائی اور حواس کے بعد عقل کی، اسی طرح اس نے اپنے ذمہ یہ بات لے رکھی ہے کہ عقل کے بعد زندگی کو رہنما سے محروم نہیں رکھے گا۔ چنانچہ ہم دیکھتے ہیں کہ اس نے جا بجا ان مراتب ہدایت کا ذکر کیا ہے۔ ارشاد فرمایا:

اِنَّا خَلَقْنَا الْاِنْسَانَ مِنْ نُّطْفَةٍ اَمْشَاجٍ نَّبْتَلِيْهِ فَجَعَلْنٰهُ سَمِيْعًا بَصِيْرًا۔ اِنَّا هَدَيْنٰهُ السَّبِيْلَ اِمَّا شَاكِرًا وَّاِمَّا كَفُوْرًا۔ (الدھر 76: 2۔ 3)

(ہم نے انسان کو ملے جلے نطفے سے پیدا کیا جسے ایک کے بعد ایک، مختلف حالتوں میں پلٹتے ہیں۔ پھر اسے ایسا بنا دیا کہ سننے والا، دیکھنے والا وجود ہو گیا۔ ہم نے اس پر راہ عقل کھول دی۔ اب یہ اس کا کام ہے کہ یا تو شکر کرنے والا ہو یا ناشکرا۔ یعنی یا تو اللہ کی دی ہوئی قوتیں ٹھیک کام میں لائے اور فلاح و سعادت کی راہ اختیار کرے یا ان سے کام نہ لے اور گمراہ ہو جائے)

اَلَمْ نَجْعَلْ لَّهٗ عَيْنَيْنِ۔ لا وَلِسَانًا وَّ شَفَتَيْنِ۔ لا وَهَدَيْنٰهُ النَّجْدَيْنِ۔ ج (البلد 90: 8۔ 9)

کیا ہم نے اسے ایک چھوڑ دو دو آنکھیں نہیں دے دی ہیں (جن سے وہ دیکھتا ہے) اور زبان اور ہونٹ نہیں دیئے ہیں (جو گویائی کا ذریعہ ہیں) اور کیا اس کو ہم نے (سعادت و شقاوت کی، دونوں راہیں نہیں دکھادیں؟)

وَجَعَلَ لَكُمُ السَّمْعَ وَالْاَبْصَارَ وَالْاَفْئِدَةَ ط قَلِيْلاً مَّا تَشْكُرُوْنَ۔ (السجدہ: 32۔ 9)

(اور اللہ نے تمہارے لیے سننے اور دیکھنے کے حواس پیدا کر دیئے اور سوچنے کے لیے دل (یعنی عقل) تاکہ تم شکر گزار رہو (یعنی اللہ کی دی ہوئی قوتیں ٹھیک طریقہ پر کام میں لاؤ)

ان آیات اور ان کے ہم معنی آیات میں حواس اور مشاعر اور عقل و فکر کی ہدایت کی طرف اشارے کیے گئے ہیں، لیکن وہ تمام مقامات جہاں انسان کی روحانی سعادت و شقاوت کا ذکر کیا گیا ہے وحی و نبوت کی ہدایت سے متعلق ہیں۔ مثلاً

اِنَّ عَلَيْنَا لَلْهُدٰى۔ ز وَاِنَّ لَنَا لَلْاٰخِرَةَ وَالْاُوْلٰى۔ (الیل 92: 12۔ 13)

(بلاشبہ یہ ہمارا کام ہے کہ ہم راہنمائی کریں اور یقیناً آخرت اور دنیا دونوں ہمارے ہی لیے ہیں) یعنی دنیا و آخرت کی ضرورتوں کے لیے رہنمائی ہماری ذمہ داری ہے۔

وَاَمَّا ثَمُوْدُ فَهَدَيْنٰهُمْ فَاسْتَحَبُّو الْعَمٰى عَلَى الْهُدٰى (حم السجدہ 41: 17)

(اور باقی رہی قوم ثمود، تو اسے بھی ہم نے راہ حق دکھلا دی تھی۔ لیکن اس نے ہدایت کی راہ چھوڑ کر اندھے پن کا شیوہ اختیار کیا)

وَالَّذِيْنَ جَاهَدُوْا فِيْنَا لَنَهْدِيَنَّهُمْ سُبُلَنَا ط وَاِنَّ اللّٰهَ لَمَعَ الْمُحْسِنِيْنَ۔ ع (العنکبوت 29: 69)

(اور جن لوگوں نے ہماری راہ میں جانفشانی کی تو ضروری ہے کہ ہم ان پر اپنی راہیں کھول دیں اور بلاشبہ اللہ ان لوگوں کا ساتھی ہے جو نیک عمل ہیں)

انسانی زندگی کی ضرورتیں جہاں کھانا پینا، اوڑھنا پہننا، لوگوں سے میل جول رکھنا، عناصر قدرت اور عناصر فطرت سے مستفید ہونا ہیں وہاں اس کے لیے یہ بھی ضروری ہے کہ وہ یہ جانے کہ باہمی میل جول کے آداب کیا ہیں، خود میری زندگی کی حقیقت کیا ہے؟ میری زندگی کے کیا فرائض اور کیا حقوق ہیں؟ شائستگی اور دل بستگی کیا ہے؟ ان کے آداب کیا ہیں؟ دوسروں کے مجھ پر حقوق کیا ہیں؟ ہمسائے گی کیا ہے؟ اخوت و محبت کسے کہتے ہیں؟ ماں باپ کا احترام کیا ہے؟ علم کس چیز کا نام ہے اور اس کی حدود کیا ہیں؟ عورت اور مرد کا رشتہ کیا ہے اور اس کی نزاکتیں کیا ہیں؟ محرم کسے کہتے ہیں اور نامحرم کون ہے؟ عبادات کی حقیقت کیا ہے؟ یہ دنیا ہمیشہ رہے گی یا ختم ہو جائے گی؟ اس کا انجام فنا ہے یا بقاء ہے؟ کیا کوئی دوسری دنیا بھی ہے؟ تو اس کی حقیقت کیا ہے؟ کیا میں مرنے کے بعد ہمیشہ کے لیے فنا ہو جاؤں گا؟ یہ عالم برزخ کیا ہے؟ اور

عالم آخرت کیا ہے؟ اللہ کی صفات کیسی ہیں؟ وہ اگر ہمارا مالک ہے تو وہ کن باتوں میں راضی ہے اور کن باتوں سے ناراض ہوتا ہے؟ قربانیوں کی حقیقت کیا ہے؟ آدمی ایک دوسرے کے لیے ایثار کرتا ہے تو اس کا صلہ کیا ہوگا؟ اخلاقی مسلمات کیا ہیں اور ان کی حقیقت کیا ہے؟ قوموں کے عروج و زوال کے اسباب کیا ہیں؟ روح کی حقیقت کیا ہے؟ یہ کن کاموں سے زندہ ہوتی ہے اور کن کاموں سے مر جاتی ہے؟ اور اسی طرح کے بیشمار سوالات ہیں جن کا جواب انسان کو ملنا چاہیے۔ مگر یہ امر واقعہ ہے کہ ان کا جواب نہ حواس کے پاس ہے اور نہ عقل کے پاس۔ اب اگر ہمیں اپنے محسوسات کی دنیا میں جوابات دینے کے لیے حواس و عقل کی راہنمائی دی گئی ہے تو کیا عالم ناسوت اور عالم ملکوت کی حقیقتوں کے لیے اور اپنی دنیا میں سرفرازی اور آخرت میں سرخروئی کے لیے اور اس آنکھ کے پردے کے پیچھے کے حقائق کو جاننے کے لیے ہمیں کوئی راہنمائی نہیں دی جائے گی؟ اور ہم بےخبری میں غلط سلط فیصلے کرتے رہیں گے۔

یقیناً وہ ذات جس نے چیونٹی تک کی ضرورتیں پوری کی ہیں وہ انسان کو اس سے بےخبر نہیں رکھ سکتی۔ چنانچہ اس نے حواس و عقل کے ذریعے کے بعد ہمیں ایک اور ذریعۂ علم بھی بخشا جس کا نام وحی اور رسالت ہے اور اس وحی کے حاملین کو پیغمبر نبی یا

رسول کہتے ہیں۔ اس ذریعہ سے انسانوں کو وہ سب کچھ بتایا گیا جو اس کی دنیوی، اخروی اور انفرادی اور اجتماعی زندگی کی ضرورت تھی۔ بلکہ اس ذریعہ علم کے ذریعے انسانوں کی دنیا بھی اور آخرت بھی تباہ ہونے سے بچالی گئی۔ تاریخی حقائق ہمارے سامنے ہیں کتنی قومیں اس صفحہ ہستی پر قوت کا نشان بن کر اٹھیں لیکن اپنی اخلاقی بے راہ روی اور غلط فیصلوں کے نتیجے میں اللہ کے عذاب کا نشانہ بنیں۔ آسمانی کتابوں نے جا بجا اس تاریخ کو بیان کیا ہے تاکہ انسان اس بات کو سمجھے کہ انسانی بقاء کا دارومدار اس کی اخلاقی زندگی اور توانائی پر ہے۔ کیونکہ اخلاقی زندگی میں گراوٹ انسان کو انسان نہیں رہنے دیتی۔ بلکہ انسانیت سے تہی دامن کر دیتی ہے۔ وہ شرم وحیا سے عاری ہو کر کتوں، بلیوں کی سطح پر آجاتا ہے۔ رحم ومروت سے بے بہرہ ہو کر درندوں کی صف میں شامل ہو جاتا ہے۔ حرام وحلال سے بے گانہ ہو کر حشرات الارض کی جگہ نشے کی حالت میں گلی کوچوں میں پڑا دکھائی دیتا ہے۔ آخرت کی محبت سے محروم ہو کر اور حب دنیا کا اسیر بن کر بندہ درہم و دینار بن جاتا ہے۔ اس ناگفتہ بہ صورت حال سے بچنے کی ایک ہی صورت ہے کہ ہم اس ذریعہ علم کو پہچانیں جسے وحی الٰہی کہا جاتا ہے۔

چنانچہ اسی علم کی یافت اور اسی دولت کے حصول کے لیے ہمیں یہ دعا سکھائی گئی
اِهْدِنَا الصِّرَاطَ الْمُسْتَقِيْمَ۔ لا

ہمیں سیدھی راہ دکھا۔

کیونکہ یہ وہ ہدایت ہے جس کا سر رشتہ سراسر پروردگار کے ہاتھ میں ہے۔ کیونکہ اس ہدایت کا تعلق ان معاملات سے ہے جن کا حل کرنا فطری الہام حواس خمسہ اور عقل کے بس کا کام نہیں جس کی تفصیل ہم اس سے پہلے بیان کر چکے ہیں اور دوسری طرف انسانی زندگی کی ضرورت کا حال یہ ہے کہ وہ اس علم اور ہدایت کے بغیر چند قدم بھی سفر نہیں کر سکتی۔ دین اور دنیا دونوں میں کامیابی کی ضمانت اگر کوئی ہو سکتی ہے تو وہ صرف یہی راہنمائی اور ہدایت ہے اور مزید یہ بات بھی کہ یہاں جس ہدایت کے لیے دعا کی تلقین کی گئی ہے وہ صرف ذہنی یا عملی راہنمائی کے لیے ہی نہیں بلکہ قلب و ضمیر کی راہنمائی بھی ہے۔ انسانی عقل بڑے سے بڑا معجزہ بھی اگر سر کر ڈالے تو اس کا تعلق یقیناً انسانی ذہن سے ہوتا ہے لیکن جہاں تک قلبی نور و بصیرت اور انسان کے احساسات کی تطہیر کا تعلق ہے اور قوت عمل میں افزونی اور قبولیت میں آسانی کا تعلق ہے جسے توفیق کے نام سے تعبیر کیا جاتا ہے یہ تو سراسر اللہ کے ہاتھ میں ہے اور یہ اس کے سوا کوئی عطا نہیں کر سکتا اور یہاں جس صراط مستقیم کی ہدایت کے لیے دعا مانگی جا رہی ہے اس میں صرف صراط مستقیم کی عطا ہی شامل نہیں بلکہ اس کے لیے حالات کو ہموار کرنا توفیق عطا ہونا اور قبولیت کی امید پیدا ہونا یہ سب کچھ شامل ہے۔

ہدایت کی اس وسعت کو دیکھتے ہوئے اندازہ ہوتا ہے کہ یہ کتنی بڑی دولت ہے جو یقیناً اللہ ہی سے مانگی جا سکتی ہے اور وہی اس کا عطا کرنے والا بھی ہے۔ اس عظیم دولت کی تعبیر یہاں اس قدر سہل اور آسان بنا کے پیش کی گئی ہے کہ اس سے زیادہ آسان تعبیر کا تصور بھی نہیں کیا جا سکتا۔ ہدایت کا لفظ بھی جانا پہچانا ہے اور صراط مستقیم بھی ایک آسان ترکیب ہے جو نہ صرف عربی زبان میں کثرت سے استعمال ہوتی ہے بلکہ اس کا مفہوم اور معنی تو ہر زبان میں بکثرت مستعمل ہے لیکن یہ دونوں لفظ چونکہ قرآن پاک کی اصطلاح بن چکے ہیں اس لیے قرآن پاک نے مختلف مقامات پر انھیں جن معنوں میں استعمال کیا ہے اس سے ایک مفہوم متعین کرنے میں آسانی ہو جاتی ہے اس لیے ہم چاہتے ہیں کہ نہایت اختصار سے اس کی کسی حد تک وضاحت کر دیں۔

ہدایت کا مفہوم

ہدایت کا لفظ جس طرح راہنمائی کرنے، راہ دکھانے اور راہ پر لگا دینے کے معنی میں استعمال ہوتا ہے اسی طرح یہ منزل مقصود تک پہچانے کے لیے بھی استعمال ہوتا ہے۔ ایک مسافر جب کسی سے راستہ پوچھتا ہے تو راستہ بتانے والا کبھی تو اسے وہیں کھڑا کھڑا ہاتھ کے اشارے سے مختلف نشانات بتا کر راستے کو واضح کر دیتا ہے، اسے راستہ دکھانا اور عربی میں اراء الطریق کہتے ہیں اور دوسری صورت راستہ بتانے کی یہ ہوتی ہے کہ مسافر کا ہاتھ پکڑ کر اسے منزل تک پہنچا دیا جائے۔ اسے ایصال الی المطلوب کہتے ہیں۔ تیسری صورت یہ ہے کہ راستہ چلنے والا اپنی منزل کی دوری اور راستے کی دشواریوں کے باعث گھبرا اٹھتا ہے۔ بعض دفعہ سفر کے آغاز ہی کے لیے تیار نہیں ہوتا اور بعض دفعہ راستہ کی کٹھنائیاں دیکھ کر سفر کا ارادہ چھوڑ دیتا ہے اور ناکامی کا داغ لیے اپنے گھر کو لوٹ آتا ہے۔ ایسی صورت میں ضروری ہے کہ اس کے دل میں سفر کی امنگ پیدا کی جائے، راستہ کی دشواریوں کو سر کرنے کے لیے حوصلے کی دولت دی جائے اور وہ سفر پر روانہ ہونے سے پہلے ذہن میں یہ بات بٹھا لے کہ راہ کی سختیاں حقیقت میں سامان سفر ہوتی ہیں جس کے بغیر سفر کبھی ممکن نہیں

ہوتا۔ طبیعت میں اس کیفیت کا پیدا کرنا کبھی تو قلبی نور و بصیرت کے ذریعے ہوتا ہے کہ دل میں اک روشنی پیدا ہوتی ہے جس سے تمام تاریکیاں روشن ہو جاتی ہیں اور سفر کے آغاز کی ہمت ہو جاتی ہے اور کبھی دل میں حوصلے کی ایسی ترنگ اٹھتی ہے جو راہ کی سختیوں کو سفر کی سنت سمجھ کر برداشت کرنے کا شوق پیدا کرتی ہے، اسے اللہ کی توفیق سے تعبیر کیا جاتا ہے۔ قرآن کریم نے تینوں معنوں میں ہدایت کے لفظ کو بار بار استعمال کیا ہے جب وہ کہتا ہے کہ قرآن کریم تمام جن و انس کے لیے ہدایت بن کر آیا ہے تو اس کا مطلب یہ ہے کہ وہ انھیں زندگی گزارنے کا وہ راستہ بتاتا ہے جس پر چل کر وہ اللہ کی خوشنودی حاصل کر سکتے ہیں اور جب وہ یہ بتاتا ہے کہ اصحاب کہف چند لڑکے بالے تھے جب وہ اللہ پر ایمان لے آئے اور پھر ایمان کے مطابق زندگی گزارنا، بت پرستوں کے دیس میں ان کے لیے مشکل ہو گیا اور دل ان کے ڈولنے لگے تو ہم نے ان کی ہدایت میں اضافہ کیا یعنی ان کے دلوں کو حوصلے سے باندھ دیا اور ان کے دلوں میں وہ استقامت اور اولوالعزمی پیدا کی جس کے نتیجے میں وہ آبادی چھوڑ کر غاروں کا راستہ اختیار کرنے پر تیار ہو گئے۔ یہ وہ دل کا نور اور بصیرت ہے جس نے ان کے لیے مشکلات آسان کر دیں اور کبھی قرآن کریم ہمیں بتاتا ہے وَالَّذِیۡنَ جَاهَدُوۡا فِیۡنَا لَنَهۡدِیَنَّهُمۡ سُبُلَنَا ط (الروم : 30۔ 69) جو لوگ ہمارے راستے میں کوشش کرتے

ہیں ہم ان کو اپنے راستوں کی توفیق دیتے ہیں یعنی ان کے راستے کی دشواریاں ہم ان کے لیے سہل بنا دیتے ہیں اور منزل انھیں اس حد تک محبوب ہو جاتی ہے کہ وہ اس کی طرف بڑھنا ان کی زندگی کا سب سے بڑا مقصد بن جاتا ہے۔

اس تفصیل سے آپ کو یہ بات سمجھنے میں آسانی ہو جائے گی کہ سورۃ فاتحہ میں صراط مستقیم کی ہدایت کی جو دعا سکھائی گئی ہے وہ سب کے لیے ہے اس میں عوام بھی شامل ہیں اور خواص بھی حتیٰ کہ انبیائے کرام بھی اللہ سے ہمیشہ یہی دعا مانگتے رہے۔ اور رسول اللہ ﷺ بھی ہمیشہ نماز میں یہ دعا کیا کرتے تھے۔ اگر ہدایت کا ایک ہی مفہوم ہوتا تو یقیناً سب کے لیے مناسب نہ ہوتا۔ عوام کی دعا اور ہوتی اور خواص کی اور لیکن ہدایت کے ان مختلف مفاہیم کو دیکھ کر یہ معلوم ہو جاتا ہے کہ ہر دعا مانگنے والا اپنے اپنے مقام و مرتبہ کے مطابق اللہ سے ہدایت مانگتا ہے۔ پھر دل کا نور اور بصیرت سب کے لیے یکساں نہیں ہوتی۔ ایک عامی کے لیے اس کے دل و دماغ کے مطابق فی الجملہ اطمینان کافی ہے لیکن قربت خداوندی کے مسافروں کے لیے تو ہمت کے مطابق الگ الگ مقامات ہیں۔ کوئی ایک مقام پر پہنچ کر مطمئن ہو جاتا ہے تو دوسرا سالک اپنی منزل کو بہت دور سمجھتا ہے اس لیے وہ اگلے مقام کے لیے بے قرار رہتا ہے۔ اللہ کی توفیق سب کی دستگیری کرتی ہے۔ لیکن ہر ایک کو بقدر ہمت عطا

ہوتی ہے۔ دل کا اطمینان دماغ کی آسودگی اور بندگی کا سوز و گداز اس دعا کے نتیجے میں سب کو ملتا ہے لیکن ہر ایک اپنے اپنے مقام و مرتبہ کے مطابق نوازا جاتا ہے صالحین صلاحیتِ عمل سے نوازے جاتے ہیں اولیاء و ولایت کے مرتبے سے اور انبیا کرام نبوت کے مدارج اعلیٰ پر فائز کیے جاتے ہیں۔ اور پھر تمام انبیا بھی یکساں مقام نہیں رکھتے۔ آنحضرت ﷺ کا ارشاد ہے کہ میں کبھی اپنے اللہ کے ساتھ ایسے قرب سے نوازا جاتا ہوں جہاں کسی مقرب فرشتے کا بھی گزر نہیں ہوتا۔

الصِّرَاطَ الْمُسْتَقِيْمَ کا مفہوم

اِھدِنَا الصِّرَاطَ الْمُسْتَقِيْمَ میں ضمیر جمع کی ہے۔ حالانکہ ہر مانگنے والا واحد ہوتا ہے لیکن وہ اپنی دعا میں جمع کا صیغہ استعمال کرتے ہوئے کہتا ہے کہ ہمیں صراط مستقیم کی ہدایت عطا فرما۔ اس کا مطلب یہ ہے کہ میں تیرے چاہنے والوں کے قافلے کا ایک فرد ہوں۔ میری عاجزی میری بے بسی میری بے بضاعتی میری کم ہمتی پر پروردگار نظر نہ فرما بلکہ جب اس قافلے کے بڑے بڑے لوگوں پر رحمت کی برکھا برسے تو میں بھی اسی بارش سے نہال کیا جاؤں۔ سمندر کا قطرہ بھی سمندر میں رہ کر سمندر ہی ہوتا ہے۔

میں بے قدر و بے قیمت سہی لیکن بڑے لوگوں کے ساتھ تیری رحمت یقیناً مجھے ان کے ساتھ نوازنے میں بخل نہیں کرے گی۔

اس دعا میں صراط مستقیم کا لفظ بھی قابل غور ہے۔ صراط کے معنی راہ کے ہیں اور مستقیم کے معنی سیدھا ہونے کے۔ پس صراط مستقیم ایسی راہ ہوئی جو سیدھی ہو کسی قسم کا پیچ و خم نہ ہو۔ اللہ کے دین کے لیے اس سے بہتر تعبیر ممکن نہیں۔ کیونکہ جب بھی آدمی کسی منزل پر پہنچنے کے ارادے سے نکلتا ہے تو اس کی سب سے پہلے کوشش یہ ہوتی ہے کہ میں ایسا راستہ اختیار کروں جو سیدھا منزل تک جاتا ہو۔ کیونکہ سیدھی راہ ہی ہمیشہ مختصر ہوتی ہے اور بالآخر وہی شاہراہ عام کی حیثیت اختیار کر لیتی ہے۔ جتنے غلط راستے ہوتے ہیں وہ ہمیشہ طویل اور ٹیڑھی میڑھی پگڈنڈیوں پر مشتمل ہوتے ہیں۔ اس لیے دنیا کی ہر زبان میں ہمیشہ صحیح بات اور صحیح طرز عمل کو مستقیم سے تعبیر کیا گیا ہے۔ کیونکہ انسان کے فکر و عمل کا کوئی گوشہ ہو صحت و درستگی کی راہ ہمیشہ وہی ہوگی جو سیدھی راہ ہو، جہاں انحراف اور کجی پیدا ہوئی نقص و فساد ظہور میں آ گیا۔ یہی وجہ ہے کہ دنیا کی تمام زبانوں میں سیدھا ہونا اور سیدھی چال چلنا فلاح و سعادت کے معنی میں عام طور پر بولا جاتا ہے گویا اچھائی کے معنی میں یہ ایک ایسی تعبیر ہے جو تمام نوع انسانی کی عالم گیر تعبیر کہی جا سکتی ہے۔

حضرت مسیح کے چار سو برس پہلے دارایوش اول نے جو فرامین کندہ کرائے تھے ان میں سے بے ستون کا کتبہ آج تک موجود ہے۔ اور اس کا خاتمہ ان جملوں پر ہوتا ہے (اے انسان! ہورامزد کا (یعنی خدا کا) تیرے لیے حکم یہ ہے کہ برائی کا دھیان نہ کر سیدھا راستہ نہ چھوڑ گناہ سے بچتا رہ) خود پیغمبر اسلام صلی اللہ علیہ وآلہ وسلم نے بھی حقیقت کی وضاحت کے لیے یہی تعبیر اختیار فرمائی۔

عن ابن مسعود قال خط لنا رسول اللهﷺ بيده ثم قال هذا سبيل الله مستقيما ثم خط خطوطا عن يمين ذلک الخط وعن شماله ثم قال هذه السبيل ليس منها سبيل الاعليه شيطان يدعو اليه ثم قرء هذه الاية (اخرجهالنسائى و احمد و البزار و ابن منذر و ابو الشيخ و الحاكم وصحه)

(عبداللہ بن مسعود کہتے ہیں، رسول اللہ صلی اللہ علیہ وآلہ وسلم نے اپنی انگلی سے ایک لکیر کھینچی اور فرمایا کہ یہ اللہ کا ٹھہرایا ہوا راستہ ہے، بالکل سیدھا اس کے بعد اس لکیر کے دونوں طرف بہت سی ترچھی لکیریں کھینچ دیں، اور فرمایا یہ طرح طرح کے راستے ہیں جو بنا لیے گئے ہیں، اور ان میں کوئی راستہ نہیں جس کی طرف بلانے کے لیے ایک شیطان موجود نہ ہو۔ پھر یہ آیت پڑھی)

وَاَنَّ هٰذَا صِرَاطِیْ مُسْتَقِیْمًا فَاتَّبِعُوْهُ ج (الانعام 6: 153)

مزید ہم دیکھتے ہیں کہ الصِّرَاطَ الْمُسْتَقِيْمَ پر الف لام عہد کا ہے اس سے یہ اشارہ معلوم ہوتا ہے کہ اس صراط مستقیم سے ہر سیدھا راستہ مراد نہیں بلکہ کوئی خاص راستہ ہے جس کی طرف یہاں اشارہ کیا جا رہا ہے۔ چنانچہ بعد کے الفاظ میں اس اشارے کو کھول دیا ہے۔ البتہ صراط مستقیم کے لفظ میں اس راستے پر چلنے والوں کو یہ خوشخبری سنائی ہے کہ تم اس راستے پر چلنے سے پہلے گھبرا نہ جانا۔ کیونکہ یہ راستہ سیدھا راستہ ہے اور سیدھے راستے کبھی دشوار نہیں ہوتے وہ تمام راستوں میں قریب تر اور سہل تر ہوتے ہیں۔ لیکن اس کو واضح کرنے کے لیے فرمایا کہ یہ ان لوگوں کا راستہ ہے جن پر اللہ نے انعام کیا۔ ان لوگوں کا راستہ نہیں جن پر غضب ہوا یا وہ گمراہ ہوئے۔ اس میں متعدد باتیں قابل غور ہیں۔ سب سے پہلی بات یہ کہ دعا مانگنے والا جو اس وضاحت سے صراط مستقیم کی دعا مانگ رہا ہے کیا وہ یہ سمجھ رہا ہے کہ اگر اس نے یہ وضاحت نہ کی تو اللہ تعالیٰ شاید اس کی دعا کو پوری طرح سمجھ نہ سکے کوئی بھی اس راستے کا مسافر ایسی غلط فہمی میں مبتلا نہیں ہو سکتا۔ تو پھر اس وضاحت کا کیا مقصد ہو سکتا ہے؟ معمولی سے تدبر سے یہ بات واضح ہو جاتی ہے کہ دعا مانگنے والا اس وضاحت سے اپنے شوق اور وارفتگی کا اظہار کر رہا ہے۔ اور اس کا بے قرار دل عبادت کے جذبے سے سرشار اس راستے کی تلاش میں بے چین ہو رہا ہے جس پر چل کر وہ اپنی زندگی کو شریعت کے مطابق گزار

سکتا ہے اور اللہ کی رضا کو حاصل کرنے میں کامیاب ہو سکتا ہے۔ اور وہ جلد از جلد ان بڑے لوگوں کے قافلے میں شریک ہونا چاہتا ہے جو اس صراط مستقیم پر چلنے میں کامیاب ہوئے اور اللہ کے انعام کے مستحق ٹھہرے۔ وہ اپنی کمزوریوں اور ناتوانیوں کو دیکھتے ہوئے ان انعام یافتہ بندوں میں شامل ہونا چاہتا ہے تاکہ ان کی قربت اور ان سے نسبت اس کی کوتاہیوں کی تلافی کر دے۔ اور غَيْرِ الْمَغْضُوْبِ عَلَيْهِمْ وَلَا الضَّآلِّيْنَ۔ ع (الفاتحہ : 7) کہہ کر اپنی بے زاری اور نفرت کا اظہار ان لوگوں سے کر رہا ہے جنھوں نے صراط مستقیم پر چلنے سے انکار کر دیا یا اس سے بھٹک گئے اور اس طرح وہ اللہ کے غضب کا شکار ہوئے۔ اس طرح وہ اپنے لیے استقامت و استواری کی دعا کرتا ہے۔ اور ان لوگوں سے بچنے کی توفیق مانگتا ہے جو اس صراط مستقیم سے بے گانہ یا افراط و تفریط کا شکار ہیں۔

صِرَاطَ الَّذِيْنَ اَنْعَمْتَ عَلَيْهِمْ غَيْرِ الْمَغْضُوْبِ عَلَيْهِمْ وَ لَا الضَّآلِّيْنَ۝

ان لوگوں کا راستہ جن پر تو نے انعام کیا نہ کہ ان لوگوں کا جن پر تیرا غضب ہوا۔

صِرَاطَ : راستہ

الَّذِينَ : ان لوگوں کا

أَنْعَمْتَ : تو نے انعام کیا

عَلَيْهِمْ : ان پر

غَيْرِ : نہ

الْمَغْضُوبِ : غضب کیا گیا

عَلَيْهِمْ : ان پر

وَلَا : اور نہ

الضَّالِّينَ : جو گمراہ ہوئے

اَنۡعَمۡتَ عَلَيۡهِمۡ سے مراد

دوسری بات جو اس میں غور کرنے سے معلوم ہوتی ہے وہ یہ ہے کہ یہاں صراط مستقیم کی وضاحت کے لیے کچھ ایسے لوگوں کا حوالہ دیا گیا ہے جن پر اس صراط مستقیم کا حق ادا کرنے کے باعث انعام واکرام ہوا۔ حالانکہ اس کی وضاحت کے لیے یہ بات کہی جا سکتی تھی، کہ وہ اللہ اور اس کے رسول کا راستہ ہے تم اسے اختیار کرو۔ تو بجائے صراط اللہ یا صراط الرسول کہنے کے آخر اس تعبیر میں کیا حکمت ہے۔ حقیقت تو اللہ جانتا ہے لیکن معلوم ایسا ہوتا ہے کہ اس میں انسانی فطرت کا لحاظ کیا گیا ہے۔ انسانی فطرت یہ ہے کہ وہ کتابوں سے اس قدر نہیں سیکھتی جس قدر انسانی شخصیات سے متأثر ہوتی ہے۔ یہی وجہ ہے کہ اللہ نے انسانوں کی ہدایت کے لیے صرف کتابیں نہیں اتاریں بلکہ نبی اور رسول بھی بھیجے۔ کیونکہ کتاب کے الفاظ انسانی تربیت کے لیے کافی نہیں ہوتے۔ بلکہ انسان تربیت کے لیے انسانی شخصیات کی ضرورت پڑتی ہے۔ ماں کی گود بچے کا پہلا مدرسہ ثابت ہوتی ہے۔ اس مدرسے کے کھینچے ہوئے نقوش دیرپا

ثابت ہوتے ہیں۔ اس سے صرف معلومات نہیں ملتیں بلکہ کردار اور صالح احساس ملتا ہے۔ کیونکہ

کورس تو لفظ ہی سکھاتے ہیں

آدمی آدمی بناتے ہیں

اگر صرف صراط اللہ کہا جاتا تو اللہ کے راستے کی تلاش اور اس پر چلنے میں ہزاروں الجھنیں پیدا ہوتیں اسی طرح اگر صراط رسول کہہ دیا جاتا تو وہ بھی وضاحت کے لیے کافی نہ ہوتا۔ کیونکہ رسول کریم ﷺ کی حیات ظاہری ہمیشہ کے لیے نہیں تھی۔ آپ ﷺ کے دنیا سے تشریف لے جانے کے بعد یقیناً اس راستے کے تعین میں دشواری ہوتی شاید یہی وجہ ہے کہ جب رسول اللہ ﷺ سے پوچھا گیا کہ جب یہ امت پچھلی امتوں کی طرح مختلف فرقوں میں بٹ جائے گی تو ان میں سے کون سی جماعت حق پر ہوگی۔ تو آپ ﷺ نے یہاں بھی محسوس انسانوں کا حوالہ دیا تاکہ راستے کے تعین میں دشواری پیش نہ آئے آپ ﷺ نے فرمایا ما انا علیہ و اصحابی "جس پر میں ہوں اور میرے صحابہ ہیں۔'' یعنی میرے بعد تمہیں اس راستے پر چلنے میں رہنمائی میرے صحابہ سے ملے گی۔ اب سوال یہ ہے کہ یہاں اللہ تعالیٰ نے جن مخصوص لوگوں کی طرف یہ کہہ کر اشارہ کیا ہے کہ جن پر اللہ نے انعام کیا ہے یعنی وہ اللہ کا انعام یافتہ

گروہ ہے وہ کون ہیں؟ اس کا جواب ایک دوسری آیت کریمہ میں دیا گیا ہے۔ ارشاد فرمایا:

الَّذِيْنَ اَنْعَمَ اللّٰهُ عَلَيْهِمْ مِّنَ النَّبِيّٖنَ وَالصِّدِّيْقِيْنَ وَالشُّهَدَآءِ وَالصّٰلِحِيْنَ ج (النساء: 4-69)

(وہ لوگ جن پر اللہ تعالیٰ کا انعام ہوا وہ انبیاء، صدیقین، شہداء اور صالحین ہیں)

ا۔ نبی

تو یہ چار طرح کے لوگ ہیں جن پر اللہ تعالیٰ کا انعام ہوتا رہا۔ دنیا میں بھی جن کی حفاظت فرمائی اور عزت اور سرفرازی سے نوازا اور آخرت میں بھی یہی لوگ سربلند ہوں گے۔ تاریخ شاہد ہے کہ طوفان نوح آیا تو کشتی نجات نے ان کو اپنی آغوش میں جگہ دی جو نوحؑ پر ایمان لانے والے اور اس راستے کے مسافر تھے۔ اور جتنے لوگوں نے اس راستے پر چلنے سے انکار کیا وہ سب اس طوفان کی نذر ہو گئے۔ قوم عاد قوم ثمود قوم لوط قوم صالح اور بھی چند قوموں کے انجام تاریخ کے اوراق میں محفوظ ہیں ہر جگہ ایک ہی حقیقت کارفرما نظر آتی ہے۔ کہ انبیا اور ان کے ساتھی بچ گئے اور ان کے مخالفین کو تباہ کر دیا گیا۔ اب قیامت تک کے لیے یہی اصول بتا دیا گیا کہ وہ لوگ جو راہ راست

اختیار کریں گے اور نبی آخر الزمان کے طریقے پر چلیں گے وہ دنیا اور آخرت میں کامیاب ہوں گے اور جو ان کے راستے پر چلنے سے انکار کر دیں گے وہ خائب و خاسر ہوں گے اسی لیے قرآن کریم نے آنحضرت صلی اللہ علیہ وآلہٖ وسلم کی طرف سے یہ اعلان کیا گیا

وَاَنَّ هٰذَا صِرَاطِیْ مُسْتَقِیْمًا فَاتَّبِعُوْهُ ج (الانعام: 6۔ 153)

یہ ہے میرا سیدھا راستہ اسی کی پیروی کرو۔ یعنی میں جس راستے کی دعوت دے رہا ہوں جس پر میں خود چل رہا ہوں مجھ پر جو شریعت نازل ہوئی ہے اور جو مجھ پر کتاب اتری ہے اور جسے میں نے اپنے عمل سے سنت بنا دیا ہے۔ اور جسے میں نے اپنے جذبے ایثار اور استقامت سے تحریک کی شکل دے دی ہے اور پھر جس طرح مخالفتوں کے ہجوم میں میں نے یقین کی قوت اور اعتماد علی اللہ سے اس تحریک کو آگے بڑھایا اور اپنے اصحاب کو حوصلے کا سامان بخشا ہے اور پھر جس طرح دعوت الی اللہ کو زندگی کا سب سے بڑا سرمایہ اور سب سے بڑی متاع کے طور پر پیش کیا ہے اور جس طرح قدم قدم پر دین کو دنیا پر ترجیح دی اور عبادات کے سوز سے حُبِّ دنیا کے بحران کو سرد کیا ہے اور جس طرح مادی دنیا میں فنا ہونے والوں کو اور دنیوی نعمتوں کے رسیا لوگوں کو آخرت کا مسافر بنایا ہے یہ وہ صراط مستقیم ہے۔ جو شخص اس کی پیروی کرے گا۔ وہی میرا پیروکار ہوگا اور وہی صراط مستقیم پر ہوگا۔ البتہ اس راستے پر چلنے والے

سارے یکساں نہیں ہوں گے۔ اور نہ اس راستے پر چلنے والوں کی ضرورتیں اور صفات یکساں ہیں۔ اس لیے تم اپنی ہمت طلب اور ضرورت کے مطابق اس راستے کے رہنماؤں کو چننا۔ لیکن یہ دیکھنا کہ ان میں سے کسی کا عمل اور طرز عمل میری سنت کے خلاف نہ ہو۔ یعنی تمہیں اپنی رہنمائی اور زندگی بنانے کے لیے ہر دور میں ایسے رہنماؤں کی ضرورت ہوگی جو محسوس شکل میں تمہارے لیے رہنمائی فراہم کر سکیں اور تمہارے لیے نمونہ بن سکیں لیکن انھیں اختیار کرنے سے پہلے یہ ضرور دیکھ لینا کہ ان کا عمل کتاب وسنت کے مطابق ہے یا نہیں وہ تین طرح کے لوگ ہوں گے صدیق، شہید اور صالح۔ اب ہم ہر ایک کی اختصار سے وضاحت کرتے ہیں۔

۲۔ صدیق

صدیق صراط مستقیم پر چلنے والے قافلے میں سب سے مخلص سب سے متقی، سب سے زیادہ وفا شعار اور سب سے زیادہ ایثار پیشہ فرد کا نام ہے۔ جو بھی اسلامی تعلیمات پر عمل کرتے ہوئے اس کی معراج کو پہنچنے کی کوشش میں زندگی گزار دے گا وہ صدیق کے مرتبے پر فائز ہو سکتا ہے اس لیے عام طور پر اللہ کے ہر ولی کو صدیق کے نام سے یاد کیا جاتا ہے۔ لیکن اسلام کی تاریخ میں حضرت ابو بکر صدیق کا نام چونکہ ایک استعارہ

بن گیا ہے اور قرآن کریم کی آیت نے اس لفظ کو ایک اصطلاح کے طور پر استعمال کیا ہے۔ اس لیے اہل علم کا خیال ہے کہ صدیق اصل میں اس عظیم شخصیت کو کہتے ہیں جو کمالات ظاہری کے ساتھ کمالات باطنی میں بھی سب سے بڑھا ہوا ہو اس کا باطن اس قدر مصفا اور مجلا ہو کہ ایمانیات اور احکام شریعت کا عکس اس طرح اس کے باطن پر آسانی سے ثبت ہو جائے جس طرح آئینے کے سامنے اگر شمع جلائی جائے تو شمع جلتے ہی آئینے میں اس کا عکس بھی جل اٹھتا ہے۔ حضرت صدیق اکبر کے بارے میں آنحضرتﷺ کا ارشاد بھی اس بات کو واضح کرتا ہے آپﷺ نے فرمایا کہ میں نے جس کسی کے سامنے بھی اسلام پیش کیا اسے ماننے میں تھوڑا یا زیادہ تردد ضرور پیش آیا لیکن جب میں نے ابو بکر کے سامنے اسلام پیش کیا تو ایسا معلوم ہوا جیسے وہ اس کے لیے پہلے سے تیار تھے۔

اس سے معلوم ہوتا ہے کہ حضورﷺ کا ہر ارشاد اور حضورﷺ کا ہر عمل حضورﷺ کی ہر پسند آپ کے آئینۂ دل کے سامنے شمع کی طرح جل اٹھتی تھی۔ معاہدہ حدیبیہ میں آپ کا حضرت عمر فاروق کو جواب معراج کے واقعہ میں آپ کا قریش مکہ کو جواب اور بعض آیات کے نزول کے وقت فوراً اس کی مراد کو پا جانا ایسی بہت ساری مثالیں آپ کے مقام صدیقیت کو نمایاں کرتی ہیں۔ مشکل اور پر خطر حالات

میں استقامت کا ثبوت دینا یوں تو ہر مرد مومن کی صفت ہے لیکن اس لحاظ سے بھی صدیق دوسرے اصحاب ایمان کے لیے نمونہ ہوتا ہے۔ آنحضرت ﷺ کے انتقال پر ملال کے بعد حضرت صدیق اکبر کا طرزعمل اس کی نمایاں شہادت ہے۔ مزید ہم یہ دیکھتے ہیں کہ صفات صدیق میں سب سے بڑی صفت یہ ہوتی ہے کہ وہ ہمیشہ عزیمت پر عمل کرتا ہے اور اللہ اور اس کا رسول اس کے لیے ایسی متاع عزیز بن جاتے ہیں کہ وہ ان کے مقابلے میں جائز سہولتوں سے فائدہ اٹھانا بھی گناہ سمجھتا ہے۔ شاید یہی وجہ ہے کہ تمام صحابہ نے اللہ کی راہ میں بڑھ چڑھ کر انفاق اور ایثار کیا لیکن اپنے اور اپنے اہل خانہ کے لیے کچھ نہ کچھ بچا کر بھی رکھا لیکن حضرت صدیق اکبر سے جب بھی انفاق کا مطالبہ ہوا تو آپ نے سب کچھ اٹھا کر بارگاہ رسالت میں پیش کر دیا۔ یہی وہ مقام صدیقیت ہے جس کے لیے بطور اصطلاح یا استعارہ یہاں قرآن کریم نے اس لفظ کو استعمال کیا ہے۔ اور یہ ایک جامہ ہے جو حضرت صدیق اکبر پر راست آتا ہے۔ ٹھیک کہا اقبال نے :

پروانے کو چراغ ہے بلبل کو پھول بس
صدیق کے لیے ہے خدا کا رسول بس

۳۔ شہید

شہید کا معنی تو گواہ ہوتا ہے لیکن یہ لفظ بھی قرآن کریم میں بطور اصطلاح استعمال ہوا ہے۔ اس کا مفہوم یہ ہے کہ وہ شخص جو صرف اللہ کی خوشنودی کی خاطر اللہ کے کلمے کو بلند کرنے یا اسلامی ملک کے تحفظ کی خاطر یا مسلمانوں کے دفاع میں جان دے دیتا ہے، اس کو شہید کہتے ہیں۔ لیکن ایک دوسرے پہلو سے اس کے لفظی معنی اور اس کے اصطلاحی معنی میں یکسانیت بھی پیدا ہو جاتی ہے۔ وہ اس طرح کہ جو آدمی اللہ کی دین کی سربلندی کے لیے سر کٹواتا ہے۔ وہ درحقیقت اس بات کی گواہی دیتا ہے کہ اللہ کے اس دین کی سچائی اور حقانیت میں کوئی شبہ نہیں کیونکہ اگر اس دین کی سچائی میں کوئی شبہ ہوتا تو میں اپنی زندگی جیسی انمول متاع کو کبھی اس پر قربان نہ کرتا۔ آدمی کسی چیز کی صداقت کے لیے تین طریقوں سے گواہی دیتا ہے۔ کبھی اپنی زبان سے اس کے حق میں کلمہ تائید کہہ کر اور کبھی اپنے عمل سے اسے اپنی زندگی کا طرز عمل بنا کر اور کبھی اس کے لیے مال و متاع اور بدرجہ آخر جان دے کر، زبان سے دی ہوئی گواہی میں شبہ کیا جا سکتا ہے۔ عمل پر بھی الزام دھرا جا سکتا ہے۔ لیکن جو آدمی اپنا سب کچھ حتیٰ کے زندگی بھی کسی صداقت پر قربان کر دیتا ہے اس پر شبہ کرنا سنگدلی یا کور ذوقی کے سوا کچھ نہیں۔ یہاں ایسے ہی لوگوں کا تذکرہ کیا جا رہا ہے کہ وہ لوگ جو اپنا سب کچھ اللہ

کے راستوں میں قربان کر دیتے ہیں وہ اللہ کے ایسے گواہ ہیں جن سے دین کو قوت ملتی ہے۔ انسانیت کو جلا ملتی ہے اور تاریخ آئندہ نسلوں کے لیے اسے ایک نمونے کے طور پر پیش کرتی ہے۔ کیونکہ انھوں نے اپنا خون دے کر ایک ایسی روشنی مہیا کی ہے جو تا دیر تاریکیوں کو کافور کرتی رہے گی۔

بنا کردند خوش رسمے بخاک و خون غلطیدن

خدا رحمت کند ایں عاشقانِ پاک طینت را

۴۔ صالحین

یہ صالح کی جمع ہے، اس کا معنی ہے نیکوکار۔ یعنی ایسا آدمی جو اپنے طرز عمل سے نیکی کی علامت بن جاتا ہے۔ یہ بھی شریعت کی اصطلاح ہے۔ اسے قرآن کریم نے مختلف جہتوں سے استعمال کیا ہے۔ لیکن ہم اس کا صرف عام معنی عرض کر رہے ہیں۔ ایک ایسا شخص جو فرائض، واجبات، اور مستحبات کا پابند، آداب شریعت کا لحاظ رکھنے والا، حقوق العباد کا ادا کرنے والا اور دین کے تقاضوں کو بجا لانے والا ہو، اسے صالح کہتے ہیں۔

ان تینوں اصطلاحات کے ذکر کرنے سے مقصود یہ معلوم ہوتا ہے کہ صراط مستقیم، اللہ اور اس کے رسول ﷺ کا راستہ ہے۔ لیکن اس پر چلتے ہوئے تمہارے سامنے یہ تین طرح کے معیارات رہنے چاہئیں۔ تمہیں عام زندگی میں ایک صالح آدمی کی طرح زندگی گزارنا چاہیے۔ لیکن اگر کبھی اسلامی حمیت یا اسلامی ضرورت قربانی و ایثار کا تقاضا کرے تو سر کٹوانے سے بھی دریغ نہیں کرنا چاہیے۔ لیکن تمہارا اصل ہدف اس زندگی کا حصول ہے۔ جس میں شہادت کی تڑپ اور حسن عمل کے نور کے ساتھ ساتھ آئینہ دل ایسی آب و تاب رکھتا ہو۔ جس میں قرآن و سنت کے احکام اور اس راستے پر چلنے والوں کے اتباع کے سوا کوئی اور جذبہ اپنی جگہ نہ بنا سکے۔ یہی وہ دل ہے۔ جس پر بالآخر اللہ کے انوار اور رحمتوں کی بارش ہوتی ہے۔

صراطِ مستقیم کی اس مثبت وضاحت کے بعد جس میں اس راستے پر چلنے والے ان نمائندہ لوگوں کا بھی ذکر کیا گیا ہے جن کی حیثیت اس راستے کے رہنماؤں کی بھی ہے اور سنگ ہائے میل کی بھی۔ جن سے تاریخ کے ہر دور میں اس راستے پر چلنے والے فائدہ اٹھاتے رہے ہیں اور اٹھاتے رہیں گے۔ کیونکہ مسلمانوں کی تاریخ کا کوئی دور ایسا نہیں گزرا جب یہ تینوں نمونے مسلمانوں میں موجود نہ رہے ہوں۔ البتہ اس

راستے کے ہر مسافر کے لیے انھیں تلاش کرنا ضروری ہے کیونکہ کوئی بھی قابل قدر نعمت کبھی تلاش کیے بغیر نہیں ملا کرتی۔

ہر مسافر کے لیے جس طرح راستے کی پہچان اور راہنماؤں کی شناخت ضروری ہے اسی طرح یہ بھی ضروری ہے کہ راستے کی مشکلات اور منفی قوتوں کا بھی اسے علم ہو جو راستے میں اس کے لیے مشکلات کا باعث بن سکتی ہیں یا اس کے بھکانے کی کوشش کر سکتی ہیں۔ اسی طرح ان منفی قوتوں کے نمائندوں کی شناخت بھی ہونی چاہیے اور یہ بھی معلوم ہونا چاہیے کہ جو لوگ صراط مستقیم چھوڑ کر دوسرے راستوں پر چلتے رہے ان کا انجام کیا ہوا۔ چنانچہ اس ضرورت کو پورا کرنے کے لیے ارشاد فرمایا:

غَيْرِ الْمَغْضُوْبِ عَلَيْهِمْ وَلَا الضَّآلِّيْنَ۔ ع (الفاتحہ: 7)

''جو نہ مغضوب ہوئے نہ گمراہ''۔

مَغْضُوْبِ عَلَيْهِمْ

مَغْضُوْبِ عَلَيْهِمْ سے مراد دو قسم کے لوگ ہیں۔ ایک وہ جن پر اللہ تعالیٰ نے اپنی شریعت کی نعمت نازل فرمائی لیکن انھوں نے سرکشی کے سبب نہ صرف یہ کہ اس کو قبول نہیں کیا بلکہ اس کی مخالفت کے لیے اٹھ کھڑے ہوئے اور جن لوگوں نے اس

کو ان کے سامنے پیش کیا ان کی بیخ کنی کی اور قتل کے درپے ہوئے جن کی پاداش میں ان پر اللہ کا غضب نازل ہوا اور وہ ہلاک کر دیئے گئے۔

دوسرے وہ لوگ جنھوں نے قبول تو کیا لیکن دل کی آمادگی کے ساتھ نہیں بلکہ مارے باندھے قبول کیا، پھر بہت جلد شہوات نفس میں پڑ کر انھوں نے اس کے کچھ حصہ کو ضائع کر دیا، کچھ حصہ میں کتر بیونت کر کے اس کو اپنی خواہشات کے مطابق بنا لیا اور جن لوگوں نے ان کا ہاتھ پکڑنے کی کوشش کی یا ان کو صحیح راستہ پر لانا چاہا انھوں نے ان میں سے بعض کو جھٹلا دیا اور بعض کو قتل کر دیا۔ پچھلی امتوں میں اس کی سب سے واضح مثال یہود ہیں۔ چنانچہ ان کے معتوب و مغضوب ہونے کا ذکر قرآن میں تصریح کے ساتھ ہوا بھی ہے۔ مثلاً :

مَنْ لَّعَنَہُ اللّٰہُ وَغَضِبَ عَلَیْہِ وَجَعَلَ مِنْھُمُ الْقِرَدَۃَ وَالْخَنَازِیْرَ (مائدہ: 5۔ 60)

(جن پر اللہ نے لعنت کی اور جن پر اس کا غضب ہوا اور جن کے اندر سے اس نے بندر اور خنزیر بنائے)

وَضُرِبَتْ عَلَیْھِمُ الذِّلَّۃُ وَالْمَسْکَنَۃُ ق وَبَآءُ وْبِغَضَبٍ مِنَ اللّٰہِ (البقرۃ: 2۔ 61۔ بقرۃ)

(اور ان پر ذلت اور مسکنت تھوپ دی گئی اور وہ اللہ کا غضب لے کر پلٹے)

ضَآلِیْنَ سے مراد

ضَآلِیْنَ سے مراد وہ لوگ ہیں جنھوں نے اپنے دین میں غلو کیا، جنھوں نے اپنے پیغمبر کا رتبہ اتنا بڑھایا کہ اس کو خدا بنا کر رکھ دیا، جو صرف انھی عبادتوں اور طاعتوں پر قانع نہیں ہوئے۔ جو اللہ اور اللہ کے رسول نے مقرر کی تھیں۔ بلکہ اپنے جی سے رہبانیت کا ایک پورا نظام کھڑا کر دیا۔ جنھوں نے اپنے اگلوں کی ایجاد کی ہوئی بدعتوں اور گمراہیوں کی آنکھ بند کر کے پیروی کی اور اس طرح صراط مستقیم سے ہٹ کر گمراہی کی پگڈنڈیوں پر نکل گئے۔ پچھلی امتوں میں سے اس کی نہایت واضح مثال نصاریٰ ہیں۔ چنانچہ قرآن مجید نے انھی وجوہ کی بنا پر جن کا ہم نے اوپر ذکر کیا ہے ان کو گمراہ اور گمراہ کرنے والے قرار دیا ہے۔ مثلاً:

یٰٓاَھْلَ الْکِتٰبِ لَا تَغْلُوْا فِیْ دِیْنِکُمْ غَیْرَ الْحَقِّ وَلَا تَتَّبِعُوْٓا اَھْوَآءَ قَوْمٍ قَدْ ضَلُّوْا مِنْ قَبْلُ وَاَضَلُّوْا کَثِیْرًا وَّضَلُّوْا عَنْ سَوَآءِ السَّبِیْلِ۔ ع (المائدہ: 5۔ 77)

(کہہ دو اے اہل کتاب! تم اپنے دین میں ناحق غلو نہ کرو اور ان لوگوں کی خواہشوں و بدعتوں کی پیروی نہ کرو جو پہلے سے گمراہ چلے آ رہے ہیں اور جنھوں نے بہتوں کو اللہ کے راستہ سے بھٹکایا اور جو خود بھی اس کے رستہ سے بھٹکے)

مَغۡضُوۡبِ اور ضَّآلِّیۡنَ کی مثال دینے سے مقصود کیا ہے؟

یہ دو طرح کے لوگ جن کی نشاندہی ہماری دعا کے جواب میں بطور خاص اس لیے فرمائی گئی ہے کہ اے امت مسلمہ کے لوگو جس طرح تم ایک حامل دعوت امت ہو اور جس طرح تم پر آخری کتاب اتری ہے اسی طرح ان لوگوں پر بھی اللہ کی کتابیں اتری تھیں۔ انھیں حامل دعوت امتیں بنایا گیا تھا۔ انھیں رہنمائی دینے کے لیے اللہ کے نبی اور رسول آتے رہے اور بالکل انہی ذمہ داریوں سے انھیں گراں بار کیا گیا تھا جو ذمہ داریاں تمہارے حوالے کی گئی ہیں ان لوگوں نے جب اپنی ذمہ داریاں ادا نہ کیں وہ یا تو انبیاو رسل کی دشمنی اور اللہ کی شریعت کی نافرمانی کے باعث اللہ کے غضب کے مستحق ہوئے اور یا اللہ کے نبیوں کی محبت میں غلو کے باعث شرک اور بدعات و خرافات کے ارتکاب کے مجرم ٹھہرے۔ یعنی یا تو انھیں شریعت کی دشمنی لے بیٹھی اور یا اللہ کے نیک بندوں کی محبت میں حد سے بڑھ جانا ان کی تباہی کا باعث بنا۔ دیکھنا تم یہ رویہ اختیار نہ کرنا تم آخری امت ہو آخری کتاب تم پہ نازل ہو چکی آخری رسول ﷺ تمہاری طرف مبعوث ہو چکے۔ تمہاری ہدایت کے لیے اب کوئی اور آنے والا نہیں آئے گا۔ اگر تم نے اپنی ذمہ داریوں میں کوتاہی برتی اور اللہ کی زمین پر اللہ کے دین کو غالب کرنے میں کمزوری دکھائی اور تم انہی راہوں میں چلے جن راہوں

میں پہلی قومیں چل کر تباہ ہوئیں تو یاد رکھنا تم اس انجام سے نہیں بچ سکو گے. جس انجام سے وہ دوچار ہو چکے ہیں۔ تمہاری عافیت، سرفرازی اور بقاء کا ایک ہی راستہ ہے کہ تم ان لوگوں کے راستوں پر چلو جن پر اللہ کا انعام ہوا، تاکہ تم بھی ان انعامات کے مستحق ٹھہرو۔

خلاصہ سورۃ

اس دعا پر یہ سورۃ تمام ہو جاتی ہے۔ اس کی تفصیلات اپنی ناچیز صلاحیت کے مطابق میں نے پیش کی ہیں۔ اب آپ پلٹ کر ان تفصیلات کو ذہن میں رکھتے ہوئے اس مختصر لیکن مقتدر سورۃ کو دیکھئے کہ سات چھوٹے چھوٹے بول ہیں اور ہر بول پانچ لفظوں سے زیادہ نہیں اور ہر لفظ صاف اور دلنشین معنی کا نگینہ ہے جو اس انگوٹھی میں جڑ دیا گیا ہے۔ پروردگار عالم کو مخاطب کر کے ان صفتوں سے پکارا گیا ہے جن کا جلوہ شب و روز انسان کے مشاہدے میں آتا رہتا ہے۔ اگرچہ اپنی جہالت اور غفلت سے انسان اس میں غور و فکر نہیں کرتا۔ اس کے بعد اس کی بندگی کا اقرار ہے، اس کی مدد اور نصرت کا اعتراف ہے اور زندگی کی لغزشوں سے بچ کر سیدھی راہ پر چلنے کی طلب گاری ہے۔ کوئی مشکل خیال نہیں، کوئی انوکھی بات نہیں، کوئی عجیب و غریب راز

نہیں۔ اب کے ہم بار بار یہ سورۃ پڑھتے رہتے ہیں اور صدیوں سے اس کے مطالب نوع انسانی کے سامنے ہیں۔ ایسا معلوم ہوتا ہے کہ گویا ہمارے دینی تصورات کی ایک بہت ہی معمولی سی بات ہے لیکن یہی معمولی بات جس وقت تک دنیا کے سامنے نہیں آئی تھی اس سے زیادہ کوئی غیر معلوم اور ناقابل حل بات بھی نہ تھی۔ بظاہر یہ نہایت سلیس، سادہ اور دلنشین اندازِ بیان ہے۔ لیکن حقیقت میں اس کا ایک ایک لفظ دین حق کے کسی نہ کسی اہم مقصد کو واضح کر رہا ہے۔ جس کا اندازہ آپ کو کسی نہ کسی حد تک گزشتہ تفصیلات سے ہو چکا ہوگا۔ اس کے ساتھ ساتھ جب ہم یہ دیکھتے ہیں کہ اس سورۃ کا پیرایہ دعائیہ ہے تو ایسا معلوم ہوتا ہے کہ ہر راست باز انسان جو خدا پرستی کی راہ میں قدم اٹھاتا ہے اس کے دل سے اٹھنے والی آواز اور اس کے انگ انگ سے اٹھنے والی امنگ اگر الفاظ کا قالب اختیار کر لے تو اس کا انداز یقیناً اس سے مختلف نہیں ہوگا۔ یہ سورۃ بظاہر فصاحت و بلاغت کا نادر روزگار مرقع ہے۔ لیکن بباطن خدا پرستی کے فکر و وجدان کا ایک ایسا سرجوش ہے جو ایک طالب صادق کی زبان پر بے اختیار ابل پڑا ہے۔ اور اس سے بھی زیادہ سرخوشی سے جھوم اٹھنے والی بات یہ ہے کہ جیسے ہی ایک بندہ سوز و گداز میں ڈوب کر ان کلمات کے ذریعے اپنے رب سے صراط مستقیم کی دعا کرتا ہے تو اس کا رب اس کے جواب میں پورا قرآن

اس کے سامنے رکھ دیتا ہے کہ یہ ہے وہ ہدایت و رہنمائی جس کی دعا تو نے مجھ سے کی ہے۔ حدیث میں آتا ہے کہ جب بھی آدمی سورۃ فاتحہ کی صورت میں اپنے اللہ سے دعا کرے نماز کے اندر کرے یا نماز کے باہر تو آخر میں "آمین" ضرور کہے۔ یہ سورۃ فاتحہ کا حصہ تو نہیں لیکن اس کا کہنا سنت ہے۔ اس کے کہنے سے آنحضرت ﷺ کے ارشاد کے مطابق دعا کی قبولیت کا امکان بڑھ جاتا ہے۔

وَمَا عَلَيْنَآ اِلَّا الْبَلٰغُ الْمُبِيْنُ

***